大数据驱动的管理与决策研究丛书

商务大数据
管理与决策

曹 杰 陶海成 朱桂祥 陈 蕾／著

科学出版社

北京

内 容 简 介

本书作为商务大数据的入门书籍，在内容上尽量涵盖商务大数据学习基础知识的各个方面。该书以曹杰教授所获得的两项国家自然科学基金重大研究计划重点项目所作研究为基础，因此同样包含了其团队所作的一些研究工作。本书共9章，大致分为3个部分：第一部分（第1、2章）介绍了基础知识和数据采集；第二部分（第3~8章）介绍了商务大数据预处理、存储、安全管理技术、知识表示、知识融合以及管理与决策模型；第三部分（第9章）介绍了相关应用。本书旨在理论联系实践，让读者学有所得，学以致用。

本书可作为高等学院计算机、软件工程、大数据、电子商务及其相关专业的高年级本科生或研究生专著性教辅材料，也可供对商务大数据感兴趣的研究人员和工程技术人员阅读参考。

图书在版编目（CIP）数据

商务大数据管理与决策 / 曹杰等著. —北京：科学出版社，2024.1
（大数据驱动的管理与决策研究丛书）
ISBN 978-7-03-078020-1

Ⅰ. ①商… Ⅱ. ①曹… Ⅲ. ①数据处理-应用-商务-经济分析
Ⅳ. ①F7-39

中国国家版本馆 CIP 数据核字（2024）第 011698 号

责任编辑：陶 璇 / 责任校对：姜丽策
责任印制：张 伟 / 封面设计：有道设计

科学出版社 出版
北京东黄城根北街 16 号
邮政编码：100717
http://www.sciencep.com
北京盛通数码印刷有限公司印刷

科学出版社发行 各地新华书店经销

*

2024 年 1 月第 一 版 开本：720×1000 1/16
2024 年 1 月第一次印刷 印张：13 1/4
字数：268 000
定价：168.00 元
（如有印装质量问题，我社负责调换）

作 者 简 介

曹杰，1969 年生，2002 年获得东南大学工学博士学位，现任合肥工业大学教授，博士生导师，南京理工大学、河海大学兼职博导，国家级电子商务信息处理国际联合研究中心主任，电子商务交易技术国家地方联合工程实验室主任，教育部电子商务类专业教学指导委员会委员，教育部新世纪优秀人才支持计划培养对象。近五年在 TKDE、TPDS、TCyb、TNNLS、TII、TIST、InfSci、KDD、ICDM 等国内外期刊和会议上发表论文 100 余篇，论文引用次数累计超过 1500 次，其中 70 余篇被 SCI 引用。获得授权的发明专利有 20 项。主持国家自然科学基金重点项目、国家科技支撑计划项目、国家软科学研究项目等国家级项目 10 余项。获得 2015 年教育部科学技术进步奖二等奖，2018 年江苏省科学技术奖二等奖。被聘为国际期刊 *Neurocomputing* 和 *World Wide Web Journal* 的编委。

丛书编委会

主　编

　　陈国青　教　授　清华大学

　　张　维　教　授　天津大学

编　委（按姓氏拼音排序）

　　陈　峰　教　授　南京医科大学

　　陈晓红　教　授　中南大学/湖南工商大学

　　程学旗　研究员　中国科学院计算技术研究所

　　郭建华　教　授　东北师范大学

　　黄　伟　教　授　南方科技大学

　　黄丽华　教　授　复旦大学

　　金　力　教　授　复旦大学

　　李立明　教　授　北京大学

　　李一军　教　授　哈尔滨工业大学

　　毛基业　教　授　中国人民大学

　　卫　强　教　授　清华大学

　　吴俊杰　教　授　北京航空航天大学

　　印　鉴　教　授　中山大学

　　曾大军　研究员　中国科学院自动化研究所

总　序

　　互联网、物联网、移动通信等技术与现代经济社会的深度融合让我们积累了海量的大数据资源，而云计算、人工智能等技术的突飞猛进则使我们运用掌控大数据的能力显著提升。现如今，大数据已然成为与资本、劳动和自然资源并列的全新生产要素，在公共服务、智慧医疗健康、新零售、智能制造、金融等众多领域得到了广泛的应用，从国家的战略决策，到企业的经营决策，再到个人的生活决策，无不因此而发生着深刻的改变。

　　世界各国已然认识到大数据所蕴含的巨大社会价值和产业发展空间。比如，联合国发布了《大数据促发展：挑战与机遇》白皮书；美国启动了"大数据研究和发展计划"并与英国、德国、芬兰及澳大利亚联合推出了"世界大数据周"活动；日本发布了新信息与通信技术研究计划，重点关注"大数据应用"。我国也对大数据尤为重视，提出了"国家大数据战略"，先后出台了《"十四五"大数据产业发展规划》《"十四五"数字经济发展规划》《中共中央　国务院关于构建数据基础制度更好发挥数据要素作用的意见》《企业数据资源相关会计处理暂行规定（征求意见稿）》《中华人民共和国数据安全法》《中华人民共和国个人信息保护法》等相关政策法规，并于 2023 年组建了国家数据局，以推动大数据在各项社会经济事业中发挥基础性的作用。

　　在当今这个前所未有的大数据时代，人类创造和利用信息，进而产生和管理知识的方式与范围均获得了拓展延伸，各种社会经济管理活动大多呈现高频实时、深度定制化、全周期沉浸式交互、跨界整合、多主体决策分散等特性，并可以得到多种颗粒度观测的数据；由此，我们可以通过粒度缩放的方式，观测到现实世界在不同层级上涌现出来的现象和特征。这些都呼唤着新的与之相匹配的管理决策范式、理论、模型与方法，需有机结合信息科学和管理科学的研究思路，以厘清不同能动微观主体（包括自然人和智能体）之间交互的复杂性、应对由数据冗余与缺失并存所带来的决策风险；需要根据真实管理需求和场景，从不断生成的大数据中挖掘信息、提炼观点、形成新知识，最终充分实现大数据要素资源的经济和社会价值。

在此背景下，各个科学领域对大数据的学术研究已经成为全球学术发展的热点。比如，早在 2008 年和 2011 年，*Nature*（《自然》）与 *Science*（《科学》）杂志分别出版了大数据专刊 *Big Data: Science in the Petabyte Era*（《大数据：PB（级）时代的科学》）和 *Dealing with Data*（《数据处理》），探讨了大数据技术应用及其前景。由于在人口规模、经济体量、互联网/物联网/移动通信技术及实践模式等方面的鲜明特色，我国在大数据理论和技术、大数据相关管理理论方法等领域研究方面形成了独特的全球优势。

鉴于大数据研究和应用的重要国家战略地位及其跨学科多领域的交叉特点，国家自然科学基金委员会组织国内外管理和经济科学、信息科学、数学、医学等多个学科的专家，历经两年的反复论证，于 2015 年启动了"大数据驱动的管理与决策研究"重大研究计划（简称大数据重大研究计划）。这一研究计划由管理科学部牵头，联合信息科学部、数学物理科学部和医学科学部合作进行研究。大数据重大研究计划主要包括四部分研究内容，分别是：①大数据驱动的管理决策理论范式，即针对大数据环境下的行为主体与复杂系统建模、管理决策范式转变机理与规律、"全景"式管理决策范式与理论开展研究；②管理决策大数据分析方法与支撑技术，即针对大数据数理分析方法与统计技术、大数据分析与挖掘算法、非结构化数据处理与异构数据的融合分析开展研究；③大数据资源治理机制与管理，即针对大数据的标准化与质量评估、大数据资源的共享机制、大数据权属与隐私开展研究；④管理决策大数据价值分析与发现，即针对个性化价值挖掘、社会化价值创造和领域导向的大数据赋能与价值开发开展研究。大数据重大研究计划重点瞄准管理决策范式转型机理与理论、大数据资源协同管理与治理机制设计以及领域导向的大数据价值发现理论与方法三大关键科学问题。在强调管理决策问题导向、强调大数据特征以及强调动态凝练迭代思路的指引下，大数据重大研究计划在 2015～2023 年部署了培育、重点支持、集成等各类项目共 145 项，以具有统一目标的项目集群形式进行科研攻关，成为我国大数据管理决策研究的重要力量。

从顶层设计和方向性指导的角度出发，大数据重大研究计划凝练形成了一个大数据管理决策研究的框架体系——全景式 PAGE 框架。这一框架体系由大数据问题特征（即粒度缩放、跨界关联、全局视图三个特征）、PAGE 内核［即理论范式（paradigm）、分析技术（analytics）、资源治理（governance）及使能创新（enabling）四个研究方向］以及典型领域情境（即针对具体领域场景进行集成升华）构成。

依托此框架的指引，参与大数据重大研究计划的科学家不断攻坚克难，在 PAGE 方向上进行了卓有成效的学术创新活动，产生了一系列重要成果。这些成果包括一大批领域顶尖学术成果［如 *Nature*、*PNAS*（*Proceedings of the National Academy of Sciences of the United States of America*，《美国国家科学院院刊》）、*Nature/Science/Cell*（《细胞》）子刊，经管/统计/医学/信息等领域顶刊论文，等等］

和一大批国家级行业与政策影响成果（如大型企业应用与示范、国家级政策批示和采纳、国际/国家标准与专利等）。这些成果不但取得了重要的理论方法创新，也构建了商务、金融、医疗、公共管理等领域集成平台和应用示范系统，彰显出重要的学术和实践影响力。比如，在管理理论研究范式创新（P）方向，会计和财务管理学科的管理学者利用大数据（及其分析技术）提供的条件，发展了被埋没百余年的会计理论思想，进而提出"第四张报表"的形式化方法和系统工具来作为对于企业价值与状态的更全面的、准确的描述（测度），并将成果运用于典型企业，形成了相关标准；在物流管理学科的相关研究中，放宽了统一配送速度和固定需求分布的假设；在组织管理学科的典型工作中，将经典的问题拓展到人机共生及协同决策的情境；等等。又比如，在大数据分析技术突破（A）方向，相关管理科学家提出或改进了缺失数据完备化、分布式统计推断等新的理论和方法；融合管理领域知识，形成了大数据降维、稀疏或微弱信号识别、多模态数据融合、可解释性人工智能算法等一系列创新的方法和算法。再比如，在大数据资源治理（G）方向，创新性地构建了综合的数据治理、共享和评估新体系，推动了大数据相关国际/国家标准和规范的建立，提出了大数据流通交易及其市场建设的相关基本概念和理论，等等。还比如，在大数据使能的管理创新（E）方向，形成了大数据驱动的传染病高危行为新型预警模型，并用于形成公共政策干预最优策略的设计；充分利用中国电子商务大数据的优势，设计开发出综合性商品全景知识图谱，并在国内大型头部电子商务平台得到有效应用；利用监管监测平台和真实金融市场的实时信息发展出新的金融风险理论，并由此建立起新型金融风险动态管理技术系统。在大数据时代背景下，大数据重大研究计划凭借这些科学知识的创新及其实践应用过程，显著地促进了中国管理科学学科的跃迁式发展，推动了中国"大数据管理与应用"新本科专业的诞生和发展，培养了一大批跨学科交叉型高端学术领军人才和团队，并形成了国家在大数据领域重大管理决策方面的若干高端智库。

展望未来，新一代人工智能技术正在加速渗透于各行各业，催生出一批新业态、新模式，展现出一个全新的世界。大数据重大研究计划迄今为止所进行的相关研究，其意义不仅在于揭示了大数据驱动下已经形成的管理决策新机制、开发了针对管理决策问题的大数据处理技术与分析方法，更重要的是，这些工作和成果也将可以为在数智化新跃迁背景下探索人工智能驱动的管理活动和决策制定之规律提供有益的科学借鉴。

为了进一步呈现大数据重大研究计划的社会和学术影响力，进一步将在项目研究过程中涌现出的卓越学术成果分享给更多的科研工作者、大数据行业专家以及对大数据管理决策感兴趣的公众，在国家自然科学基金委员会管理科学部的领导下，在众多相关领域学者的鼎力支持和辛勤付出下，在科学出版社的大力支持下，大数据重大研究计划指导专家组决定以系列丛书的形式将部分研究成果出版，其中包括在大数据重大研究计划整体设计框架以及项目管理计划内开展的重点项目群的部分成果。希望此举不仅能为未来大数据管理决策的更深入研究与探讨奠定学术基础，还能促进这些研究成果在管理实践中得到更广泛的应用、发挥更深远的学术和社会影响力。

　　未来已来。在大数据和人工智能快速演进所催生的人类经济与社会发展奇点上，中国的管理科学家必将与全球同仁一道，用卓越的智慧和贡献洞悉新的管理规律和决策模式，造福人类。

　　是为序。

　　　　　　国家自然科学基金"大数据驱动的管理与决策研究"
　　　　　　重大研究计划指导专家组
　　　　　　2023 年 11 月

前　　言

　　大数据目前已成为经济转型与发展的新的推动力，2012 年由工业和信息化部制定的《电子商务"十二五"发展规划》中将电子商务列入了战略性新兴产业，2021 年底商务部等 22 部门印发的《"十四五"国内贸易发展规划》则鼓励运用大数据、云计算、移动互联网等现代信息技术，形成更多流通新平台、新业态、新模式。目前大数据融合与商务智能在当前学术和工业应用领域受到广泛关注，构建基于大数据的商务智能应用在政府治理决策和企业经营策略中具有十分重要的意义。

　　商务大数据是一个实践性很强的领域，同时具有很多的理论方向。目前市面上关于商务大数据的书籍一般偏重商务大数据管理，很少详细介绍商务大数据所涵盖的所有流程。为此，本书采用循序渐进的方式，深入浅出地论述了商务大数据的背景、核心技术和应用场景等，有助于读者加深对商务大数据相关知识和技术的理解。

　　通过本书，读者可以从零起步了解商务大数据的具体流程，并且快速选择合适的技术去解决商务大数据中的实际问题。更进一步，本书能够缩小大数据融合和商务智能系统构建间的鸿沟，为工业界和政府治理的商务智能落地提供一些必要的指导。

　　本书主要介绍商务大数据的基本知识和主流技术，学习这些知识和技术将对电子商务大数据实际应用设计和开展商务大数据应用起到关键性的作用，同时，本书可为有兴趣从事电子商务大数据挖掘与应用领域研究工作的国内学者提供帮助，有助于他们了解本领域研究现状、把握关键问题、熟悉基本方法。商务大数据是大数据应用的一个新兴子领域，因此有必要了解商务大数据挖掘的必要流程，在了解数据挖掘、大数据分析之后阅读本书将会事半功倍。图 0.1 展示了全书的组织结构。

　　我们从第 2 章开始展开商务大数据挖掘相关技术的讨论，第 2 章介绍商务大数据底层采集方面的知识，包括商务大数据的数据类型、线上线下大数据采集方案、商务大数据采集的相关应用案例等，这些方案是商务大数据挖掘的基础。

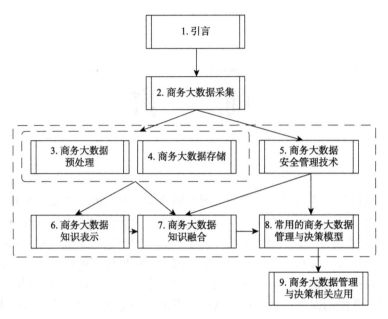

图 0.1　本书的组织结构

第 3 章和第 4 章分别讨论商务大数据预处理和商务大数据存储策略，前者讨论商务大数据的预处理的核心技术，包括数据采集、数据清洗、数据变换、数据集成和数据规约，以及商务大数据中的多源异构大数据不一致性消除和语义提取与分析等。后者主要根据不同的大数据类型构建不同的存储策略，具体包括键值存储、列族存储、图存储等核心内容，并详细介绍了三种非结构化数据存储的核心工具和核心算法以及相关的数据库等。

第 5 章介绍商务大数据安全管理技术，主要对商务大数据的溯源技术、隐私保护、共享机制、区块链技术以及安全管理案例进行了论述，并提供相关的基础性知识。

第 6 章针对商务大数据知识表示问题，讨论多粒度电子商务实体构建模式、多类别电子商务实体关系抽取、多层次知识表示模型以及商务大数据知识表示案例的研究工作。

第 7 章从商务大数据知识体系的关系入手，揭示商务大数据知识融合的核心技术，进而介绍语义提取和语义关联、用户画像构建、知识图谱构建、知识推理及可解释性，并且还对商务大数据知识融合的具体案例作了简要介绍。

第 8 章介绍常用的商务大数据管理与决策的模型，包括多任务学习、推荐方法、社区隐藏算法、基于概率矩阵分解和特征融合的推荐、室内定位技术、图 k 均值聚类算法，结合对若干个电子商务应用的分析，以期为电子商务大数据研发人员在实际系统设计过程中提供借鉴。

　　第 9 章总结商务大数据管理与决策的相关应用，展望商务大数据领域值得进一步探索的方向，以期启发读者开展更为深入的研究工作。

　　本书读者对象为有数据挖掘技术学习背景，对商务大数据感兴趣的读者；本书可作为高等学院计算机、软件工程、大数据、电子商务及其相关专业的高年级本科生或研究生的专著性教辅材料。

　　为了更好地阅读和理解本书，建议读者先学习一些 Python 在大数据方面的简单编程，并掌握一些数据挖掘的基础知识。本书的章节是依据商务大数据处理的具体流程来安排的，建议读者在进行商务大数据具体处理时能够从前至后按顺序阅读。

　　感谢国家自然科学基金重大研究计划项目和国家自然科学基金委员会管理科学二处对本项目的大力支持，感谢科学出版社对本书出版所提的建议以及对本书的认可和支持；南京财经大学信息工程学院李嵩老师，汤江南、王心浩、曹津津、缪佳伟等同学参与了了本书的撰写工作，在此表示感谢。

　　限于笔者的水平和经验，加之时间比较仓促，疏漏之处在所难免，敬请读者批评指正。

作者

2022 年 3 月

目　　录

第1章 引　　言

1.1　商务大数据挖掘与应用概述

商业智能是指从数据中发现有价值的规律、模式，将数据转化为知识，支持企业的决策、营销、服务的一系列软件、技术、方法的集合[1]。随着大数据的快速发展，电子商务逐渐过渡到大数据时代，即新一代电子商务。全球知名市场调研机构 eMarketer 预测 2023 年全球电子商务销售额将达到 6.5 万亿美元，电子商务销售额将占全球零售总额的 20.8%，而中国则占全球电子商务总销售额的一半。如此快速的增长为新一代电子商务行业发展带来了广阔的前景，这意味着一个强劲的市场和广阔的用户需求。在大数据时代，电商平台和入驻商家如何利用人工智能和区块链技术发掘数据的价值，从而在技术、创新、商业模式等方面获得竞争优势，面临着新的机遇和挑战[2]。

数据好比商务智能系统的血液，在"互联网+"和"智能+"时代，电子商务目前已广泛地应用在传统的批发零售领域，此外受电子支付的影响，"电商+智能物流"成为当前的主流模式。受订单量骤增以及传统零售企业向新零售产业转型的影响，企业积累了大量的多源异构数据，这直接导致了数据孤岛、数据烟囱、管理割裂。具体来说，商务大数据分析中存在如下几方面亟待研究的问题。

第一，多源异构大数据存储和计算基础支撑策略及大数据在商务管理中的语义建模有待提出完整解决方案。虽然国内外大型企业或组织（如 Amazon、Google、Apache、淘宝等）相继推出了很多分布式存储和计算的开源工具，但大数据语义建模、存储模型及计算模型跟挖掘分析算法和决策应用密切相关，在使用已有的开源工具之前，需要研究存储和计算支撑策略，更需要研究非结构化数据的语义建模方法。

第二，多源异构多模态商务大数据的数据共享、数据权属、数据不一致消除、数据缺失、稀疏性等基本问题有待深入研究。电商分析与决策平台数据包含了用户行为数据、用户交易数据、移动端数据、商品信息、社交平台数据，从而构成了多源异构多模态商务大数据。一方面，出于数据隐私和商业安全考虑，电商平台之间的数据壁垒很难被打破，数据在各个电商平台内部形成了物理孤岛，难以实现数据高效流通和开放共享，从而制约了商务大数据的价值创造；另一方面，商务大数据多是异构的，还面临着信息不完备、噪声多、质量差、可信度低、语义模糊、跨模态等一系列严峻的挑战，进而导致数据在语义层面形成了逻辑孤岛，传统的数据挖掘模型无法对其进行深层次的关联分析。

第三，数据挖掘方法对大数据的适应能力以及对商务特定场景的适应能力有待研究。单纯从用户生成内容（user generated content，UGC）文本中获取用户对线下体验的观点和情感容易丢失大量用户行为信息，传感器监测的用户移动和驻留轨迹数据为捕捉用户线下行为提供了重要数据源头，而已有的轨迹数据挖掘领域的研究大多面向全球定位系统（global positioning system，GPS）轨迹数据及城市智能服务，难以直接迁移到封闭小范围内的轨迹数据挖掘上，而且方法对大数据的适应性也有待提升。

第四，商务大数据中知识碎片化严重，亟须对多渠道知识融合方法进行系统化研究。停留在数据层面集成信息远远不能满足商务大数据智能应用的需求，能否融合商务大数据多渠道碎片知识并形成统一的知识导航路径是商务大数据智能化能否显著提升的关键问题，目前在该领域，知识融合的粒度、方式、具体算法都处于极度匮乏状态，亟待进行深入研究。

第五，用户需求的多元化和个性化需求使得商务大数据面临多营销场景下挖掘用户意图、刻画用户访问全生命周期的行为特征以及提供具有可解释性的营销模型等方面的难题。新生一代的商务用户需求越来越多元化和个性化，且体验场景愈发地高度细分且复杂，而企业设计产品要素的多样化程度和速度，明显滞后于用户需求的分散化速度。如何从时空场景、用户访问记录中挖掘用户隐藏的主要行为意图，建模用户在时间和空间上的个性化差异，提升商务领域移动推荐系统的性能，成为商务大数据营销与决策的核心问题。

商务大数据作为大数据在新一代电子商务的应用，同样具有数据体量大、数据种类多、价值密度低、处理速度快等特性。同时，大数据时代的商务数据具有多源、异构、高度碎片化等典型特征，其分析与决策也面临着实时决策、个性化服务、多元化决策等需求，可见商务智能的发展正在重新回到商务智能根源的数据上来[3]。电商平台与实体在运营方面相比存在速度、敏捷性以及弹性问题。速度是指组织从策略规划、部署、一直到执行的速度；而敏捷性则是代表电商供应商响应用户需求的效率，也就是电商供应商发现用户痛点以及将此动机转化成策略的效率；最后则是弹性，也就是能够根据各种不同电商情境信息进行调整的能力。本书主要研究的是大数据挖掘与电子商务交叉前沿领域的科学问题，研究方向本身就代表了该学科领域的发展趋势，具有鲜明的领域特色和显著的实际应用价值。本书属于信息学科与管理学科的交叉学科研究，着重研究大数据驱动的商务数据管理与决策、大数据资源的治理机制、大数据分析方法与支撑技术。

1.2　大数据基础架构

大数据平台包含基础架构层与大数据层，基础架构层主要包含系统的软硬件架构及安全管理、备份系统等底层服务，大数据层主要包含数据获取、预处理、存储与计算支撑平台、计算模型与服务等。

1.2.1　基础架构层

主机及存储系统：底层硬件，采用 x86 服务器、服务器内部存储与集中存储混合存储架构，通过千兆/万兆/无限带宽（InfiniBand）以太网交换机连接。

操作系统：采用开源的 Linux 操作系统。

虚拟化平台：采用基于 Docker 的轻量级虚拟化技术，支持业务的灵活部署与弹性扩展，并租用公共云服务，与内部的虚拟化平台一起形成混合云平台。

安全管理：对用户、角色等权限进行管理，保障系统的安全。

备份系统：通过多种备份手段，保证系统正常运转以及具有良好的应对突发情况的能力。

1.2.2　大数据层

数据获取：采用基于 Scrapy 的分布式爬虫系统，主要用于获取企业外部数据。

数据预处理：对内外部的多源异构数据进行格式转换、垃圾过滤、关联、监测统计等预处理，保证数据的可用性。

大数据存储与计算支撑平台：大数据存储部分提供对数据的分布式存储和计算的功能，实现对不同类型数据的统一存储和处理。大数据计算部分提供包括全文检索引擎、分布式计算引擎、内存计算引擎、流计算引擎在内的多种计算引擎，满足多模态的计算需求。

模型层：将底层的存储与计算能力封装为各种典型的数据挖掘任务，对外提供数据检索、统计、分析、挖掘和可视化服务，实现对数据的分析和处理。

1.3　商务大数据研究概览

本节将对与商务大数据挖掘与应用密切相关的六个方面的研究现状展开回顾和分析，包括大数据融合、知识融合、轨迹大数据挖掘、知识图谱、用户画像以及电子商务推荐系统。

1.3.1　大数据融合

大数据融合是指在一定准则下利用计算机技术整合和分析多源信息以实现不同应用的分类任务[4]。传统的大数据融合方法主要基于概率模型、证据推理以及基于知识的方法来实现[5]。引入概率分布或密度函数来处理数据融合问题[6]，可以表达随机变量之间的依赖关系，建立不同数据集之间的关系。基于概率的数据融合方法包括贝叶斯推理、状态空间模型、马尔可夫模型、置信度传播、最大似然、粗糙集理论以及基于最小二乘估计等方法，但是概率融合算法主要有以下缺点：①难以获得密度函数和定义先验概率；②处理复杂和多元数据时性能有限；③无法处理不确定性。证据推理则一般基于证据理论和递归算子实现，与贝叶斯推理相比，证据理论在收集新证据时具有证据源相互独立、能有效消除证据的片面不确定性等优点[7, 8]，其引入了置信度和似然性的概念来表示现实世界中的不确定性，使推理能够在动态情况下进行。置信度表示某一证据支持某一事件的程度，似然性表示某一证据未能反驳某一事件的置信度程度。基于知识的方法则使用机器学习的方法从不太一致的数据中获取数据融合结果，一般包括智能聚合方法、机器学习、模糊逻辑等。

由于深度学习技术的兴起，当前的大数据融合逐渐转入多模态融合，主要包括本体对齐和模式对齐[9]、识别相同实体[10]、链接关系预测[11]、合并冲突数据[12]等内容。常用的数据级融合方法通常为平均加权法、特征匹配法和金字塔算法等。平均加权法对获取的各种数据进行线性加权平均，该方法比较简短快速，能够很好地抑制噪声，但其融合结果对比性比较差。特征匹配法则通过建立各种模态的空间变换关系，然后通过空间的映射关系，如子空间映射[13]、关联矩阵[14]进行数据融合。金字塔算法则通常构造多个塔级结构用于融合多模态信息，为图像视频分析服务[15]，其过程多基于深度学习中卷积神经网络（convolutional neural network，CNN）、注意力机制（attention mechanism，AM）等算法对不同层级的数据提取底层到高层的信息。

目前来说，大数据融合面临的首个难题仍然是融合数据集的选择问题，数据的融合结果与选取的数据集密切相关。此外，多模态数据还需进一步研究选取何种模态能够帮助获得最佳的融合效果，如何在多个电子商务场景下进行有效的融合值得我们进一步深入研究。

1.3.2 知识融合

在数据挖掘和机器学习领域，知识融合一直都是热门议题之一。已有的研究思路可以大致归纳为两类。①对各个数据源采用局部挖掘，获得局部模式，经过全局组合学习融合到一起，形成全局一致的模式[16]。这类方法采用两阶段思路，模型相互独立，其优势在于局部挖掘模型可以利用已有的成熟模型，研究者仅需致力于全局组合学习阶段的模型设计。多分类器的融合[17]及一致性聚类[18]本质上都沿用了两阶段思路。②直接利用多源数据，从模型训练开始时就进行融合，然后在统一目标函数下学习获得在单标记或多标记上的概率。多示例学习[19]、多标记学习[20]及两者结合在一起的多示例多标记学习[21, 22]等模型都属于模型融合的范畴。

大数据在给数据挖掘带来诸多挑战性问题的同时，也给知识融合这一重要问题带来了很多挑战。从模型层面看，样本的海量化使得标记样本与无标记样本之间更加不平衡，亟须将部分监督学习[23]融入知识融合的学习过程中，文献[24]在识别恶意用户问题上作了初步尝试，将两种不同渠道的数据与部分监督学习融为一体，利用贝叶斯推理提出了混合学习框架。能融合更多渠道且能将多示例多标记及部分监督学习融为一体的泛化框架尚值得进一步探索。此外，巨量无标记样本的参与训练，使得知识融合学习对算法效率要求极高，因此研究需要从以往仅关注模型精度转变到考虑精度与效率之间的平衡。

1.3.3 轨迹大数据挖掘

轨迹可以看作移动对象随着时间的变化在空间中留下的印迹。近年来，随着全球定位系统、无线通信网络等基础设施的飞速发展及手持、车载无线通信定位设备的广泛应用，特别是众多移动社交网络的位置签到、位置共享及位置标识等功能的应用普及，大量的轨迹数据在日常生活中正在日益积累并支撑不同类型的基于位置服务（location-based service，LBS）。事实上，轨迹数据是人们日常生活中最重要的数据之一，其记录了用户在真实世界环境中的活动，而这些活动在一定程度上体现了用户意图、兴趣、经验和行为模式。例如，某个用户的轨迹经常出现在运动场馆，表明该用户可能热衷于健身活动；用户日常生活中往返于工作地点和生活地点之间的轨迹很大程度上反映了其生活习惯；更细粒度的轨迹分析甚至可以根据用户经常光顾的地点类型和当时的上下文信息来判断用户在特定情况下的偏好。

在轨迹数据预处理方面，轨迹数据存在着一系列的数据质量问题，主要包括：由定位装置和物理环境导致的数据不准确；由设备、传输故障或误操作等因素导致的部分数据缺失；由不同坐标表示更新策略和语境变换导致的数据不一致；由部分轨迹数据导出、备份导致的数据冗余等。一般来说，轨迹数据的预处理主要包括噪声过滤（noise filtering）、停留点检测（stay point detection）、轨迹分割（trajectory segmentation）、轨迹压缩（trajectory compression）和路网匹配（map matching）等。噪声过滤旨在去除轨迹中的噪声点或离群点。现有方法主要是从单条轨迹的角度过滤噪声。

在轨迹模式挖掘方面，现有的轨迹知识提取工作主要从基于轨迹的数据挖掘角度展开，包括频繁模式（frequent pattern）挖掘、轨迹聚类（trajectory clustering）、伴行模式（moving together pattern）挖掘和周期模式（periodical pattern）挖掘等。频繁模式挖掘旨在从大规模轨迹中发现时序模式，如超过一定数量的对象在给定时间间隔内行驶的公共路径，对目的地预测、路径推荐、行为理解有重要的价值。目前，在时序频繁模式方面的研究已经比较完善，包括 GSP（generalized sequential pattern，广义序贯模式）[25]、PrefixSpan[26]、Span[27] 和 Spade[28] 在内的多种成熟算法被提出并得到应用。然而，区别于传统的时间序列，轨迹数据中包括位置维度、时间维度和语义维度[29]等，所以简单地采用传统序列挖掘方法无法有效解决时空轨迹频繁模式挖掘问题。

在轨迹语义标注方面，传统的轨迹挖掘研究主要关注轨迹时空特征的提取，往往是从轨迹数据自身出发自下而上进行挖掘分析，片面强调计算模型的形式化，导致信息得不到有效利用。因此，时空信息和领域知识的有效融合是推动轨迹挖掘研究继续发展的重要途径。轨迹语义标注旨在利用时空信息和领域知识对原始轨迹数据进行语义丰富处理，其本质上属于轨迹分类问题，即根据行为、交通方式等特征来区别不同类型轨迹。相关文献对不同类型的空间对象设计了专用算法进行语义标注，主要包括：区域标注、路段标注和位置标注等。

1.3.4 知识图谱

知识图谱起源于各种结构化的知识库，如语言知识库 WordNet[30]、世界知识库 Freebase[31]，人们花费大量的精力将人类知识组织成结构化的知识系统。Google 在知识库的基础上，进一步提出了知识图谱的概念[32]，将实体（包括概念、属性值）表示成图上的节点，节点之间的连边对应实体之间的关联关系，以一个网络化的结构表征所获得的知识，其核心内容包括知识获取、知识表示学习、知识推理三个部分。

知识获取任务分为三类，即知识图谱补全[33]、关系抽取[34]和实体发现[35]。第一种是扩展现有的知识图谱，另两种是从文本中发现新的知识（又称关系和实体）。知识图谱补全可分为以下几类：基于嵌入排序、关系路径推理、基于规则推理和元关系学习。知识图谱补全的初步研究集中在低维嵌入的三元组预测方法上[36]。然而，大多数研究未能捕捉到多跳关系。因此，最近的工作转向探索多跳的关系路径并结合逻辑规则实现，分别称为关系路径推理和基于规则的推理[37]。三元组分类是知识图谱补全的一项相关任务，它评估了事实三元组分类的正确性[38, 39]。实体识别或命名实体识别是一项在文本中标记实体的任务，它专注于特定的命名实体的人类定义的特征，如大写模式和特定语言资源，如地名，在许多文献中都有应用[40]。实体类型包括粗粒度类型和细粒度类型，后者使用树状结构的类型类别，通常被视为多类多标签分类。实体发现包括实体的识别、消歧、键入和对齐[41]。关系抽取是从纯文本中提取未知关系事实并将其添加到知识图中，实现大规模知识图自动生成的关键任务。由于缺乏标记的关系数据，弱监督或自监督通过假设包含相同实体的句子在关系数据库（relational database）的监督下可以表达相同的关系，使用启发式匹配来创建训练数据[42]。关系抽取模型则通过注意机制、图卷积网络、对抗训练、强化学习、深度残差学习和转移学习这些模型来实现。

知识表示学习是知识图的一个重要研究课题，它为许多知识推理任务和后续应用铺平了道路[43]。可将知识表示学习模型分为表示空间、评分函数、编码模型和辅助信息四个方面。表示空间是研究将关系和实体表示为何种维度[44]。现有文献主要采用实值点态空间，包括向量空间、矩阵空间和张量空间，而其他类型的空间，如复向量空间、高斯空间和流形空间也被使用[45]。评分函数用于衡量事实的合理性，在基于能量的学习框架中也被称为能量函数。评分函数一般分为基于距离的评分函数和基于相似度匹配的评分函数[46]。目前针对知识表示的研究主要集中在编码模型上，包括线性/双线性模型、因子分解和神经网络[47]。线性模型通过将头部实体投影到靠近尾部实体的表示空间中，将关系表示为线性/双线性映射；因子分解的目的是将关系数据分解成低秩矩阵进行表示学习；神经网络编码的关系数据具有非线性神经激活和更复杂的网络结构。多模式嵌入将文本描述、类型约束、关系路径和可视信息等外部信息与知识图谱结合起来[48]，以便于更有效地表示知识，因此辅助信息考虑文本、视觉和类型信息。

知识推理主要根据已有的知识推理出新的知识或识别错误的知识，完成对数据的深度分析和推理。主要技术手段包含四类。①基于规则的推理，在知识图谱上运用简单规则或统计特征进行推理[49, 50]。②基于分布式表示的推理，通过表示模型学习知识图谱中的事实元组，得到知识图谱的低维向量表示。然后，将推理预测转化为基于表示模型的简单向量操作，包括基于转移[51-54]、基于张量/矩阵分解[55-57]和基于空间分布[58, 59]等多类方法。③基于神经网络的推理，利用神经网络直接建模知识图谱事实元组，得到事实元组元素的向量表示，用于进一步的推理。该类方法依然是一种基于得分函数的方法，区别于其他方法的是整个网络构成一个得分函数，神经网络的输出即为得分值。代表性的推理框架有 NTN[60]、ProjE[61]等。④混合推理，通过混合多种推理方法，充分利用不同方法的优势，如基于规则推理的高准确率[62]、基于分布式表示推理的强计算能力[63]、基于神经网络推理的强学习能力和泛化能力[64, 65]。在商务垂直行业中，对移动商务兴趣点（point of interest，POI）的挖掘是一个重要的环节。利用知识图谱，一方面可通过链接的多个数据源，形成对移动商务 POI 的完整知识体系描述，从而更好地认识、理解、分析 POI 的特色优势；另一方面，知识图谱本身就是一种基于图结构的关系网络，基于这种图结构能够帮助人们更有效地识别复杂关系中存在的潜在风险因素。

1.3.5　用户画像

用户画像（persona）这一概念最早是由交互设计之父艾伦·库珀[66]（Alan Cooper）提出，其认为用户画像应该是现实生活中真实用户的虚拟代表，是建立在一系列真实可用的数据上的目标用户模型。该模型根据用户的社会属性及各类行为，抽象出一个或多个标签信息。随后很多学者对这一概念进行不断完善。文献[67]通过叙事的形式来描述用户画像，考虑个体的相关信息，如喜欢的物品、不喜欢的物品、职业等维度，从而使得用户画像更加饱满。文献[68]认为根据不同的应用场景，可预定义一系列相关属性，并利用机器学习和数据挖掘等方法学习属性权重，进而将用户画像数字化。文献[69]从多平台的角度出发，基于局部敏感哈希技术构建不同平台用户之间的相似度，从而将多平台用户画像相融合。文献[70]指出在移动电商领域，用户画像的构建需兼顾相关的社交网络信息，从而才能更精准地描述用户画像并保证用户的隐私安全。一言以蔽之，构建用户画像的核心工作是针对不同构建需求，如构建用户兴趣画像、年龄性别画像、人群画像、地址画像、生命周期画像等，利用机器学习模型或者相关规则确定对应的标签集合。构建用户画像，可以帮助我们在个性化推荐和排序、用户精细化运营、产品分析及辅助决策等方面更好地了解用户和产品。

从社会心理学[71]角度来看，个人对电商平台上内容的点赞、转发和收藏行为可较直观地反映出个人对产品的认可，对刻画用户消费画像具有显著的支撑作用。而个人的评论多包含一些基于消费体验的情绪表达，有正向和负向之分，这对于捕捉在线用户的消费偏好有较强的干扰作用。目前针对文本情感挖掘，采用的主流的方法是有监督学习与无监督学习两类。有监督学习的基本思想是通过对具有情感极性标注的训练样本进行模型学习，并以此训练好的模型对测试文本进行情感分类。例如文献[72]利用三种分类器对电影评论数据进行文本情感分类，该研究显示基于机器学习的文本情感分类精度可达到 80%，具有里程碑意义。此外，大批学者提出利用深度学习对短文本进行情感分类，如面向情感的单词嵌入方法[73]、CNN 模型[74]、深度置信网络模型[75]等。考虑到人工标记的高昂代价与机器标记的低劣质量，无监督学习模型近年来开始备受关注。例如，文献[76]提出一种基于 WordNet 的情感词典构建法，首先选出情感极性已知的情感词作为种子词，然后迭代进行同义或反义搜索不断扩展情感词典；文献[77]结合有监督的多标签主题模型和隐含情感主题模型对社会情绪进行分类；文献[78]提出了一种主题自适应的半监督微博情感分析模型。除此之外，文献[79]提出一种从社交网络、移动网络以及可穿戴设备上获取用户数据，从而构建基于多源异构数据的用户画像的模型，更全面和精准地描述用户喜好。

1.3.6 电子商务推荐系统

1. 推荐系统模型介绍

随着互联网技术的飞速发展和现代电子商务的广泛应用，用户面对互联网上的海量信息，仅依靠搜索引擎很难满足个性化需求[80]。鉴于网络上可用信息的爆炸式增长，用户通常会收到无数的产品、电影或餐馆推荐信息。因此，个性化是促进更好的用户体验的基本策略。总之，这些系统在促进业务发展和促进决策过程的各种信息访问系统中发挥着至关重要和不可或缺的作用，并且广泛存在于电子商务和媒体网站等众多网络领域[81, 82]。

一般而言，基于用户偏好、商品特征、用户/商品之间的交互行为以及诸如时间（如序列感知推荐算法[83]）和空间（如 POI）数据的一些其他附加信息来生成推荐列表。推荐模型主要分为协同过滤、基于内容的推荐系统和基于输入数据类型的混合推荐系统[84]。这些推荐系统通常需要解决两个问题，即如何召回一些具有相关性的商品以及如何根据用户的偏好进行个性化推荐。

候选商品的生成是一个非常大的挑战，需要从海量（十亿级）的商品中来选择几百个用户购买意图较强的商品，即召回过程。目前，工业界的解决方案主要是通过商品相似性来进行商品召回，但是其并没有考虑单个用户的偏好及商品的属性。为此，文献[85]提出了一种基于属性的协同过滤方法，在保证准确度的前提下实现了可解释性的推荐。近些年，将知识图谱与推荐系统结合的文章越来越多，引入外部知识很容易能够从数据层面上来提升整个算法的效果。文献[86]设计了一种自适应目标行为的关系图网络，用来刻画多种用户行为并融合知识图谱进行高效推荐。在电商领域，尤其是在实际的推荐场景下，商品通常可以划分为不同的领域，如图书和电影。虽然它们属于不同的领域，但是可以较为一致地反映用户的偏好。文献[87]通过注意力机制学习不同领域之间的协同性。同时，还引入了评论信息来进一步加强用户的表示，从而提高了推荐的精准度。基于多视图以及多任务的推荐最近也受到极大关注，文献[88]将来自多种不同的领域的辅助信息建模为多视图模型，通过充分挖掘多方面的信息，提出了一种多视图对齐的方法，可以较好地融合单个视图的内部信息和多个视图的交叉信息。文献[89]提出一种基于图神经网络的算法，同时从用户角度和实体角度来学习多个视角下的商品表示，进而进行商品推荐。

2. 基于深度学习的推荐系统

深度学习正在快速发展，目前在计算机视觉和语音识别等许多应用领域取得了巨大的成功。学术界和工业界一直在竞相将深度学习应用于更广泛的应用领域，因为它能够解决许多复杂的任务，同时提供最新的成果[90]。近年来，深度学习极大地改变了推荐体系结构，为提高推荐系统的性能（如查全率、查准率等）带来了更多的方法。基于深度学习的推荐系统由于克服了传统推荐模型的缺陷，获得了很高的推荐质量，近年来得到了广泛的关注。深度学习能够有效地捕捉非线性的用户/商品关系，并能够将更复杂的抽象数据作为更高层次的数据表示进行编码[91]。此外，它从大量可访问的数据源（如上下文、文本和可视化信息）中捕获数据本身复杂的关系[92]。

为了更好地说明基于深度学习的推荐方法，可根据所使用的深度学习技术的类型对现有模型进行分类，主要分为以下两类。

（1）基于神经模块的推荐方法。在这一类别中，神经模块推荐模型分为八个子类：基于多层感知器（multi-layer perceptron，MLP）[93]、自编码（auto-encoding，AE）[94]、CNN[95]、递归神经网络（recurrent neural network，RNN）[96]、受限玻尔

兹曼机（restricted Boltzmann machine，RBM）[97]、神经自回归分布估计（neural autoregressive distribution estimator，NADE）[98]、注意力机制[99]、对抗网络（adversary network，AN）[100]和深度强化学习（deep reinforcement learning，DRL）[101]的推荐系统。使用的深度学习技术决定了推荐模型的适用性。例如，MLP 可以很容易地对用户和项目之间的非线性交互进行建模；CNN 能够从文本和视觉信息等异构数据源中提取局部和全局表示；RNN 使推荐系统能够对内容信息的时间动态和序列演化进行建模。

（2）基于深度混合的模型的推荐算法。一些基于深度学习的推荐模型使用了不止一种深度学习技术。深度神经网络（deep neural network，DNN）的灵活性使得将多个神经网络模块结合起来形成一个更强大的混合模型成为可能，如将 RNN 与 CNN 结合实现用户序列推荐[102]、将 RNN 与注意力机制结合实现淘宝电子商务推荐[103]、将强化学习与注意力机制结合实现用户长期偏好推荐[104]等。

通常为了实现准确的推荐需要深入了解商品的特性和用户的实际需求和偏好[105]。当然，这可以通过利用大量可用的辅助信息来实现。例如，将上下文信息根据用户的环境定制服务和产品，并减轻冷启动的影响。隐反馈反映了用户的内隐意图且易于收集，而收集外显反馈是一项资源要求较高的任务。虽然现有的研究工作已经综合利用了深度学习模型挖掘用户和项目描述信息[106]、隐反馈信息[107]、上下文信息[108]和评论文本[109]来提升推荐系统的准确性和高效性，但是目前这些算法没有综合性地利用这些不同形式的辅助信息为管理和决策提供帮助。此外，不可解释性是目前基于深度学习的推荐算法的一个通病。因此，提出可解释的推荐算法目前还是一项艰巨的任务。

参 考 文 献

[1] 陈国青，卫强，张瑾. 商务智能原理与方法[M]. 2 版. 北京：电子工业出版社，2014.

[2] 冯芷艳，郭迅华，曾大军，等. 大数据背景下商务管理研究若干前沿课题[J]. 管理科学学报，2013，16（1）：1-9.

[3] Chaudhuri S, Dayal U, Narasayya V. An overview of business intelligence technology[J]. Communications of the ACM, 2011, 54（8）：88-98.

[4] 孟小峰，杜治娟. 大数据融合研究：问题与挑战[J]. 计算机研究与发展，2016，53（2）：231-246.

[5] Ding W X, Jing X Y, Yan Z, et al. A survey on data fusion in internet of things：towards secure and privacy-preserving fusion[J]. Information Fusion, 2019, 51：129-144.

[6] Pansiot J, Stoyanov D, McIlwraith D, et al. Ambient and wearable sensor fusion for activity

recognition in healthcare monitoring systems[C]//Leonhardt S, Falck T, Mähönen P. 4th International Workshop on Wearable and Implantable Body Sensor Networks（BSN 2007）. Berlin: Springer, 2007: 208-212.

[7] Panigrahi S, Kundu A, Sural S, et al. Credit card fraud detection: a fusion approach using Dempster－Shafer theory and Bayesian learning[J]. Information Fusion, 2009, 10（4）: 354-363.

[8] Murphy R R. Dempster-Shafer theory for sensor fusion in autonomous mobile robots[J]. IEEE Transactions on Robotics and Automation, 1998, 14（2）: 197-206.

[9] Maedche A, Staab S. Ontology learning for the semantic web[J]. IEEE Intelligent Systems, 2001, 16（2）: 72-79.

[10] Shen W, Han J W, Wang J Y, et al. SHINE: a general framework for domain-specific entity linking with heterogeneous information networks[J]. IEEE Transactions on Knowledge and Data Engineering, 2018, 30（2）: 353-366.

[11] Liu M, Chen L, Liu B Q, et al. DBpedia-based entity linking via greedy search and adjusted Monte Carlo random walk[J]. ACM Transactions on Information Systems, 2018, 36（2）: 1-34.

[12] Xiao H P, Gao J, Li Q, et al. Towards confidence interval estimation in truth discovery[J]. IEEE Transactions on Knowledge and Data Engineering, 2019, 31（3）: 575-588.

[13] Li Z C, Liu J, Tang J H, et al. Robust structured subspace learning for data representation[J]. IEEE Transactions on Pattern Analysis and Machine Intelligence, 2015, 37（10）: 2085-2098.

[14] Wu L, Jin R, Jain A K. Tag completion for image retrieval[J]. IEEE Transactions on Pattern Analysis and Machine Intelligence, 2013, 35（3）: 716-727.

[15] Pu Y C, Gan Z, Henao R, et al. Variational autoencoder for deep learning of images, labels and captions[C]//Proceedings of the 30th International Conference on Neural Information Processing Systems. December 5 - 10, 2016, Barcelona, Spain. New York: ACM, 2016: 2360-2368.

[16] Wu X D, Zhang S C. Synthesizing high-frequency rules from different data sources[J]. IEEE Transactions on Knowledge and Data Engineering, 2003, 15（2）: 353-367.

[17] Avidan S. Ensemble tracking[J]. IEEE Transactions on Pattern Analysis and Machine Intelligence, 2007, 29（2）: 261-271.

[18] Wu J J, Liu H F, Xiong H, et al. K-means-based consensus clustering: a unified view[J]. IEEE Transactions on Knowledge and Data Engineering, 2015, 27（1）: 155-169.

[19] Ray S, Scott S, Blockeel H. Multi-instance learning[M]//Sammut C, Webb G I. Encyclopedia of Machine Learning and Data Mining. Boston: Springer US, 2017: 864-875.

[20] Zhang M L, Zhou Z H. ML-KNN: a lazy learning approach to multi-label learning[J]. Pattern Recognition, 2007, 40（7）: 2038-2048.

[21] Zhou Z H, Zhang M L, Huang S J, et al. Multi-instance multi-label learning[J]. Artificial Intelligence, 2012, 176（1）: 2291-2320.

[22] Surdeanu M, Tibshirani J, Nallapati R, et al. Multi-instance multi-label learning for relation extraction[C]//Eshky A, Allison B, Steedman M. Proceedings of the 2012 Joint Conference on Empirical Methods in Natural Language Processing and Computational Natural Language Learning. Pennsylvania: Association for Computational Linguistics, 2012: 455-465.

[23] Liu B, Lee W S, Yu P S, et al. Partially supervised classification of text documents[C]//Cohen W W, Moore A. Proceedings of the 23rd international conference on Machine learning. New York: Association for Computing Machinery, 2006: 387-394.

[24] Wu Z, Wang Y, Wang Y, et al. Spammer detection from product review: a hybrid learning model[C]//Aggarwal C C, Zhou Z H, Tuzhilin A, et al. Proceedings of 2015 IEEE International Conference of Data Mining. Washington: IEEE Computer Society, 2015: 1039-1044.

[25] Srikant R, Agrawal R. Mining sequential patterns: generalizations and performance improvements[M]//Apers P, Bouzeghoub M, Gardarin G. Advances in Database Technology — EDBT '96. Berlin, Heidelberg: Springer Berlin Heidelberg, 1996: 1-17.

[26] Pei J, Han J W, Mortazavi-Asl B, et al. PrefixSpan: mining sequential patterns efficiently by prefix-projected pattern growth[C]//Georgakopoulos D, Buchmann A. Proceedings of 17th International Conference on Data Engineering. Heidelberg: IEEE, 2002: 215-224.

[27] Ayres J, Flannick J, Gehrke J, et al. Sequential pattern mining using a bitmap representation[C]//David H, Keim D, Ng R. Proceedings of the Eighth ACM SIGKDD International Conference on Knowledge Discovery and Data Mining. New York: Association for Computing Machinery, 2002: 429-435.

[28] Zaki M J. SPADE: an efficient algorithm for mining frequent sequences[J]. Machine Language, 2001, 42 (1/2): 31-60.

[29] Zhang C, Han J, Shou L, et al. Splitter: Mining fine-grained sequential patterns in semantic trajectories[C]//Jagadish H V, Zhou A. Proceedings of the VLDB Endowment. Framingham: VLDB Endowment, 2014: 769-780.

[30] Miller G A. WordNet[J]. Communications of the ACM, 1995, 38 (11): 39-41.

[31] Bollacker K, Evans C, Paritosh P, et al. Freebase: a collaboratively created graph database for structuring human knowledge[C]// Lakshmanan L V S, Ng R T, Shasha D. Proceedings of the 2008 ACM SIGMOD International Conference on Management of Data. New York: ACM, 2008: 1247-1250.

[32] Dong X, Gabrilovich E, Heitz G, et al. Knowledge vault: a web-scale approach to probabilistic knowledge fusion[C]//Macskassy S, Perlich C. Proceedings of the 20th ACM SIGKDD International Conference on Knowledge Discovery and Data Mining. New York: Association for Computing Machinery, 2014: 601-610.

[33] Theo T, Dance C R, Eric G, et al. Knowledge graph completion via complex tensor factorization[J]. Journal of Machine Learning Research, 2017, 18: 4735-4772.

[34] Geng Z Q, Chen G F, Han Y M, et al. Semantic relation extraction using sequential and tree-structured LSTM with attention[J]. Information Sciences, 2020, 509: 183-192.

[35] Shi C, Ding J Y, Cao X H, et al. Entity set expansion in knowledge graph: a heterogeneous information network perspective[J]. Frontiers of Computer Science, 2020, 15 (1): 1-12.

[36] Nguyen D Q, Vu T, Nguyen T D, et al. A capsule network-based embedding model for knowledge graph completion and search personalization[C]//Ammar W, Louis A, Mostafazadeh N. Proceedings of the 2019 Conference of the North American Chapter of the Association for

Computational Linguistics: Human Language Technologies. Minnesota: Association for Computational Linguistics, 2019: 2180-2189.

[37] Che F H, Zhang D W, Tao J H, et al. ParamE: regarding neural network parameters as relation embeddings for knowledge graph completion[J]. Proceedings of the AAAI Conference on Artificial Intelligence, 2020, 34（3）: 2774-2781.

[38] He G L, Li J Y, Zhao W X, et al. Mining implicit entity preference from user-item interaction data for knowledge graph completion via adversarial learning[C]//Huang Y, King I, Liu T Y, et al. Proceedings of The Web Conference 2020. New York: Association for Computing Machinery, 2020: 740-751.

[39] Akrami F, Saeef M S, Zhang Q H, et al. Realistic re-evaluation of knowledge graph completion methods: an experimental study[C]//Maier D, Pottinger R. Proceedings of the 2020 ACM SIGMOD International Conference on Management of Data. New York: Association for Computing Machinery, 2020: 1995-2010.

[40] Li M L, Lin Y, Hoover J, et al. Multilingual entity, relation, event and human value extraction[C]//Sarkar A, Strube M. Proceedings of the 2019 Conference of the North. Minneapolis: Association for Computational Linguistics, 2019: 110-115.

[41] Wu T X, Qi G L, Li C, et al. A survey of techniques for constructing Chinese knowledge graphs and their applications[J]. Sustainability, 2018, 10（9）: 3245.

[42] Mao Y N, Zhao T, Kan A, et al. Octet: online catalog taxonomy enrichment with self-supervision[C]//Gupta R, Liu Y. Proceedings of the 26th ACM SIGKDD International Conference on Knowledge Discovery & Data Mining. New York: Association for Computing Machinery, 2020: 2247-2257.

[43] Tang X, Chen L, Cui J, et al. Knowledge representation learning with entity descriptions, hierarchical types, and textual relations[J]. Information Processing & Management, 2019, 56（3）: 809-822.

[44] Pham D H, Le A C. Learning multiple layers of knowledge representation for aspect based sentiment analysis[J]. Data & Knowledge Engineering, 2018, 114: 26-39.

[45] Paulius D, Sun Y. A survey of knowledge representation in service robotics[J]. Robotics and Autonomous Systems, 2019, 118: 13-30.

[46] Kumarasinghe K, Kasabov N, Taylor D. Deep learning and deep knowledge representation in Spiking Neural Networks for Brain-Computer Interfaces[J]. Neural Networks, 2020, 121: 169-185.

[47] Huo Y J, Wong D F, Ni L M, et al. HeTROPY: explainable learning diagnostics via heterogeneous maximum-entropy and multi-spatial knowledge representation[J]. Knowledge-Based Systems, 2020, 207: 106389.

[48] Huang Z H, Xu X, Ni J, et al. Multimodal representation learning for recommendation in internet of things[J]. IEEE Internet of Things Journal, 2019, 6（6）: 10675-10685.

[49] Wang W Y, Mazaitis K, Lao N, et al. Efficient inference and learning in a large knowledge base[J]. Machine Learning, 2015, 100（1）: 101-126.

[50] Cohen W W. TensorLog: a differentiable deductive database[EB/OL]. https://arxiv.org/pdf/1605. 06523v1.pdf[2024-01-01].

[51] Wang Z, Zhang J W, Feng J L, et al. Knowledge graph embedding by translating on hyperplanes[R]Québec: AAAI Press, 2014.

[52] Bordes A, Usunier N, Garcia-Durán A, et al. Translating embeddings for modeling multi-relational data[C]//Burges C J C, Bottou L, Welling M. Proceedings of the 26th International Conference on Neural Information Processing Systems. New York: Association for Computing Machinery, 2013: 2787-2795.

[53] Wen J F, Li J X, Mao Y Y, et al. On the representation and embedding of knowledge bases beyond binary relations[C]//Brewka G. Proceedings of the Twenty-Fifth International Joint Conference on Artificial Intelligence. New York: Association for Computing Machinery, 2016: 1300-1307.

[54] Ji G L, Liu K, He S Z, et al. Knowledge graph completion with adaptive sparse transfer matrix[C]//AAAI Press. Proceedings of the Thirtieth AAAI Conference on Artificial Intelligence. New York: Association for the Advancement of Artificial Intelligence, 2016: 985-991.

[55] Nickel M, Tresp V, Kriegel H P. A three-way model for collective learning on multi-relational data [C]//Getoor L. Proceedings of the 28th International Conference on International Conference on Machine Learning. Madison: Omnipress, 2011: 809-816.

[56] Chang K W, Yih W T, Yang B S, et al. Typed tensor decomposition of knowledge bases for relation extraction[C]//Moschitti A, Pang B, Daelemans W. Proceedings of the 2014 Conference on Empirical Methods in Natural Language Processing. Doha: Association for Computational Linguistics, 2014: 1568-1579.

[57] Nickel M, Jiang X Y, Tresp V. Reducing the rank of relational factorization models by including observable patterns[C]//Ghahramani Z, Welling M, Cortes C. Proceedings of the 27th International Conference on Neural Information Processing Systems. New York: Association for Computing Machinery, 2014: 1179-1187.

[58] Xiao H, Huang M L, Zhu X Y. From one point to a manifold: knowledge graph embedding for precise link prediction[C]//Brewka G. Proceedings of the Twenty-Fifth International Joint Conference on Artificial Intelligence. New York: Association for Computing Machinery, 2016: 1315-1321.

[59] Nickel M, Rosasco L, Poggio T. Holographic embeddings of knowledge graphs [R]. Phoenix: Association for the Advancement of Artificial Intelligence, 2016.

[60] Socher R, Chen D Q, Manning C D, et al. Reasoning with neural tensor networks for knowledge base completion[C]//Burges C J C, Bottou L, Welling M. Proceedings of the 26th International Conference on Neural Information Processing Systems. New York: Curran Associates, 2013: 926-934.

[61] Shi B X, Weninger T. ProjE: embedding projection for knowledge graph completion[C]//Singh S, Markovitch S. Proceedings of the Thirty-First AAAI Conference on Artificial Intelligence. New York: Association for Computing Machinery, 2017: 1236-1242.

[62] Han X, Sun L. Context-sensitive inference rule discovery: a graph-based method[C]//Matsumoto Y, Prasad R. In Proceedings of COLING 2016, the 26th International Conference on Computational Linguistics:Technical Papers.Osaka:The COLING 2016 Organizing Committee, 2016: 2902-2911.

[63] Wang Q, Wang B, Guo L. Knowledge base completion using embeddings and rules[C]//Yang Q,Wooldridge M. Proceedings of the 24th International Conference on Artificial Intelligence. New York: Association for Computing Machinery, 2015: 1859-1865.

[64] Toutanova K, Chen D Q, Pantel P, et al. Representing text for joint embedding of text and knowledge bases[C]//Màrquez L, Callison-Burch C, Su J. Proceedings of the 2015 Conference on Empirical Methods in Natural Language Processing. Lisbon: Association for Computational Linguistics, 2015: 1499-1509.

[65] Xie R B, Liu Z Y, Jia J, et al. Representation learning of knowledge graphs with entity descriptions[C]//AAAI Press. Proceedings of the Thirtieth AAAI Conference on Artificial Intelligence. New York: Association for the Advancement of Artificial Intelligence, 2016: 2659-2665.

[66] Cooper A. The Inmates are Running the Asylum: Why High-tech Products Drive Us Crazy and How to Restore the Sanity [M]. Indianapolis: Sams, 2004.

[67] Grudin J, Pruitt J. Personas, participatory design and product development: an infrastructure for engagement [R]. Malmo: Computer Professionals for Social Responsibility, 2002.

[68] Lester J C, Converse S A, Kahler S E, et al. The persona effect: affective impact of animated pedagogical agents[C]//Matt Jones, Philippe Palanque. Proceedings of the ACM SIGCHI Conference on Human Factors in Computing Systems. New York: Association for Computing Machinery, 1997: 359-366.

[69] Sharma V, Dyreson C. LINKSOCIAL: linking user profiles across multiple social media platforms[C]//Wu X, Ong Y S, Aggarwal C C. 2018 IEEE International Conference on Big Knowledge （ICBK）. Singapore: IEEE Computer Society, 2018: 260-267.

[70] Garcia-Davalos A, Garcia-Duque J. User profile modelling based on mobile phone sensing and call logs[C]//Rocha Á, Ferrás C, Marin C E M, et al. International Conference on Information Technology & Systems. Cham: Springer, 2020: 243-254.

[71] Ellison N B, Steinfield C, Lampe C. The benefits of facebook "friends:" social capital and college students' use of online social network sites[J]. Journal of Computer-Mediated Communication, 2007, 12（4）: 1143-1168.

[72] Pang B, Lee L, Vaithyanathan S. Thumbs up?: sentiment classification using machine learning techniques[R]. Pennsylvania: Association for Computational Linguistics, 2002.

[73] Tang D Y, Wei F R, Yang N, et al. Learning sentiment-specific word embedding for twitter sentiment classification[C]//Toutanova K, Wu H. Proceedings of the 52nd Annual Meeting of the Association for Computational Linguistics. Pennsylvania: Association for Computational Linguistics, 2014: 1555-1565.

[74] dos Santos C N, Gatti M. Deep convolutional neural networks for sentiment analysis of short

texts [R]. Ireland: Dublin City University, 2014.

[75] Zhou S S, Chen Q C, Wang X L. Active semi-supervised learning method with hybrid deep belief networks[J]. PLoS One, 2014, 9（9）: e107122.

[76] Hu M Q, Liu B. Mining and summarizing customer reviews[C]//Kim W, Kohavi R. Proceedings of the tenth ACM SIGKDD International Conference on Knowledge Discovery and Data Mining. New York: Association for Computing Machinery, 2004: 168-177.

[77] Rao Y H, Li Q, Mao X D, et al. Sentiment topic models for social emotion mining[J]. Information Sciences, 2014, 266: 90-100.

[78] Liu S H, Cheng X Q, Li F X, et al. TASC: topic-adaptive sentiment classification on dynamic tweets[J]. IEEE Transactions on Knowledge and Data Engineering, 2015, 27（6）: 1696-1709.

[79] Musto C, Polignano M, Semeraro G, et al. Myrror: a platform for holistic user modeling[J]. User Modeling and User-Adapted Interaction, 2020, 30（3）: 477-511.

[80] Lu J, Wu D S, Mao M S, et al. Recommender system application developments: a survey[J]. Decision Support Systems, 2015, 74: 12-32.

[81] Qian Y F, Zhang Y, Ma X, et al. EARS: emotion-aware recommender system based on hybrid information fusion[J]. Information Fusion, 2019, 46: 141-146.

[82] García-Sánchez F, Colomo-Palacios R, Valencia-García R. A social-semantic recommender system for advertisements[J]. Information Processing & Management, 2020, 57（2）: 102153.

[83] Singh V P, Pandey M K, Singh P S, et al. Neural net time series forecasting framework for time-aware web services recommendation[J]. Procedia Computer Science, 2020, 171: 1313-1322.

[84] Miller B N, Konstan J A, Riedl J. PocketLens: toward a personal recommender system[J]. ACM Transactions on Information Systems, 2004, 22（3）: 437-476.

[85] Chen T, Yin H Z, Ye G H, et al. Try this instead: personalized and interpretable substitute recommendation[C]//Huang J, Chang Y, Cheng X. Proceedings of the 43rd International ACM SIGIR Conference on Research and Development in Information Retrieva. New York: Association for Computing Machinery, 2020: 891-900.

[86] Feng Y F, Hu B B, Lv F Y, et al. ATBRG: adaptive target-behavior relational graph network for effective recommendation[C]//Huang J, Chang Y, Cheng X. Proceedings of the 43rd International ACM SIGIR Conference on Research and Development in Information Retrieval. New York: Association for Computing Machinery, 2020: 2231-2240.

[87] Zhao C, Li C L, Xiao R, et al. CATN: cross-domain recommendation for cold-start users via aspect transfer network[C]//Huang J, Chang Y, Cheng X Q. Proceedings of the 43rd International ACM SIGIR Conference on Research and Development in Information Retrieval. New York: Association for Computing Machinery, 2020: 229-238.

[88] Wang M H, Lin Y J, Lin G L, et al. M2GRL: a multi-task multi-view graph representation learning framework for web-scale recommender systems[C]//Gupta R, Liu Y. Proceedings of the 26th ACM SIGKDD International Conference on Knowledge Discovery & Data Mining.New York: Association for Computing Machinery, 2020: 2349-2358.

[89] Tai C Y, Wu M R, Chu Y W, et al. MVIN: learning multiview items for recommendation[C]// Huang J, Chang Y, Cheng X Q. Proceedings of the 43rd International ACM SIGIR Conference on Research and Development in Information Retrieval.New York: Association for Computing Machinery, 2020: 99-108.

[90] Goodfellow I, Bengio Y, Courville A. Deep Learning[M]. Cambridge: MIT Press, 2016.

[91] Zhang S, Yao L N, Sun A X, et al. Deep learning based recommender system: a survey and new perspectives[J]. ACM Computing Surveys, 2020, 52（1）: 1-38.

[92] Karatzoglou A, Hidasi B. Deep learning for recommender systems[C]//Cremonesi P, Ricci F. Proceedings of the Eleventh ACM Conference on Recommender Systems. New York: Association for Computing Machinery, 2017: 396-397.

[93] Xu Z H, Chen C, Lukasiewicz T, et al. Tag-aware personalized recommendation using a deep-semantic similarity model with negative sampling[C]//Mukhopadhyay S, Zhai C X. Proceedings of the 25th ACM International on Conference on Information and Knowledge Management. New York: Association for Computing Machinery, 2016: 1921-1924.

[94] Wu W M, Zhao J L, Zhang C S, et al. Improving performance of tensor-based context-aware recommenders using Bias Tensor Factorization with context feature auto-encoding[J]. Knowledge-Based Systems, 2017, 128: 71-77.

[95] Tuan T X, Phuong T M. 3D convolutional networks for session-based recommendation with content features[C]//Cremonesi P, Ricci F. Proceedings of the Eleventh ACM Conference on Recommender Systems. New York: Association for Computing Machinery, 2017: 138-146.

[96] Wu C H, Wang J W, Liu J T, et al. Recurrent neural network based recommendation for time heterogeneous feedback[J]. Knowledge-Based Systems, 2016, 109: 90-103.

[97] Pujahari A, Sisodia D S. Modeling side information in preference relation based restricted Boltzmann Machine for recommender systems[J]. Information Sciences, 2019, 490: 126-145.

[98] Zheng Y, Tang B S, Ding W K, et al. A neural autoregressive approach to collaborative filtering[C]//Balcan M F, Weinberger K B. Proceedings of the 33rd International Conference on International Conference on Machine Learning. New York: Association for Computing Machinery, 2016: 764-773.

[99] Hu B B, Shi C, Zhao W X, et al. Leveraging meta-path based context for top- N recommendation with a neural co-attention model[C]//Guo Y, Farooq F. Proceedings of the 24th ACM SIGKDD International Conference on Knowledge Discovery & Data Mining. New York: Association for Computing Machinery, 2018: 1531-1540.

[100] Tang J H, Du X Y, He X N, et al. Adversarial training towards robust multimedia recommender system[J]. IEEE Transactions on Knowledge and Data Engineering, 2020, 32（5）: 855-867.

[101] Zheng G, Zhang F, Zheng Z, et al. DRN: a deep reinforcement learning framework for news recommendation [C]. Proceedings of the 2018 World Wide Web Conference（WWW 2018）, 2018: 167-176.

[102] Xu C F, Zhao P P, Liu Y C, et al. Recurrent convolutional neural network for sequential recommendation[C]//Liu L, White R. WWW '19: The World Wide Web Conference. New York:

Association for Computing Machinery, 2019: 3398-3404.

[103] Lv F Y, Jin T W, Yu C L, et al. SDM: sequential deep matching model for online large-scale recommender system[C]//Zhu W, Tao D, Cheng X. Proceedings of the 28th ACM International Conference on Information and Knowledge Management. New York: Association for Computing Machinery, 2019: 2635-2643.

[104] Zou L X, Xia L, Ding Z Y, et al. Reinforcement learning to optimize long-term user engagement in recommender systems[C]//Teredesai A, Kumar V. Proceedings of the 25th ACM SIGKDD International Conference on Knowledge Discovery & Data Mining. New York: Association for Computing Machinery, 2019: 2810-2818.

[105] Chen L, Wu Z A, Cao J, et al. Travel recommendation via fusing multi-auxiliary information into matrix factorization[J]. ACM Transactions on Intelligent Systems and Technology, 2020, 11 (2): 1-24.

[106] Xue F, He X N, Wang X, et al. Deep item-based collaborative filtering for top-N recommendation[J]. ACM Transactions on Information Systems, 2019, 37 (3): 1-25.

[107] Yi B L, Shen X X, Liu H, et al. Deep matrix factorization with implicit feedback embedding for recommendation system[J]. IEEE Transactions on Industrial Informatics, 2019, 15 (8): 4591-4601.

[108] Ren Y L, Tomko M, Salim F D, et al. A location-query-browse graph for contextual recommendation[J]. IEEE Transactions on Knowledge and Data Engineering, 2018, 30 (2): 204-218.

[109] Huang C L, Jiang W J, Wu J, et al. Personalized review recommendation based on users' aspect sentiment[J]. ACM Transactions on Internet Technology, 2020, 20 (4): 1-26.

第 2 章　商务大数据采集

2.1　商务大数据的数据类型

大数据包括多种不同格式和不同类型的数据,根据数据是否具有一定的模式、结构和关系,商务大数据按数据结构分为结构化数据、半结构化数据和非结构化数据,随着数据来源逐渐多样化,非结构化数据成为商务大数据的主要部分。互联网数据中心(Internet Data Center,IDC)的调查报告显示:企业中 80%的数据为非结构化数据,且数据每年按指数增长 60%。

2.1.1　结构化数据

结构化数据是指遵循标准的模式和结构,主要使用关系数据库表示和存储,用二维表结构逻辑表达实现的数据。结构化数据是先有结构,后产生数据,一般特点是:数据以行为单位,一行数据表示一个实体信息,每一行数据属性相同。由于关系数据库发展较为成熟,结构化数据的存储、分析方法发展也较为全面,有大量工具支持结构化数据分析,分析方法以统计分析和数据挖掘为主,关系数据库是创建在关系模型基础上的数据库,关系模型即二维表格模型,一个关系数据库包括一些二维表且表与表之间具有一定关联,以表 2.1 为例,描述结构化数据如何在关系数据库中进行表示和存储。

表2.1　描述结构化数据例子

id	name(姓名)	age(年龄)	gender(性别)
1	Sherry	12	female
…	…	…	…

由表 2.1 可以看出结构化数据存储和排列具有一定的规律性,查询和修改等

操作较为简易。但是结构化数据存在扩展性不佳等问题，如字段不固定，在实际应用中反复更改表结构比较棘手，因此利用关系数据库会十分困难，同时也容易导致后台接口从数据库中读取数据出错。

2.1.2　半结构化数据

半结构化数据是结构化数据的一种形式，其并不符合关系数据库或其他数据表形式关联起来的数据模型结构，由基本固定的结构模式数据组成，具有一定的结构性，但本质上并不具有关系性，是介于完全结构化数据和完全非结构化数据之间的数据类型。半结构化数据包含相关标记，用来分隔语义元素以及对记录和字段进行分层，因此半结构化数据也称为自描述的结构，如以树或者图的数据结构存储数据。不同于结构化数据先有结构，后有数据，半结构化数据是先有数据，再有结构。常见的半结构化数据类型有 XML 文件和 JSON 文件，以 XML 文件为例，具体描述半结构化数据的存储方式（图 2.1）。

```
<person>
    <name>A</name>
    <age>13</age>
    <gender>female</gender>
</person>
```

图 2.1　XML 文件例子

由图 2.1 可知，半结构化数据中属性的顺序是不重要的，不同的半结构化数据的属性个数不一定相同，通过半结构化数据的数据格式，可以灵活地存储更多的信息，包括自我描述信息（元数据），因此，半结构化数据的扩展性较好。

2.1.3　非结构化数据

在大数据的现代世界中，非结构化数据最为丰富，这部分数据在企业数据中占比高达 80%，且增长速度更快。相较于结构化数据（即用二维表结构逻辑表达实现的数据）而言，不方便用数据库二维表结构逻辑来表现的数据即为非结构化数据，非结构化数据是没有固定组织原则的、未经过滤的信息，通常也称为原始数据，通常示例包括网页日志、文本文档、图像、视频和音频文件。

非结构化 Web 数据库主要是针对非结构化数据而产生的，与以往流行的关系数据库相比，其最大区别在于它突破了关系数据库结构定义不易改变和数据定长的限制，支持重复字段、子字段以及变长字段并实现了对变长数据和重复字段进行处理和数据项的变长存储管理，在处理连续信息（包括全文信息）和非结构化信息（包括各种多媒体信息）中有着传统关系数据库所无法比拟的优势。非结构化数据常以二进制大型对象（Binary Large Object，BLOB），将二进制数据存储为一个单一个体的集合的形式，整体存储在关系数据库中，或存储在非关系数据库（如 NoSQL[①]数据库）中。然而非结构化数据更难被计算机理解，不能直接被处理或用结构化查询语言（structured query language，SQL）语句进行查询，也难于组织和格式化，因此非结构化数据的收集、处理和分析是一大挑战。表 2.2 为常见的非结构化数据类型。

表2.2　非结构化数据例子

文本文件	文字处理、电子表格、网络日志等
富媒体	媒体和娱乐数据、监控数据、地理空间数据、音频数据、天气数据等
物联网	传感器数据、ticker 数据等
移动数据	短信、位置等
科学数据	石油和天然气勘探、空间勘探、地震图像、大气数据等
……	……

非结构化数据的格式非常多样，标准也是多样性的，而且在技术上非结构化信息比结构化信息更难标准化和理解。所以存储、检索、发布以及利用需要更加智能化的 IT，如海量存储、智能检索、知识挖掘、内容保护、信息的增值开发利用等。

2.2　线上商务大数据采集方案

数据分析与挖掘过程中比较基础且重要的环节为数据采集，数据采集指针对特定用户行为或事件进行捕获、处理和发送的相关技术及其实施过程。数据采集的技术实质，是先监听软件应用运行过程中的事件，当需要关注的事件发生时进行判断和捕获。数据采集是否丰富、采集的数据是否准确、采集是否及时，都会影响到数据分析的效果。所以选择正确的数据采集方式对做好数据分析至关重要。

---

① NoSQL，not only structured query language，非结构化查询语言。

目前商务大数据的采集主要分为线上和线下两种采集方案，本节将着重介绍商务大数据线上采集方案。

2.2.1　企业数据采集

商务企业发展规模大，经营时间久，积累了大量原始数据，采集企业数据有利于更好地了解消费者的商务行为信息。

互联网的数据主要来源于互联网用户和服务器等网络设备，主要是大量的文本数据、社交数据以及多媒体数据等，而企业数据主要来源于机器设备数据、企业信息化数据和产业链相关数据。

从数据采集的类型上看，不仅要涵盖基础的数据，还需包括半结构化的用户行为数据、网状的社交关系数据、文本或音频类型的用户意见和反馈数据。主要包括以下几种。

（1）海量的键值（key-value）数据。在传感器技术飞速发展的今天，包括光电、热敏等不同类别的企业传感器在企业得到了大量应用，使得企业获取传感数据的能力不断增强，这种传感器数据的特点为数据内容少，但数据使用频率高。

（2）文档数据：包括仿真数据等大量传统工程数据。

（3）接口数据：由已经建成的企业自动化或信息系统提供的接口类型的数据，包括 txt 文件、JSON 格式、XML 格式等。

（4）视频、图像和音频数据：由设备采集的各种数据。

企业数据采集主要技术难点为数据量巨大、企业数据的协议不标准等方面。

企业数据量的庞大给数据的处理带来巨大挑战，数据的规范和清洗是数据处理的重要任务，大量的企业数据是"脏"数据，直接存储无法应用于分析，在存储之前，必须对数据进行处理，海量的数据对技术要求更高。

互联网数据采集一般都是常见的超文本传送协议（hypertext transport protocol，HTTP），但在企业领域，会出现 ModBus、OPC[①]、CAN-Bus[②]、ControlNet 等各类型的企业协议，而且各个自动化设备生产及集成商会开发各种私有的企业协议，导致企业协议的互联互通有极大难度，开发人员会在企业现场实施综合自动化等项目时，面对众多企业协议，无法有效进行解析和采集。

---

① Open Platform Communications，开放平台通信。
② Controller Area Network-Bus，面向广播的串行总线系统。

2.2.2　网络爬虫数据

网络数据量越来越大，单靠浏览网页来获取静态数据也越来越困难，如何有效地提取并利用信息已成为一个巨大的挑战。网络爬虫（web crawler），也称网络蜘蛛，是一种用来自动浏览万维网的网络机器人。通过网络爬虫或网站公开应用程序接口（application programming interface，API）等方式从网站中获取数据信息，将非结构化数据从网页中抽取出来，将其存储为统一的本地数据文件，以结构化的方式存储。

网络爬虫工具基本分为以下三类。①分布式网络爬虫工具，如 Nutch 等；②Java 网络爬虫工具，如 Crawler4j、WebMagic、WebCollector；③非 Java 网络爬虫工具，如 Scrapy（基于 Python 开发）。

网络爬虫可以自动采集所有能访问到的页面内容，为搜索引擎和大数据分析提供数据来源。从功能方面来看，爬虫有数据采集、处理和存储三部分功能。常见的网络爬虫策略有深度优先搜索（depth first search，DFS）策略和广度优先搜索（breath first search，BFS）策略。

深度优先搜索策略是指爬虫从某个统一资源定位符（uniform resource locator，URL）链接开始，逐链接爬取，直至处理完某个链接中所有线路，才切换到其他线路。

广度优先策略的基本思路是将新下载网页中发现的链接插入待抓取的 URL 队列队尾，即网络爬虫会先抓取起始网页中链接的所有网页，然后再选择其中的链接网页，继续抓取此网页链接中的所有网页。

2.2.3　移动设备数据

相比较于企业数据和网络爬虫数据，移动设备数据更接近日常生活。随着移动互联网和大数据技术的发展，以及智能手机的普及，几乎工作、学习、生活中的所有场景都离不开手机，手机 APP 已经取代了传统的生活方式，让人们可以体验便捷高效的服务，当然它也承载着大量丰富的信息，收集这些 APP 的数据，集中对数据进行清洗和分析，就能将这些海量数据变为有价值的数据能源。

与 PC 端不同，对于手机、Pad（平板电脑）、智能手表、电视盒子等移动设备，我们收集移动设备数据的载体就是 APP。移动数据采集软件开发工具包（software development kit，SDK）架构主要由三部分组成，包括用户接口、业务模块和控制模块。原生 SDK 在多语言支持上需要投入很多的开发资源,跨平台应用开发渐成趋势,但 Javascript SDK 在各框架上的实现也各有差异,因此,目前移动采集 SDK 在对多平台、多语言的支持上难度较大。难度更大的是对 Android 设备的机型适配问题。由于 Android 系统的开源特性,各厂商为了在各家机型上有更好的用户体验,都有针对性地作了只读存储器(read-only memory,ROM)改良,尤其近些年 Android 在虚拟机、编译器上的改动较大,这就给机型适配带来更大的难度。

以 Google Analytics for Firebase(Firebase 谷歌数据分析)为例,我们将介绍移动设备数据的采集过程。

Google Analytics for Firebase 在默认情况下收集的信息类型包括:用户数量和会话数量、会话时长、操作系统、设备型号、地理位置、首次启动次数、应用打开次数、应用更新次数和应用内购买次数。

在识别设备方面,Firebase SDK 库使用应用实例标识符来识别应用的每一个唯一安装实例。在使用 SDK 时,应用实例标识符在应用层级生成,默认情况下,Firebase SDK 会针对移动设备收集标识符(如 Android 广告 ID 和苹果公司开发的移动操作系统广告标识符[①]),并采用类似于 Cookie 的技术。在苹果操作系统(iphone operating system,IOS)设备上,SDK 会收集广告标识符。为确保广告标识符可用,开发者需要关联 AdSupport. framework 库。如果没有广告标识符,SDK 就会收集供应商标识符。如果在报告了供应商标识符后,又发现有可以收集的广告标识符,SDK 将停止收集供应商标识符。默认情况下,SDK 会在 Android 设备上收集广告 ID。

在移动设备数据收集过程中如何保护客户数据隐私是移动设备数据采集中的一大挑战,如何在采集移动设备数据的同时保护客户隐私需要引起广大开发者的重视。

2.2.4 数据库数据采集

在管理各项信息工作的过程中会产生或需要大量数据,数据库能够有效地存储、管理日益重要的信息。传统企业会使用传统的关系数据库 MySQL 和 Oracle 等来存储数据。随着大数据时代的来临,Redis、MongoDB 和 HBase 等 NoSQL 数据库也常用于数据的采集中。企业通过采集端部署大量数据库,并在这些数据库之间进行负载均衡和分片,来完成大数据采集工作。

以 NoSQL 数据库为例,我们将介绍数据库的数据采集过程。NoSQL 数据库,适用于超大规模的数据存储,存储非结构化数据,弥补关系数据库不擅长大量数据写入处理等不足,具有非关系式、分布式等特点。NoSQL 数据库分为四种类型:

---

① 广告标识符,identifier for advertising,简称 IDFA。

键值数据库、列式数据库、文档数据库、图形数据库。键值数据库因键（key）的完全一致性，通过键的哈希值快速查找对应的值，根据数据保存方式可以分为临时性、永久性和两者兼具，适合处理大量数据的高访问负载，常见的键值包括 Redis 和 Memcached 等。列式数据库按列存储数据，便于存储结构化和半结构化数据，常见的列式数据库包括 HBase、Bigtable 等。文档数据库，数据以文档的形式存储，通常采用 JSON 或 XML 格式，常见文档数据库包括 CouchDB、MongoDb 等。图形数据库利用图结构相关算法来处理社交网络等关系复杂的系统。

　　Google 的 MapReduce 框架是 NoSQL 数据库应用的经典案例。Google 使用廉价的商用硬件生成了搜索索引，将数据扩展到多个服务器，需要经过 map（映射）和 reduce（化简）两个阶段。数据处理如图 2.2 所示。

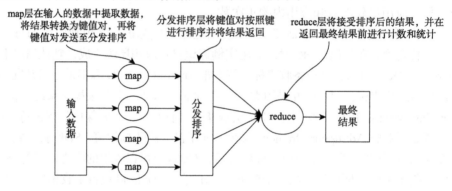

图 2.2　MapReduce 数据处理过程

　　如图 2.2 所示，映射函数阶段，又称映射操作（map operation），从输入的数据中提取数据，并将结果转换为键值对，然后将键值对发送至分发排序层中。分发排序层将键值对按照键进行排序并返回结果。化简函数阶段将接受排序后的结果，在返回结果前将对结果进行排序、整合和汇总。

　　Google 对于映射和化简函数的扩展使其能够处理数亿网页信息并能在低成本商用 CPU 上经济可靠地运行。MapReduce 框架的应用也启发了其他组织的工程师对 MapReduce 框架创建开源版本，拓宽了使用函数式编程系统的新思路。

2.3　线下商务大数据采集方案

　　相比较于线上数据的虚拟化，线下的商务大数据更能体现用户的真实喜好，更有利于进行全面的用户分析，关注线下数据智能的价值，一方面是由于实体经济的数字化转型需求日益强烈，必须依托于线下业务场景的数字化和数据应用；另一方面，线下场景的数据基础设施相对薄弱，属于数据洼地，而线下实体经济整体市场规模远超线上，因此应用潜力巨大。零售、营销、政务等行业是线下数据智能较成熟的应用场景。线下数据采集技术收集人、货、场景数据，采集方式包括 APP 内嵌 SDK、无线信号传感器和摄像头等。以线下商场为实例，来描述线下商务大数据采集方案。

2.3.1　物理数据采集

物理数据主要来自线下传感器所收集的各种信息。主要包括 Wi-Fi 感知技术、人体热感技术、视频人像识别技术等。

Wi-Fi 感知技术实施简单，但无法扫描关闭 Wi-Fi 的手机等设备，在采集精度上精准度不高。例如，Euclid Zero 技术追踪商场内顾客手机的媒体访问控制（media access control，MAC）层地址，借此分析特定顾客在店内的行动路线和滞留时间，用于改进商品陈设和个性化推荐服务。

人体热感技术和视频人像识别技术需要安装摄像头，通过视频里的影像来分析，技术调优后，能达到很高的精度，但是只能识别到客流的数量，无法装载更多客流的信息，不能和线上数据建立有效连接。

2.3.2　活动数据采集

线下商场中活动数据主要为人为活动数据。为了获得更精确的客流分析数据，零售商可以借助当今主流智能手机上的各种微电子机械系统（micro-electro-mechanical system，MEMS），如加速计和陀螺仪，点内公司也提供此类分析技术，配合顾客手机中安装的会员应用来绘制出精确的客流热力图。商场用户办理的近场通信（near-field communication，NFC）会员卡，也是追踪客户行为的最佳方式，如 FiveStars 开发的支持 NFC 的会员卡，也可以掌握顾客的访问频率、访问高峰时段和所购商品信息。3D 传感器、摄像头等技术的店内客流和客户行为分析方案也是人为活动数据采集方案，如啤酒品牌商采用 Shopperception 三维购物传感器追踪用户与货架上的商品的互动情况，包括触碰、拿取、放回等动作，并生成一个商品的热力图。

线下数据的采集相比线上较有难度，存在许多需要继续完善的技术问题，线下采集的难点在于数据的精确性，无法定位到精确的顾客信息，难以形成完整的数据链路，很难形成定制化服务。

2.4 商务大数据采集的相关应用案例

数据采集结束，进行清洗、处理后，如何对数据进行更深入的挖掘并应用于现实生活中是一大命题，本节主要介绍大数据在精准用户画像描述和社交平台用户描述的应用。

2.4.1 精准用户画像描述

用户画像与用户角色相近，是用来勾画用户（用户背景、特征、性格标签、行为场景等）和联系用户需求与产品设计的一种方式。用户画像将用户信息标签化，即企业通过收集与分析消费者社会属性、生活习惯、消费行为等主要信息的数据后，完美地抽象出用户的商业全貌，是商务应用大数据技术的基本方式。用户画像为商务智能提供了足够的信息基础，能够帮助商务智能快速找到精准用户群体以及用户需求等更为广泛的反馈信息。

构建用户画像的数据来源于所有用户相关的数据。对于用户相关数据的分类，引入一种重要的分类思想：封闭性的分类方式。这样的分类方式，有助于后续不断枚举并迭代补充遗漏的信息维度。用户数据可大致分为静态信息数据和动态信息数据两大类。

静态信息数据指用户相对稳定的信息，如人口属性、商业属性等数据。这类信息自成标签，在有真实信息的基础上，无须过多地建模预测。

动态信息数据能够更为准确地描述用户的行为喜好，以用户接触点为重点，通过线下数据和线上数据来了解用户的行为，如浏览记录、搜索记录和点击发表内容等信息，而如何应用用户行为数据来进行数据建模、分析用户标签，是商务大数据应用的重要内容。

2.4.2 社交平台用户描述

随着智能设备的逐渐普及，用户在社交平台上的活跃程度有逐渐大于现实生活中的活跃程度的趋势，社交媒体因此成为空前庞大的互联网平台，亿万用户行为记录中蕴含着巨大的科学和市场价值。精确的行为预测和检测技术是商务大数据推荐和社会化营销等领域的核心，而社会平台用户行为分析与建模作为预测和检测技术的基础，是计算机科学的重要问题之一。

社交媒体中既有的行为预测和检测技术在行为分析与建模的基础环节中仍然面临很多挑战，难以有效满足社会化推荐系统、个性化搜索、欺诈行为和信息操纵检测等应用需求。挑战主要可归纳为：采纳信息行为的高稀疏度、社交媒体用户行为的多源异构性、用户行为数据的海量和动态性和用户行为意图的复杂性。

第3章 商务大数据预处理

3.1 商务大数据预处理技术

通过各种方法可以采集到不同类型的数据，而要将这些数据用于数据挖掘，其必经之路是数据预处理，因为采集到的数据往往是不完善的，可能存在各种各样的问题，所以必须通过技术手段处理这些采集来的原始数据，即通过数据清洗、数据变换、数据集成、数据归约这一过程来处理原始数据。数据预处理阶段得到的数据是初步分析的结果，经过后续的数据挖掘、可视化分析等步骤得到的数据即可用于辅助决策。

3.1.1 数据采集

数据采集就是使用某种技术或手段，将数据收集起来并存储在某种设备上。数据采集处于大数据生命周期中的第一个环节，之后的分析挖掘都建立在数据采集的基础上。本节将主要介绍数据采集的各种方法、数据质量的评估标准及影响因素。

通过射频识别（radio frequency identification，RFID）、传感器、社交网络、移动互联网等方式可以获得各种类型的数据，包括结构化、半结构化及非结构化的数据。由于这些数据具有数据量大、异构等特点，因此，必须采用专门针对大数据的采集方法。本节主要介绍以下三种大数据采集方法。

1. 系统日志采集

许多公司的业务平台每天都会产生大量的日志数据。日志收集系统要作的事情就是收集业务日志数据供离线和在线的分析系统使用。高可用性、高可靠性、可扩展性是日志收集系统所具有的基本特征。目前常用的开源日志收集系统有Flume、Scribe 等。

2. 网络数据采集

网络数据采集即对非结构化数据的采集，是指通过网络爬虫或网站公开 API 等方式从网站上获取数据信息。该方法可以将非结构化数据从网页中抽取出来，以结构化的方式将其存储为统一的本地数据文件。它支持图片、音频和视频等文件或附件的采集，附件与正文可以自动关联。除了网络中包含的内容之外，对于网络流量的采集可以使用深度数据包检测（deep packet inspection，DPI）或深度/动态流检测（deep/dynamic flow inspection，DFI）等带宽管理技术进行处理。

3. 数据库采集

一些企业会使用传统的关系数据库，如 MySQL、Oracle 和 SQL Server 等来存储数据。除此之外，Redis 和 MongoDB 这样的 NoSQL 数据库也常用于数据的采集，这种情况通常在采集端部署大量数据库，并在这些数据库之间进行负载均衡。

数据质量是保证数据应用的基础，采集来的原始数据可能存在质量问题，需要通过一定的标准来对数据进行评估。对于未通过评估的数据，将采取一系列的后续方法进行处理。

数据质量的评估标准可以通过完整性、一致性、准确性和及时性四个方面来进行判断。完整性是指数据信息是否存在缺失的情况，数据缺失可能是整个数据的缺失，也可能是数据中某个字段信息的缺失；数据完整性是数据质量最为基础的一项评估标准；一致性是指数据是否遵循了统一的规范，数据之间的逻辑关系是否正确和完整；准确性是指数据中记录的信息和数据是否准确，数据记录的信息是否存在异常或错误；及时性是指数据从产生到可以查看的时间间隔，也称数据的延时时长，是数据世界与客观世界的同步程度。

3.1.2　数据清洗

数据清洗是清除"有问题"数据的过程，包括处理残缺数据、处理噪声数据和处理冗余数据三个方面。按照数据质量评估标准可以筛选出"有问题"的数据，"有问题"的数据主要包含以下三种：残缺数据、噪声数据和冗余数据。本节将针对以上三种"脏数据"分别阐述其定义，并探究上述三种数据的清洗方法。

1. 处理残缺数据

残缺数据，顾名思义，就是指不完整的数据，如前文所提，残缺数据的情况可能是整个数据的缺失，也可能是数据中某个字段信息的缺失。可根据前文提到的数据质量评估标准中的"完整性"判断数据是否残缺。对于残缺数据的处理，有以下几种方法。

1）忽略整个元组

当元组的某个属性残缺时，忽略整个元组。这种方法简单，但存在弊端：采用忽略元组的方法，意味着不能使用该元组的剩余属性值，而这些剩余属性值很可能是分析问题所必需的。除非元组有多个属性残缺，否则该方法不是很有效。当某个属性有很多元组缺失时，它的性能特别差。

2）填写残缺值

可以通过人工填写或者设立某一规则确定残缺值的填写内容。对于人工填写，仅适用于数据量小且缺失值少的情况，当数据量很大、缺失值很多时，该方法可能行不通。人工填写的主要方法有以下四种。①使用全局常量填写缺失值；②使用属性的均值填写缺失值；③使用与存在残缺属性的元组属同一类的所有样本的属性均值填写残缺值；④推测最可能的值并填写，可以使用回归分析等方法推测该缺失值的大小。

2. 处理噪声数据

噪声数据是指在测量一个变量时测量值可能出现的相对于真实值的偏差或错误，这种数据会影响后续分析操作的正确性与效果。噪声数据主要包括错误数据、虚假数据和异常数据。由于错误数据与虚假数据的处理较为复杂且涉及该数据的应用领域的知识，本书中将不作介绍，本书将着重介绍异常数据的处理。异常数据是指对数据分析结果有较大影响的离散数据。

1）分箱

分箱是指把待处理的数据按照一定规则放进"箱子"中，采用某种方法对各个"箱子"中的数据进行处理。本书介绍了以下三种分箱方法。

（1）等深分箱法：每箱具有相同的记录数，每个箱子的记录数称为箱子的深度。

（2）等宽分箱法：在整个数据值的区间上平均分割，使得每个箱子的区间相等，这个区间被称为箱子的宽度。

（3）用户自定义分箱法：根据用户自定义的规则进行分箱处理。

2）平滑处理

在分箱之后，要对每个箱子中的数据进行平滑处理。

（1）按平均值：对同一箱子中的数据求平均值，用均值代替箱子中的所有数据。

（2）按中值：取箱子中所有数据的中值，用中值代替箱子中的所有数据。

（3）按边界值：使用离边界值较小的边界值数据代替箱子中的每一个数据。

3）聚类

将数据集合分组为若干个簇，在簇外的值即为孤立点，这些孤立点就是噪声数据，应对这些孤立点进行删除或替换。相似或相邻近的数据聚合在一起形成各个聚类集合，在这些聚类集合之外的数据即为异常数据。

4）回归

通过发现两个相关的变量之间的相关关系，构造一个回归函数，使得该函数能够更大程度地满足两个变量之间的关系，使用这个函数来平滑数据。

3. 处理冗余数据

冗余数据既包括重复的数据，也包括与分析处理的问题无关的数据，通常采用过滤数据的方法来处理冗余数据。对于重复的数据采用重复过滤的方法，对于无关的数据则采用条件过滤的方法。

1）重复过滤

在已知重复数据内容的基础上，从每一个重复数据中取出一条记录保留下来，删去其他的重复数据。重复过滤=识别重复数据+过滤操作。过滤操作可以根据操作的复杂度分为直接过滤和间接过滤两种。直接过滤是对于重复数据直接进行过滤操作，选择任意一条记录保留下来并过滤掉其他的重复数据；间接过滤是对重复数据先进行一定的处理，形成一条新记录后再进行过滤操作。

2）条件过滤

根据一个或多个条件对数据进行过滤。对一个或多个属性设置条件，将符合条件的记录放入结果集，将不符合条件的数据过滤掉。实际上，重复过滤就是一种条件过滤。

3.1.3　数据变换

数据变换可分为属性类型变换与属性值变换，本节将详细讲述以上两种数据变换方法。

1. 属性类型变换

数据变换是指将数据从一种表示形式转换为另一种表示形式的过程。在数据处理过程中，为了后续工作的方便，往往需要将原始数据的属性转换成目标数据集的属性类型。可以使用数据概化与属性构造等方法进行属性变换。

1）数据概化

数据概化是指用更抽象（更高层次）的属性来代替低层或原始数据。举例来说：街道属性可以概化到城市的层次，城市可以概化到国家的层次，当然街道也可以直接概化到国家的层次；年龄属性可以概化为青年、中年和老年；出生年月的属性可以概化为 80 后、90 后或 00 后等。

2）属性构造

属性构造是指构造新的属性并添加到属性集合中以便帮助挖掘，这个属性可以是根据原有属性计算出的属性，如根据半径属性可以计算出新属性周长与面积。此外，根据原属性与目标属性之间的映射关系，可将属性变化分成一对一映射和多对一映射两种。

2. 属性值变换

属性值变换，即数据标准化，是指将属性值按比例进行缩放，使之落入一个特定的区间，以消除数值型属性因大小不一而造成的挖掘效果的偏差。数据标准化主要有以下四种方法。

1）最大–最小标准化

已知属性的原范围，将其映射到新范围。这种方法简单，但存在缺陷，当新加入的数据超过了原范围时，必须更新原最小与原最大的值，否则会出错。

2）0-1 标准化

0-1 标准化是最大–最小标准化的一种特殊形式，即令最小值为 0 最大值为 1 的情况。

3）零–均值标准化

适用于数据符合正态分布的情况。

4）小数定标标准化

通过移动小数点的位置，将属性值映射到[0,1]，使用小数的科学记数法来达到规范化的目的。

3.1.4 数据集成

数据集成是把不同来源、格式、特点、性质的数据在逻辑上或物理上有机地集中，从而为企业提供全面的数据共享。数据集成时，模式集成和对象匹配非常重要，如何将来自多个信息源的等价实体进行匹配，这涉及实体识别问题。在进行数据集成时，同一数据在系统中多次重复出现，需要消除数据冗余，针对不同特征或数据间的关系进行相关性分析。

数据集成就是将不同数据源中的数据，逻辑地（生成一个视图）或物理地（生成一个新的关系表）集成到一个统一的数据集中，在这个集成的数据集上进行后续的分析处理。

在整合不同数据源的数据时，如何做到模式匹配？如何才能匹配来自多个数据源的等价实体？以上问题的实质就是实体识别问题。实体识别就是为了匹配不同数据源的现实实体，如 A.user_id=B.customer_id。通常以元数据为依据进行实体识别，避免模式集成时出现错误。

对于同一现实世界的实体而言，不同系统中的同一属性的数据值可能不同，可能的原因有：属性的表示方式不同、单位不同等。例如，房价这一属性在不同国家使用不同的货币单位、大学之间评分等级的差异等。针对数据值冲突，需要根据元数据提取该属性的规则，并在目标系统中建立统一的规则，将原始属性值转换为目标属性值。

在数据集成时，数据冗余是不可避免的。例如，同一属性在不同系统中使用不同的字段名，如同样的顾客 ID，在 A 系统中的字段名是 Cust_id，在 B 系统中是 Customer_Num；集成后某个数据属性可以由其他数据属性经过计算得出，如 A 系统中有月营业额属性，在 B 系统中有日营业额属性，而月营业额是可以由日营业额推导出的。可以通过相关分析来检验属性之间的相关度，进而判断是否存在数据冗余。

3.1.5　数据归约

数据归约，也叫数据削减，是指在尽可能保持数据原貌的前提下，最大限度地精简数据量。数据归约对后续的分析处理不产生影响，归约前后的数据分析处理结果相同，且用于数据归约的时间不超过归约后数据挖掘节省的时间。数据规约的必要前提是充分理解挖掘任务并熟悉数据内容。本节主要介绍数据归约的两种方法：维归约和数值归约。

1）维归约

维归约是从原有的数据中删除不重要或不相关的属性，或者通过对属性进行重组来减少属性的个数。维归约的目的是找到最小的属性子集，且该子集的概率分布尽可能地接近原数据集的概率分布。

2）数值归约

数值归约是指用较简单的数据表示形式替换原数据，或者采用较小的数据单位，或者用数据模型代替数据以减少数据量。常用的方法有直方图、用聚类数据表示实际数据、抽样和参数回归法等。

3.2 多源异构商务大数据不一致性消除策略

多源异构信息这一概念的认识主要有两个方面。

多源是指信息来源不同。信息源可以是传统结构化的关系数据库系统和面向对象数据库系统，也可以是半结构化的 XML 文件，或者是彼此间查询接口各不相同的网络信息源。对于异构信息的集成，需要解决异构信息的一体化表示和描述的问题，在这个基础上再根据不同的应用目的对信息进行合理有效的组织、管理和利用。比如对于不同类型的数据库中的数据，如何对这些数据进行整合加以利用是这类研究的主要任务。这种异构具体体现在以下几个方面。①计算机硬件上的异构：数据库可以运行在大型机、小型机、工作站、PC 或嵌入式系统中；②操作系统的异构：目前比较流行的操作系统有 Unix、Windows、Linux 等；③数据库系统本身也存在异构：不同的数据库管理系统有 Oracle、SQL Server、MySQL 等，不同的数据库数据类型有关系型、网状型等。

异构是指信息的组成结构不同，即半结构化、结构化、非结构化。这类研究的主要任务在于如何结合不同结构的信息作分析研究。

异构信息是指以非结构化的文本形式存在的互联网信息以及以结构化、定量的形式存在的实时量化数据，它们除了信息的表现形式上完全不同以外，信息来源、可靠度、信息的深层分析难度都不同。目前来看结构化的数据应用要比非结构化信息以及半结构化信息广泛和成熟，基于量化信息的时间序列分析发展比较成熟，已广泛应用在金融行业辅助决策。非结构化的信息是指信息的存在形式相对不固定，往往信息的内部结构无规律，存储形式多种多样，如文档、电子邮件、网页、视频文件、网民发表的评论等。文件格式繁多，如 text、HTML、XML、RTF、MSOffice、PDF、PS2/PS 等，但非结构化信息的作用不可忽视，国家发布的档案、专家分析报告等都对行业有很大的影响，目前基于此的研究还是以快速获取语义分析、情感分析、文本挖掘等为主。随着互联网在各行各业中的普及，企业和个人可获取、需处理的信息量呈爆发式增长，而且其中绝大部分数据都是半结构化以及非结构化的。为了满足用户需求，获取、处理这些类型数据的手段亟待提高。

针对上面的两种观念，我们认为处理异构信息有两种主流方式。

一种是将不同的数据来源的异构信息整合集成起来用于共享和处理。目前数据来源格式复杂，利用该方式处理信息的难度仍非常的大，处理过程比较复杂。

目前研究的异构信息整合的方案非常多，但基本方法可以归为两类。

（1）仓库法，建立一个数据仓库，将参加集成共享的各数据源的数据副本存储到数据仓库中，之后所有的操作都直接基于数据仓库进行即可。优点是数据副本存储在数据仓库，可以不断与原数据源同步更新。用户在使用数据时无须访问真正的数据源，因此访问速度要快。缺点比较明显，数据多存储了一次，数据量足够大的时候会耗费大量的存储资源，同时更新比较困难，同步度不高，不能及时反映出数据源中的信息情况。

（2）虚拟法，在这种形式下，数据依然存储在各自独立的数据源中，用户针对全局模式突出查询，通过查询引擎对用户的全局查询进行查询解析、重写和分解，然后各个数据源根据查询要求分别进行处理，再用中间件将各个查询结果提出来集成后返回给用户。它实际上是利用了中间件来处理用户的操作，解析操作后发送给相关数据源执行，然后负责将不同的数据源处理结果整合，最终反馈给用户。这种方式的好处是，无须重复存储大量的数据，同时数据更新及时，适用于对实时数据处理要求较高的业务。

另一种方式则是首先对两种信息分别进行处理，然后将两种不同数据源或者不同格式的数据结合起来处理，往往以一方的结果去辅助另一方数据的形式出现。结构化的数据和非结构化的数据构成了异构信息，对这两种信息的处理方式各不相同。结构化的数据分析方法相对要成熟，实际应用十分广泛，包括股票、金融、交易、推荐算法等。而非结构化数据分析仍处于研究和探索状态，目前也出现了部分实用的案例，如淘宝的用户评价内容分析。所以目前研究往往以结构化数据分析结果为主，非结构化数据分析结果为辅。在将两种数据分析结果结合起来研究方面，目前有人研究如何利用结构化的股票数据以及非结构化的新闻媒体报告信息来发现金融事件热点。

3.3　商务大数据语义提取与分析

3.3.1　什么是语义

在现实世界中，事物所代表的概念的含义，以及它与其他概念之间的关系，可以被认为是语义。语义是对符号的解释，如"苹果是一种水果，含有丰富的矿物质和维生素"就解释了"苹果"这个字符串（符号、概念），"《深度学习》(*Deep*

Learning）是第一本系统讲述深度学习技术的专著，由伊恩·古德费洛（Ian Goodfellow）、约书亚·本焦（Yoshua Bengio）和亚伦·考维尔（Aaron Courville）合著，于 2016 年出版"则描述了《深度学习》这本书的含义。

语义的典型特征包括：语义的客观性和主观性、语义的清晰性和模糊性以及语义的领域性等。其中，模糊性主要体现在语义边界上，如"胖"所具有的语义是一个模糊概念，边界并不清晰，用简单的判断逻辑是无法定义的。领域性是指对于一些词语含义的理解，需要在某个具体的领域中才有确定的结果，可能存在同一事物在不同领域中有不同理解的情况，如"苹果"在水果食品领域和手机通信领域就具有不同的含义。

3.3.2 大数据中的语义分析

大数据的一个典型特征是 Variety，它有多方面的含义，其中最主要的是指数据类型的多样化。在表示一本图书时，可以有数值型、日期型、文本型等多种形式。

我们使用结构化数据的表示方法，表示了如下两本书 B1、B2。

B1：（互联网大数据处理技术与应用，曾剑平，清华大学出版社，2017，大数据类）。

B2：（数学之美，吴军，人民邮电出版社，2014，数学类）。

在图书推荐类的大数据应用中，要决定把什么书推荐给客户，其中最基本的问题是计算两本书的相似度。就 B1、B2 这两本书来说，出版年份 2017 和 2014 之间的相似度就比较容易计算，但是"大数据类"和"数学类"简单依靠字符串就无法准确计算了，"互联网大数据处理技术与应用"和"数学之美"等文本型的就更难计算了。而这些问题在大数据分析及应用中是非常普遍的，因此，语义分析计算对于大数据分析应用而言其重要性是不言而喻的，直接影响到最终的大数据价值体现。

由于词汇作为字符串所能提供的信息量非常少，在词汇级别上进行语义分析，通常需要借助一定的语义知识库或语料库，这样计算"数学"和"大数据"之间的语义相关度可以采用基于语义图结构的最短路径法、基于概念结点信息量的计算方法等。

由于词汇在关系型数据表达中也是非常常见的基本信息，因此，语义分析问题在结构化大数据中同样很重要。比如对于城市字段中存储的"北京""上海""厦门"等，如何计算它们之间的相关度，在涉及地区的大数据挖掘等应用中是一项基本要求。除了采用各种方法构建的语义结构图外，基于 Word2vec 的训练计算方法也是不错的选择。

相比于词汇的语义，句子级别的语义分析技术在大数据分析挖掘中就更为常见。典型的应用场景包括在新闻报道的文本中寻找事件的组成要素及其关系，在评论文本中识别评论信息，如"手机的屏幕很大"这句话中"手机"和"屏幕"，"大"和"很"都是一种修饰关系，"屏幕"和"大"则是一种陈述关系。汉语中的实词在进入句子后，词与词之间有多少种语义关系以及各种语义关系的名称，目前汉语语法学界还没有统一的说法。但是目前经常提到的主要语义关系有施事、受事、与事、工具、结果、方位、时间、目的、方式、原因、同事、材料、数量、基准、范围、条件、领属等。正是由于语义关系的多样性，语义分析研究任务丰富多彩。但是由于计算机处理和推理能力的限制，目前，在该领域研究中只针对很少部分的语义关系进行分析。

3.4　商务大数据预处理案例

21 世纪是信息化的世纪，"无处不在"的互联网使用户数据越来越庞大，而随着大数据技术的日益成熟，这庞大的数据成为一笔不可估量的财富。亚马逊、淘宝、Facebook 等互联网企业都是善于利用大数据技术的代表企业。

亚马逊以企业云平台闻名于世，虽然该公司拥有高质量的用户数据资源和巨大的网站流量，但在之前相当长的一段时间内，亚马逊还是将主要的精力集中在产品销售上，广告只是作为其销售业务的补充。然而仅 2013 年一年，亚马逊的广告收入就激增了 45.51%，而且仍然在持续地增长。虽然广告这项收入在集团总收入中所占比例很低，跟其他广告巨头相比也还有很大的差距，但越来越多基于海量用户数据的丰富广告产品的出现和广告带来的收入增长，正是大数据分析在企业内部应用的价值体现。

亚马逊希望通过对客户行为的分析来提升广告的投资回报率，实现精准营销。亚马逊拥有世界级的个性化推荐技术、无可比拟的用户数据和互动视频内容。目前，亚马逊正在利用这些优势，努力构建新一代的广告产品。这种新一代的广告产品就是基于强大的需求方平台（demand-side platforms，DSP）的实时竞价（real-time bidding，RTB）广告模式，它可以实现真正基于用户兴趣的广告呈现方式。RTB 模式通过对庞大用户信息的掌握和精准定位，使亚马逊能够在海量用户中对不同特点或个性化特征有差异的用户进行分类，然后将分类好的用户群与不同类型的广告进行匹配。如果广告投放的商品恰好是用户需要或者感兴趣的产品，那么广告就能产生最大的效益。

为了达到该目的，亚马逊采用自身的基础设施云服务，后台采用了 Hadoop 技术架构的 100 个节点的按需弹性 MapReduce 集群。亚马逊 Web 服务的弹性 MapReduce 在亚马逊弹性计算云（Amazon Elastic Computer Cloud，Amazon EC2）和亚马逊简单存储服务（Amazon Simple Storage Service，Amazon S3）上运行，具有极强的扩展性。如此一来，可以将处理时间从 2 天降到 8 小时，广告投资回报率也增加了 500%。

2013 年 12 月，亚马逊获得了"预测性物流"专利。该专利将大数据应用系统与物流系统相结合，使该公司能在客户点击"购买"之前就开始递送商品。该专利会根据某一特定地区的客户过往的订单和其他相关因素，预测客户可能购买但还未订购的商品，并且开始对这些商品进行包装和递送。这些预寄送的商品在客户下单之前，会先存放在快递公司的寄送中心或者卡车上，在顾客下单购买后就可以更快地送达，有效地减少了交货时间。

在对"预测性物流"商品进行预测时，亚马逊会综合考虑顾客以前的订单、搜索的产品、愿望清单、购物车的内容、退换货的情况，甚至是顾客的鼠标停留在某件商品的时长等各种因素，以提高预测的准确度。

亚马逊表示，预测性物流的方法尤其适用于预售的商品，特别是预先定于某一天开售的热门书籍等。这项专利体现了一个正在兴起的趋势——智能预测，即技术和消费企业越来越倾向于在消费者采取购买行动之前预测其需求，而不是在消费者购买之后作统计。这就是数据预处理带来的收益。

第 4 章　商务大数据存储

4.1　键 值 存 储

　　键值数据库，也称 key-value 数据库，是最常见的 NoSQL 数据库之一。键值数据库实质是共享排序数组或分布式哈希表。哈希表是根据关键码值直接进行访问的数据结构，也就是说，它通过把关键码值映射到表中一个位置来访问记录，以加快查找的速度。这个映射函数叫作哈希（散列）函数，存放记录的数组叫作哈希表。键值数据库的数据以键值的形式存储，一个特定的键指向特定的数据值。在实际应用中，用户通过唯一的主键来存储访问数据值，存储访问数据的时间复杂度仅为 $O(1)$，故而键值数据库简单高效。另外，键值存储的扩展形式能够对键进行排序，可以实现范围查询以及键的有序处理。

　　键值数据库按存储数据的方式可划分为三类：数据保存在内存中的临时化存储、数据保存在硬盘中的永久性存储、临时性存储与永久性存储结合使用。临时性存储是将数据保存在内存中，数据读写处理速度极快，但缺点是一旦应用停止执行，在内存中的数据将可能丢失，且数据大小受限于内存容量。该类键值数据库代表为 Memcached 等。永久性存储是将数据保存在硬盘中，数据读写处理速度慢，数据不会丢失。该类键值数据库代表为 Tokyo Tyrant、Flare 等。临时性存储与永久性存储结合使用的方法兼具两者优点，将数据同时存储在内存和硬盘中，通过设计数据保存机制达到同时具有高速处理数据以及永久性存储的目的。该类键值数据库典型代表为 Redis。

4.1.1　键值存储发展背景

　　21 世纪初，随着 Web 2.0 技术的兴起，互联网进入了一个全新的高速发展期。在 Web 1.0 时代下，互联网内容信息由少数网站编辑人员发布。到了 Web 2.0 时代，互联网内容信息发布者变为每个互联网参与者。从 Web 1.0 时代下的"只读"扩展到 Web 2.0 时代的"可读可写"。Web 2.0 时代下技术产物有博客、简易信息聚合（really simple syndication，RSS）、维基百科、网摘、社会网络、P2P[①]等。这些技术应用产生的海量数据使得关系数据库系统的存储和快速访问能力面临巨大挑战。

在大数据时代下，淘宝、京东、微博等主体服务器每天都会产生海量数据，且数据维度较多，每一行的数据往往存在部分信息缺失等不完备情况。如果继续使用传统存储方法，将缺失信息置空，相当于存储稀疏矩阵，这势必会导致存储成本高昂，企业主体无法接受。另外，在大数据时代，需求变化很快，因此数据模型变化也很快，数据库应该能够高效应对这种常态。键值存储可以有效解决这类问题，用一个主键标识数据实例（值）。在一行数据的列部分，每个列的数据都包含元数据（键）、数据（值）、时间戳。由于数据结构的不固定，每一个元组可以有不一样的字段，每个元组可以根据需要增加一些自己的键值对，不会局限于固定的数据结构，故减少很多时间和空间的开销。

4.1.2　键值数据库与关系数据库的对比

键值数据库系统的目的就是存储海量半结构化和非结构化数据，应对数据量和用户规模的不断扩展。传统关系数据库达不到这一要求，并不代表传统关系数据库将会被非关系数据库替代，且键值数据库系统的目标也并不是最终取代关系数据库系统，两者不是对立的关系，而是相互补充，最终优势互补，共同解决实际应用中出现的数据库处理问题。图 4.1 为关系数据库与非关系数据库的关系。

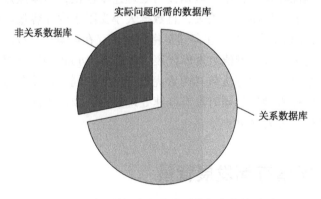

图 4.1　关系数据库与非关系数据库的关系图

① P2P，对等网络，peer-to-peer。

目前，关系数据库在整个数据库管理系统中仍然占相当大的份额，同时，关系数据库需求与应用潜力大。两者区别如下。

（1）关系数据库系统中，数据库包含表，表包含行和字段，行由各个字段的数据值组成，在一个表中的行都拥有相同的数据格式。在键值数据库中，并不包含策略和关系数据库那样的数据表，其一般包含域（domain），各个域中包含若干条数据记录。

（2）关系数据库拥有良好的数据模型定义，包含策略、表之间的关系、事务等机制。数据之间的关系是建立在数据本身基础上的，表和表、表和字段、数据和数据存在着关系，而不是基于上层应用的需要。在键值数据库中，数据记录只是简单地通过一个键值标识来识别和获取，数据之间没有关系的概念。

（3）关系数据库提高了数据的共享能力，而键值数据库一般需要进行数据冗余以保证其可靠性。

（4）关系数据库适用于存储传统的数据，如字符串、数字的存储和查询。键值存储系统则适用于海量的非关系数据的存储和查询。键值数据库系统和关系数据库系统本质上是不同的，其在需要可扩展性的系统中和需要进行海量非关系数据查询和操作的环境中占有明显的优势。

4.1.3　键值数据库优势

传统的关系数据库虽然得到了广泛的应用，但是它依旧有自己无法克服的瓶颈问题，当遇到如下问题，传统的关系数据库就显得非常吃力。

（1）面对每秒万次以上的读写请求时，硬盘 I/O[①]性能出现瓶颈，程序执行响应效果变差。

（2）面对海量数据，单个存储节点将无法满足存储需要，通常需要数据分库分表。这不仅难以维护，而且查询 SQL 的效率也极低。当数据量到达一定程度时，查询时间会呈指数级别增长且难以横向扩展，无法简单地通过增加硬件、服务节点来提高系统性能。

针对这些情况，键值数据库存储表现出良好的性能。键值数据库往往采用分布式存储方式来存储海量数据，通过使用廉价的机群即可提高系统性能，无须使用高性能、成本高昂的机器。多台机器同时存储数据和状态，彼此交换信息保持数据一致，同步更新所有机器上的数据，保证系统数据一致性。键值数据库系统摒弃了关系数据库系统中的一些关键特性，如读写实时性、严格的事务一致性等，这使得其

---

① I/O，input/output，输入/输出。

充分利用了并行计算和分布式应用的优势，并专注于非结构化数据处理、系统可扩展性、可靠性等。当前，键值数据库的特性主要体现在以下几个方面。

（1）高可扩展性。键值数据库提供了非常高的可扩展性，用户通常只需根据自己的需求规模进行相应的配置即可，当需求增长时配额也能随之增加。由于没有了数据表严格的字段结构和表格之间的关系限制，键值数据库可以很容易地在多台服务器上部署分式应用，从而提升整个系统的伸缩性，更加方便灵活。

（2）可伸缩性。键值数据库是云计算的最佳搭档，云计算就是需要灵活地应对用户对可伸缩性的需求，这正是键值数据库的专长所在。如果试图把规模庞大的系统伸缩需求交给上百台服务器去处理，那么键值数据库应该是一个比较好的解决方案。键值数据库的高吞吐能力在应对大规模并行运算和负载均衡方面更是数据存储解决方案的不二选择。

（3）数据元组格式灵活。由于不需要复杂的数据格式要求，在键值数据库中对数据元组中的字段的操作都较为方便快捷，不会明显地影响服务器性能，而这在关系数据库中特别是针对多表关联的字段操作则往往是性能的噩梦。

4.1.4　键值数据库 Redis

DB-Engines 致力于收集和呈现数据库管理系统的信息，几乎涵盖了所有关系数据库与非关系数据库的信息，其中数据库引擎排名（The DB-Engines Ranking）每月更新，依据各自的流行程度排名。截至 2020 年 7 月，该网站收录数据库已达到 358 种，非关系数据库达 217 种，统计键值数据库产品已有 65 种。其中，Redis 稳居排行榜第一。图 4.2 所示为排名前 15 的键值数据库[①]。

Redis 是一款开源的（遵循 BSD[②]开源协议）、网络化的、基于内存的、可进行数据持久化的键值数据库。Redis 是使用 C 语言开发的数据库，所存储的数据是基于内存的，因此读写速度非常快。Redis 数据模型建立在外层，类似于其他结构化存储系统，是通过键值映射的方式来建立字典以保存数据的，有别于其他结构化存储系统的是，它支持多类型存储，包括 String、List、Set、Sorted Set 和 Hash 等，你可以在这些数据类型上作很多原子性操作。在操作方面，Redis 基于 TCP[③]协议的特性使得它可以通过管道的方式进行数据操作，Redis 本身提供了一个可连接服务器的客户端，通过客户端，可方便地进行数据存取操作。Redis 支持多种语言，包括 C、C++、JAVA、Python、PHP、R 等。

---

① https://db-engines.com/en/ranking/key-value+store。

② 伯克利软件套件（Berkeley Software Distribution，BSD）。

③ 传输控制协议（transmission control protocol，TCP）。

☐ include secondary database models　　　　　　　　65 systems in ranking, July 2020

Rank			DBMS	Database Model	Score		
Jul 2020	Jun 2020	Jul 2019			Jul 2020	Jun 2020	Jul 2019
1.	1.	1.	Redis ➕	Key-value, Multi-model ⓘ	150.05	+4.40	+5.78
2.	2.	2.	Amazon DynamoDB ➕	Multi-model ⓘ	64.58	-0.29	+8.17
3.	3.	3.	Microsoft Azure Cosmos DB ➕	Multi-model ⓘ	30.40	-0.40	+1.32
4.	4.	4.	Memcached	Key-value	25.84	+1.04	-1.22
5.	↑6.		etcd	Key-value	8.57	+0.52	
6.	↓5.	↓5.	Hazelcast ➕	Key-value, Multi-model ⓘ	8.45	+0.04	+0.18
7.	7.	↓6.	Aerospike ➕	Key-value, Multi-model ⓘ	6.82	+0.15	+0.23
8.	8.	↓7.	Ehcache	Key-value	6.51	+0.23	-0.05
9.	9.	↑10.	ArangoDB ➕	Multi-model ⓘ	5.85	+0.47	+1.19
10.	10.	↓8.	Riak KV	Key-value	5.41	+0.42	-0.65
11.	11.	11.	Ignite	Multi-model ⓘ	4.95	+0.08	+0.67
12.	12.	↓9.	OrientDB	Multi-model ⓘ	4.88	+0.06	-0.81
13.	13.	↓12.	Oracle NoSQL ➕	Key-value, Multi-model ⓘ	4.42	+0.20	+0.96
14.	14.	↓13.	InterSystems Caché	Multi-model ⓘ	3.44	-0.02	+0.14
15.	15.	15.	Oracle Berkeley DB	Multi-model ⓘ	3.40	+0.20	+0.36

图 4.2　排名前 15 的键值数据库

1. Redis 数据结构

在 Redis 的内部，数据结构类型值由高效的数据结构和算法进行支持，并且在 Redis 自身的构建当中，也大量用到了这些数据结构。下面介绍 Redis 四种数据结构：字符串、字典、列表、集合以及有序集合。

1）字符串

Redis 使用 C 语言字符串的地方不是很多，更多的是使用简单动态字符串（simple dynamic string，SDS）。SDS 是 Redis 底层所使用的字符串表示，几乎所有的 Redis 模块中都使用了 SDS。Redis 用 SDS 取代 C 语言默认的字符串数据类型。在 Redis 程序内部，绝大部分情况下都会使用 SDS，而不是使用传统的 C 语言字符串。在 C 语言中，字符串可以用一个 '\0' 结尾的字符（char）数组表示（图 4.3）。Redis 同样遵守 C 语言字符串数据以 '\0' 结尾的规则，在对 SDS 进行一系列的 API 操作时，系统总会多分配一个字节存储 '\0'，这是为了兼容部分的 C 语言字符串函数。

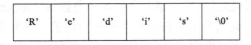

'R'	'e'	'd'	'i'	's'	'\0'

图 4.3　C 语言字符串示例

C 语言的字符串类型的功能单一，抽象层次低，不能高效地支持一些 Redis 常用的 API 操作，所以 Redis 选择开发 SDS 来满足自己的需求。

一个 SDS 的数据结构如图 4.4 所示。

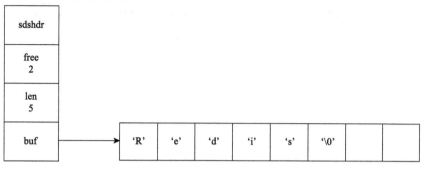

图 4.4　SDS 示例

```
struct sdshdr{
//记录 buf 数组中剩余空间的长度
int free;
//记录 buf 数组中已使用字节的长度
int len;
//字节数组，用于存储字符串
char buf[];
}
```

如图 4.4 所示，free 记录 buf 数组中剩余空间的长度，len 记录 buf 数组中已使用字节的长度，buf 表示字节数组，用于存储字符串。例如，当 free 属性值为 2时，表示该 SDS 未使用的字符空间有两个，也就是说，不同于 C 语言字符串，SDS分配使用的字节空间可以有剩余。当 len 属性值为 5 时，表示该 SDS 存储了字节长度为 5 的字符串。当 buf 属性为字符数组，图中表示存储了字符串 'Redis'，值得注意的是，该字符串以 '\0' 结尾。

相较于 C 语言字符串，SDS 具有以下优势。

（1）获取字符串长度的时间复杂度为 $O(1)$。len 属性直接保存了当前字符串的长度，设置或更新 SDS 字符串长度是由 SDS 的 API 执行时自动完成。而 C 语言的字符串则需逐个遍历字符，时间复杂度达到 $O(N)$。

（2）避免缓存区溢出。当 C 语言字符串进行拼接（append）操作时，字符串将会增长，如果未事先对当前字符串的空间进行调整，则可能会导致当前字符串的数据溢出，导致拼接过来的字符串内容被意外地修改，而 SDS 在拼接之前会进行自动的调整和扩展，避免缓存区溢出情况。

（3）减少内存分配次数。SDS 采用空间预分配策略来减少内存分配次数。在

SDS 拼接发生以后，如果此时的 len 属性值小于 1MB①，则它会多分配和 len 大小相同的未使用空间。此时，len 属性值和 free 属性值相同。如果 len 属性值大于 1MB，则会再分配 1MB 的未使用空间。例如，经过某个操作，len 属性值为 20MB，那么将分配 20MB+1MB 的字节空间。惰性空间释放用于优化 SDS 的字符串缩短操作，当字符串进行缩短的时候，程序并不会立即回收已经释放的空间，而是记录到 free 之中，以便于后续 SDS 发生拼接时使用。

Redis 除了处理 C 字符串之外，还需要处理单纯的字节数组，以及服务器协议等内容，所以为了方便起见，Redis 的字符串表示还应该是二进制安全的。对于 C 语言字符串来说，除了字符串末尾之外，字符串其他地方不能存在空字符，这一点带来很大的限制。因为一般的图片、视频等数据信息往往存在空字符现象，所以 C 语言的字符串不能存储。好的程序不应对字符串里面保存的数据作任何假设，数据可以是以 '\0' 结尾的 C 语言字符串，'\0' 也可以在字符串其他位置出现，可以是字符串头部等其他位置，可以是单纯的字节数组，或者其他格式的数据。同时，上文也曾提到过，SDS 末尾以 '\0' 结尾可以兼容部分 C 语言字符串函数。

2）字典

字典，是用来保存键值对的抽象数据结构。字典中每个键都是独一无二的，程序可以通过查询唯一的键映射与之相关联的值来进行查找、删除、修改等操作。一般来说，字典数据结构内置在高级编程语言中，如 Java、Python 等。C 语言没有内置字典这一数据结构，故而 Redis 开发需要通过执行相关的命令来实现自己的字典。字典在 Redis 中应用相当广泛，Redis 数据库就是使用字典来作为底层实现。对数据库进行增、删、改、查等操作需要应用字典这一数据结构。举例如下。

执行命令：

Redis>SET　mes 'hello'

OK

该命令执行后，在数据库中创建了一个键值对。键为 mes，值为 'hello'，该键值对保存在字典中。实现构建字典的方法有很多种，为了兼顾高效性和简易性，Redis 的字典使用哈希表作为其底层实现。

Redis 字典使用的哈希表结构定义如下所示。

```
typedef struct dict{
//哈希表数组
dictEntry **table;
//哈希表大小
unsigned long size;
```

① MB，兆字节，1MB=1024KB。

//哈希表掩码,总是等于 long size−1,存储时计算索引值

unsigned long sizemask;

//已有节点数量

unsigned long used;

}dict;

哈希表中 table 属性是个二级指针,相当于存放指针数据的数组,存放的指针数据是指向哈希表节点的指针。long size 表示哈希表的大小。long sizemask 属性表示哈希表掩码,其值总是等于 long size−1,这个属性值和哈希值一起决定一个键应该被放到 table 数组哪个索引上。

哈希表节点结构定义如下所示。

typedef struct dicten{

//键

void *key;

//值

union{

    void *val;

    unit64_t u64;

    int64_t s64;

    }v;

//指向下个哈希表节点,形成链表

struct dicten *next;

}dicten;

指针 key 指向键值对中的键地址,以获取键。属性 v 保存着键值对中的值,该值可以是指针,也可以是 uint64_t 或 int64_t 的整数。指针 next 指向另一个哈希表节点。

Redis 字典结构定义如下。

typedef struct dic{

//类型特定函数

dicType *type;

//私有数据

void *privdata;

//哈希表

dic t[2];

//rehash 索引,当 rehash 不再进行时,值为−1

int rehashidx;

}dic;

　　type 指针和 privdata 指针是为了应对不同类型的键值对，为创建多态字典生成设置的，type 指针指向 dicType 结构，该结构包含许多对于特定类型键值对的函数，如计算哈希值的函数、销毁键的函数等。privdata 指针则指向需要传给特定函数的可选参数。t 属性是数组，存储着哈希表。一般情况下，字典只使用 t[0] 表，t[1] 表只在 rehash（重新散列）时使用。下文将讲述 rehash。图 4.5 为 Redis 的字典示例。

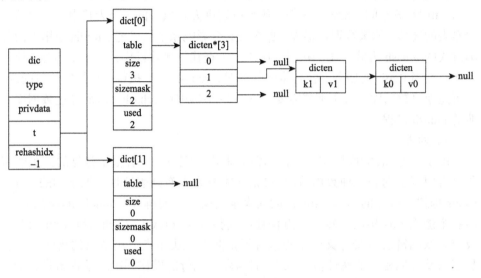

图 4.5　字典示例

　　如图 4.5 所示，字典 dic 结构中 t 数组存储了两个 dict 结构：dict[0]、dict[1]。dict[0] 中的属性 table 指向指针 dicten，size 属性值为 3，即代表哈希表有三张，等于 dicten 数组所保存的元素个数。sizemask 值为 size−1=2。dicten 数组存储了三张哈希表，在第二张哈希表中（dicten 数组下标以 0 开始）存储了两个哈希表节点，即 dict 结构中 used 属性值为 2。每个哈希表节点存储了键值对。

　　在程序正常运行时，如果有新的键值需要保存到哈希表里面，那么需要先根据键值对中的键计算出哈希值和索引值，根据索引值，将所含新的键的键值对所在的哈希表节点放到哈希表数组的指定索引上。假设当有多个新键产生需要加入到字典里面时，就会引发键冲突问题，即两个或两个以上的键被分配到同一索引上。

　　Redis 采用链地址法来解决冲突问题。如图 4.5 所示，哈希表节点通过 next 指针来构建单链表，将指向同一哈希表索引的节点连接起来，这样就解决了键冲突问题。对哈希表来说，哈希表的性能取决于哈希表大小与保存节点数量之间的比率：①哈希表的大小与节点数量的比率在 1：1 时，哈希表的性能最好；②如果节点数量比哈希表的大小要大很多的话，那么哈希表就会退化成多个链表（linked list），哈希表本身的性能优势便不复存在。

Redis 保证当上述比率达到一定值时，会执行 rehash 操作，即对哈希表进行扩容或缩减。当扩容时，是以空间换取时间，当缩减时，是以时间换空间。根据是否扩容或缩减操作以及 used 属性值来为 t[1]哈希表分配空间，重新计算 t[0]中所有键值对的哈希值和索引值。键值对根据哈希值和索引值迁移到 t[1]，迁移完成后，t[0]释放空间。rehash 操作一般是以渐进方式执行的。因为其中涉及对整个哈希表的迁移，如果数据量很大，那么势必会影响系统的性能。Redis 使用了两种渐进式的 rehash 方式：①每执行一次添加、查找、删除操作，rehash 都会被执行一次；②当 Redis 的服务器执行常规任务时，rehash 会被执行。在规定的时间内，尽可能地对数据库字典中那些需要 rehash 的字典进行 rehash，从而加速数据库字典的 rehash 进程。

3）列表

Redis 中列表的底层实现是使用链表来构建完成的，有很多常见的高级的编程语言内嵌了列表这种数据结构，C 语言本身是没有列表这种数据结构的，所以 Redis 构建了自己的列表。Redis 的列表本质是个双向链表（double linked list），由各个链表节点构成，每个节点保存前向指针（*prev）、后向指针（*next）以及值。双向链表自身定义的结构包含了指向链表头节点、尾节点的指针、链表长度以及其他相关的属性值。Redis 的列表可执行的操作同很多编程语言相似，如在列表头尾两端插入或取出元素、逐个读取列表属性值、返回列表长度属性值等操作。

4）集合

Redis 中集合同其他的高级编程语言一样，集合所保存的元素是不重复的。这也是集合区别于列表的地方，因为列表是可以保存相同元素的。集合通过使用哈希表来保证自己元素不重复。Redis 集合仅使用哈希表键值对中的键，没有使用相关联的值。因为哈希表的键是唯一的、不重复的，刚好符合集合元素不重复的特性。集合中的元素是无序排列的，用户不能像使用列表那样从头列表节点或尾列表节点插入、读取数据。与其他高级编程语言相似，Redis 集合操作有基本的增、删、改、查操作和求集合之间的交集、并集、差集等操作。

5）有序集合

有序集合也是利用了哈希表中的键值对，与集合仅使用键值对中的键不同，有序集合还使用了键值对中的值，该值必须为浮点数。值得注意的是，与 Redis 内其他数据结构不同，有序集合不仅可以从键访问元素，也可以从值访问元素。用户也可以根据官方提供的操作命令来对有序集合进行增、删、改、查等操作。

2. Redis 的持久化方式：RDB 与 AOF

在运行情况下，Redis 数据库数据维持在内存中，一旦关机或重启 Redis 数据库，这些数据将会丢失。为了让这些数据在 Redis 重启之后仍然可用，Redis 将内存中数据以持久化方式写入到硬盘中。Redis 提供了 RDB（Redis database backup file，Redis 数据备份文件）和仅追加文件（append-only file，AOF）两种持久化模式，保证了数据的安全完整。

RDB 将数据库的快照以二进制的方式保存到磁盘中。在 Redis 运行时，RDB 程序将当前内存中的数据库快照（snapshot）保存到磁盘文件中。快照是某一时间点存储在内存中数据的副本，当系统发生崩溃时，用户可以重启 Redis 利用快照来恢复数据。快照可以在配置文件中设置，如：

save 300 1000 // 如果 300 秒内有 1000 次写入，则产生快照。

save 60 10 000 // 如果 60 秒内有 10 000 次写入，则产生快照。

值得注意的是，利用快照可以恢复的只是最近一次快照保存的数据。设想这样一个场景：在下午 2:00 系统生成了一个快照，随后数据发生了 20 次更改，但并未生成新的快照，此时系统突然崩溃，那么利用快照只能恢复到下午 2:00 的数据，20 次更改的数据将无法恢复。

AOF 则以协议文本的方式，将所有数据库写入的操作命令（及其参数）记录到 AOF 文件，以此达到记录数据库状态的目的。AOF 就好比操作命令的历史记录，记录所有运行过的命令，通过执行这些记录就可以恢复到系统出错前的数据库状态。AOF 文件会随着时间持续增长，进而占据整个磁盘。为此，Redis 设计了 AOF 重写压缩机制，通过开启新线程，扫描数据库数据，移除 AOF 上冗余的操作命令，然后将压缩后的 AOF 数据存入临时的 AOF 文件。当扫描完后，用临时 AOF 文件代替原来的 AOF 文件。这样一来，AOF 文件中记录的命令就是最简洁的，因而不会占据很多空间。

3. 客户端与服务器

Redis 的服务器是可连接多个客户端的，是一对多的形式（图 4.6）。客户端自身结构定义了许多属性，包括与服务器通信使用的套接字描述符、名称（name）、输入输出缓冲区及与之相连的数据库指针信息等。客户端默认情况下是没有名字的，即 name 属性值为空，用户可以通过命令来设置 name 属性。客户端拥有输入缓冲区以及输出缓冲区。输入缓冲区保存需要发送给服务器的请求命令，该缓冲区是动态的，可根据所需空间扩大或缩小，但最大不能超过 1GB。输出缓冲区有两个，主要保存服务器响应请求后返回的数据。其中，一个是固定大小的缓冲区，另一个是根据需要动态分配。一般而言，固定大小的缓冲区保存比较小的数据，动态的缓冲区保存较大的数据。

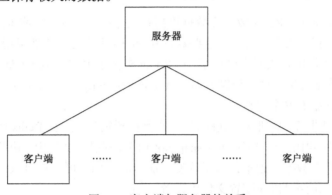

图 4.6　客户端与服务器的关系

　　Redis 的服务器负责处理多个客户端的请求，并将处理好的结果返回至客户端。同时，服务器也需要执行一些其他的必要操作来保证自身的良好运行。例如，更新服务器时间缓存、更新 LRU（least recently used，最近最少使用）时钟、管理客户端资源、管理数据库资源等。因为服务器内部有许多功能是需要获取系统当前时间的，所以服务器需要经常调用当前时间，故服务器需要缓存系统当前时间。另外，服务器自身保存了记录对象最后一次被访问时间的属性值，通过更新 LRU 时钟，能准确记录对象的空转时长，便于丢弃空转时间过长的数据，优化空间。服务器同时还需要管理客户端以及数据库的资源，检查彼此之间连接是否中断。

　　Redis 是支持集群化的数据库管理系统，因此，它的服务器采用主从复制的方法来达到整个集群的协调同步一致性。主从复制是指在多个服务器中，选定一个为主服务器，其他服务器为从服务器。主服务器通过向新加入系统的从服务器发送快照文件来快速同步状态信息，随后主服务器每执行一个命令，就发送给从服务器，使整个集群达到一致性。

4. Redis 事务

　　Redis 的事务不同于传统的关系数据库，通过 MULTI、EXEC、WATCH 等命令来实现事务功能。Redis 事务以命令 MULTI 开始，接着将执行多个用户提交的命令，最后以 EXEC 命令结束。事务从开始到结束经历三个阶段：事务开始（MULTI 命令）、命令入队（用户提交的命令）、事务执行（EXEC 命令）。MULTI 命令表示正执行该命令的客户端从非事务状态变为事务状态，紧接着如果客户端发送的是 EXEC、DISCARD、WATCH、MULTI 四个命令其中一个，服务器会立即执行该命令。如果不是这四个指令，则不执行，并将这些指令放入事务队列中，向客户端返回 QUEUED 回复。需要补充一点，如果客户端处于非事务状态，则发送的命令立即执行。在事务执行阶段，处于事务状态的客户端向服务器发送 EXEC 命令，那么服务器会立即遍历客户端的事务队列，执行队列中的全部指令，并将结果返回给客户端。下面介绍 Redis 事务的 ACID 特性，包括原子性（atomicity）、一致性（consistency）、隔离性（isolation）、持久性（durability）。

1）原子性

事务的原子性表示，事务中的多个操作要么不执行，要么全部执行，不能只执行一半操作，操作是不可分割的。Redis 事务没有回退（rollback）机制，队列中即使命令执行错误，该事务队列中命令也会执行完，符合原子性的要求。

2）一致性

事务的一致性表示，数据库在执行命令前后，无论是否执行成功，都应该保持一致。Redis 的一致性问题可以分为两部分来讨论：事务命令入队错误、事务命令执行错误。在命令入队的过程中，如果客户端向服务器发送了错误的命令，Redis 会拒绝执行事务，并返回失败信息。如果命令在事务执行的过程中发生错误，那么 Redis 只会将错误包含在事务的结果中，这不会引起事务中断或整个失败，不会影响已执行事务命令的结果，也不会影响后面要执行的事务命令，所以它对事务的一致性也没有影响。

3）隔离性

事物的隔离性表示，多个事务在执行期间，是不会相互影响的。Redis 是单进程程序，并且它保证在执行事务时，不会对事务进行中断，事务可以运行到执行完所有事务队列中的命令为止。因此，Redis 的事务总是带有隔离性。

4）持久性

事务的持久性表示，当事务执行结束，执行的结果是被永久保存在介质中的，可以说是写入到磁盘中。Redis 事务本质上是用队列存储的一系列命令，并没有提供任何额外的持久性功能。Redis 在内存模式下，事务肯定是不持久的。在 RDB 持久化模式下，快照也并不是实时触发，会发生数据丢失情况，不能保证数据及时地持久保存。即使在 AOF 持久化模式下，在一些情况下也不能保证持久性。

综上所述，Redis 事务满足原子性、一致性、隔离性，不满足持久性。

5. 发布与订阅

发布与订阅是一种消息通信模式。客户端发布者（publisher）通过 PUBLISH 命令发布消息（message）至指定频道（channel），客户端订阅者（subscriber）使用 SUBSCRIBE 命令订阅指定频道才可以收到这些消息。除了上述订阅频道的功能，Redis 还支持订阅模式，通过使用 PSUBSCRIBE 命令订阅一个或多个模式。当客户端发送消息时，不仅频道订阅者可以收到，所有与该频道相匹配的模式订阅者也可以收到。如图 4.7 所示。

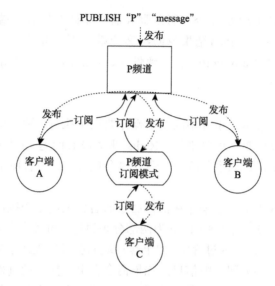

图 4.7　发布与订阅模式示意图

4.2　列 族 存 储

在大数据时代背景下，传统的面向行存储的关系数据库在存储、处理海量数据时暴露了如下弊端：结构化数据导致可扩展性不足、高并发读写能力不足、基于行存储导致查询速度慢、查询功能相对较少、数据存储格式相对固定等。面向列存储的列族数据库是大数据时代背景下的产物。列族数据库的问世，给处理海量数据提供了非常好的解决办法。继 *The Google file system*（《谷歌文件系统》）、*MapReduce：simplified data processing on large cluster*（《MapReduce：简化大型集群上的数据处理》）两篇论文后，谷歌公司于 2006 年发表了 *Bigtable：a distributed storage system for structured data*（《Bigtable：一种用于结构化数据的分布式存储系统》)，这篇论文奠定了大数据时代分布式列族存储系统的开发思路。目前使用较为广泛的列族数据库 HBase、Cassandra，都深受这篇论文的影响。

4.2.1　列族数据库存储结构

Hadoop 项目的子项目 HBase 是 Bigtable 项目的开源实现。随着版本的更新，

HBase 和 Bigtable 在一些功能实现的细节问题上存在些偏差，但两者本质特性是相同的。本节就以开源的 HBase 为例，来介绍列族数据库存储结构基本要素。图 4.8 为 HBase 的逻辑数据模型。HBase 是一个稀疏、多维度、排序的映射表，这张表的索引是行键、列族、列限定符和时间戳。

键空间（keyspace）									
行键	时间戳	列族（身份信息）				列族（购物 APP）			
		姓名	性别	地址	年龄	淘宝	京东	天猫	苏宁
001	T1	张鸣	男	江苏	21	鞋子	电脑	帽子	电视
	T2			浙江					
002	T3	李天	男	湖南	25	网球	手机		冰箱
003	T4	黄甜	女	河南	23	零食	耳机	牙刷	

图 4.8　HBase 逻辑数据模型

图 4.8 所示的逻辑数据模型中存储结构基本要素如下。

1. 键空间（keyspace）

键空间类似于传统关系数据库的表名，是数据库顶级数据结构。如图 4.8 所示的逻辑存储模式，键空间可以容纳行键、列、列族。

2. 行键（row key）

行键类似于传统数据库的主键，其作用是标识确定数据库中的某行数据。不同于传统关系数据库中的主键，行键是列族数据库的逻辑行键。在实际磁盘存储中，不与本行的相关列数据连续存储，而是按列存储，这和传统关系数据库主键与所在行数据在磁盘上连续存储是不同的。另外，当一条数据写入到列族数据库时，会自动按照行键进行排序，排序规则为行键参照 ASCII[①]码排序。

3. 列（column）

列一定意义上就等同于传统关系数据库的列，用来存储数据值的数据结构。不同的是，对于列族数据库 HBase 而言，列没有定义可以存储哪些类型的数据，凡是可以表示成字符串的数据值都可以存储，可以是字符串、数字、链接等信息。

4. 列族（column family）

顾名思义，列族是若干个列的一个集合，大多是相关列的集合，列与列之间

---

① ASCII，American Standard Code for Information Interchange，美国信息交换标准代码。

有很强的关联性。比如，身份信息列族中包含姓名、年龄、性别、地址列。购物APP列族中包含淘宝、京东、天猫、苏宁列。

5. 时间戳（timestamp）

时间戳概念的引入，改变了传统观念上对于表横向、纵向扩展的二维扩展。对每个列存储的数据可以有前后版本，用时间戳的方法打上标签，标识数据，使得逻辑意义上的二维的数据存储转变为逻辑意义上的三维数据存储。就 HBase 而言，时间戳以一串数字来表示，数字越大所表示的版本越新，可以手动指定时间戳来区分数据优先级，否则系统根据输入先后的时间自动分配时间戳。比如，对于地址列而言，某些应用需要将现有的地址与先前的地址同时保存起来，可以通过使用时间戳的方式区分前后家庭地址，将先前的地址用时间戳标识为 timestamp=3，现有地址用时间戳标识为 timestamp=4，根据 timestamp 越大所代表的数据越新的规则，即可区分保存。值得注意的是，上述前后两个地址存储在同一列，而传统的关系数据库无法通过一列数据完成存储。对于传统的关系数据库而言，图 4.8 数据如图 4.9 所示。

姓名	性别	地址（现在）	地址（先前）	年龄	淘宝	京东	天猫	苏宁
张鸣	男	浙江	江苏	21	鞋子	电脑	帽子	电视
李天	男	湖南	Null	25	网球	手机	Null	冰箱
黄甜	女	河南	Null	23	零食	耳机	牙刷	Null

图 4.9　关系数据库逻辑数据模型

相较于列族数据库，传统的关系数据库无法利用灵活的时间戳方式来存储多个版本数据信息，只能横向或纵向地增加行列来确保数据的完整。另外，对于稀疏型的数据而言，关系数据库中空值置 Null 是占磁盘空间的，而列族数据库空值不必置 Null，因此是不占空间的。在数据日益碎片化、多维化的时代，列族数据库相较于传统的关系数据库有着无可比拟的优势。

4.2.2　列族数据库物理存储方式

顾名思义，列族数据库物理存储的方式是按列存储的。为了更好地说明按列存储，不妨先展示按行存储的关系数据库存储方式，以图 4.9 的数据模型为例，按行存储的物理存储如图 4.10 所示。

张鸣	男	浙江	江苏	21	鞋子	电脑	帽子	电视	➡	李天	男	湖南	Null	……

图 4.10　按行存储的物理存储

可以明显感觉到，按行存储在面临多维的数据时，磁盘的读写查询的速度慢、并发性处理差。在实际的物理存储中，列族数据库中的列族往往是分开存储的，如图 4.8 所示的列族为身份信息、购物 APP。

图 4.11 只展示身份信息列族的物理存储方式，购物 APP 列族存储方式与之类似，不再展示。

row key	column：value		timestamp
001	姓名	张鸣	T1
001	性别	男	T1
001	地址	江苏	T1
001	地址	浙江	T2
001	年龄	21	T1
002	姓名	李天	T3
002	性别	男	T3
002	地址	湖南	T3
002	年龄	25	T3

图 4.11　身份信息列族的物理存储方式

4.2.3　列族数据库特点

谷歌公司设计 Bigtable 是为了可靠地处理海量的数据信息。在网络索引、谷歌地球以及谷歌金融等许多项目中，谷歌利用 Bigtable 存储了相关的海量的数据信息，为用户提供服务。这些项目应用对 Bigtable 提出的要求不仅是能存储海量数据，还包括低延迟、灵活高性能以及数据高扩展性。例如，在谷歌地球项目中，从网址到网页再到卫星图像，这需要海量的数据存储以及低数据延迟，才能有很好的用户体验。Bigtable 是一个用于管理结构化数据的分布式存储系统，旨在利用底层 HDFS（Hadoop distributed file system，分布式文件系统）廉价机群分布式存储达到数据存储可靠、灵活、高性能。通过分析上述列族数据库初始设计思路以及上一小节的存储结构要素，总结列族数据库特点如下。①海量数据处理。对于海量的数据处理，Bigtable 利用底层廉价的分布式机群存储数据的方式，实现数据吞吐量高、实时批量处理以及高可靠性。②擅长处理稀疏化、碎片化、多维化数据。③高并发存取。基本上列族数据库都能达到每秒上百万次的并发写入。④冗余度低。时间戳的利用以及空值不占存储空间使得列族数据库相较于传统的关系数据库，数据的冗余度低以及磁盘利用率高。⑤面向列的高扩展性。列即用即增加。表可纵向横向扩展，十分灵活。这一点是传统的关系数据库在处理海量数据时无法达到的。

4.2.4　列族数据库 HBase

1. HBase 简介

HBase 是 Hadoop 项目的子项目，使用 Java 语言编写开发，负责构建一个高性能、高可靠、面向列、可伸缩的分布式存储系统。Hadoop 项目由 Apache 软件基金会开发，是一个能够对海量数据进行分布式处理的软件框架。起初，Hadoop 项目并非一个独立项目，而是 Apache Lucene 的子项目。从 2004 年开始，谷歌接连发布了三篇论文，*The Google file system*（《谷歌文件系统》）、*MapReduce：simplified data processing on large cluster*（《MapReduce：简化大型集群上的数据处理》）*Bigtable：a distributed storage system for structured data*（《Bigtable：一种用于结构化数据的分布式存储系统》）。这三篇论文对 Hadoop 项目意义重大。Hadoop 按照三篇论文思路开发实现了自己的框架设计：HDFS 利用廉价集群可靠存储海量数据、MapReduce 提供海量数据批量计算处理、HBase 利用 HDFS 作为其底层文件存储系统。从 2008 年开始，Hadoop 成为 Apache 软件基金会的顶级项目，应用于越来越多的互联网企业。

2006 年，Bigtable 论文发表，作为谷歌公司自己使用的技术应用，Bigtable 的相关源码并未公布。2007 年，深受其影响的 HBase 开源项目开始研发，初衷是为了处理自然语言搜索产生的海量数据存储问题。经过两年的发展，HBase 正式成为顶级项目 Hadoop 的子项目。由于 HBase 依靠于 Hadoop 的子项目 HDFS 分布式存储系统，所以运行 HBase 分布式集群模式之前，集群必须部署 Hadoop 系统。截至 2023 年 4 月，HBase 已经更新到 2.5.4 版本①。

HBase 属于 NoSQL 数据库的一种，但从技术上讲，HBase 更像是一个"数据存储"，而不是"数据库"。因为它缺少许多关系数据库功能，如预定义的列、辅助索引、触发器和高级查询语言等。HBase 有许多支持线性和模块化扩展的特性。HBase 集群通过区域服务器（HRegionServer）进行扩展。例如，如果一个集群从 10 个区域服务器扩展到 20 个区域服务器，那么它的存储容量和处理能力都会翻倍。关系数据库可以很好地扩展，但只能扩展到某一单个服务器，并且受限于单个数据库服务器的大小。为了获得最佳性能，需要专门的硬件和存储设备。HBase 的重要功能包括：①强一致读/写，HBase 不是"最终一致"的数据存储。这使得它非常适合完成诸如高速计数器聚合之类的任务；②自动分片，HBase 通过区域

① 官方下载地址 https://hbase.apache.org/downloads.html。

分布在集群上，并且区域会随着数据的增长而自动分割和重新分布；③自动区域
服务器故障转移；④Hadoop/HDFS 集成，HBase 支持现成的 HDFS 作为其分布式
文件系统；⑤MapReduce，HBase 支持通过 MapReduce 进行大规模并行化处理，
以将 HBase 用作源和接收器；⑥Java 客户机 API，HBase 支持易于使用的 Java API
进行编程访问；⑦Thrift/restapi，HBase 还支持非 Java 前端的 Thrift 和 REST；
⑧块缓存和 Bloom 过滤器，HBase 支持块缓存和 Bloom 过滤器来优化大容量查询；
⑨操作管理，HBase 提供内置的网页以提供运营洞察力以及 JMX 指标。

2. HBase 与 Hadoop

图 4.12 为 Hadoop 生态系统，HBase 在该生态系统框架中扮演的角色是提供持
久化的数据存储和管理工具。HDFS 为 Hadoop 提供底层分布式存储数据。Zookeeper
是一个开源的分布式协调服务，实现诸如数据发布/订阅、负载均衡、命名服务、分
布式协调/通知、集群管理、Master 选举、分布式锁和分布式队列等功能。YARN
（yet another resource negotiator，另一种资源协调者）是 Hadoop2.x 版本引入的资源
管理系统，直接从 MapReduce 演化而来，新的 Hadoop 资源管理器是通用的资源管
理器，可为上层应用提供统一的资源管理和调度，它的引入给集群在利用率、资源
统一管理和数据共享等方面带来了巨大的好处。MapReduce 是一个分布式运算程序
的编程框架，提供了一种简便的并行程序设计方法，用 Map 和 Reduce 两个函数编
程实现基本的并行计算任务。Hive 在 Hadoop 中扮演数据仓库的角色，建立在
Hadoop 集群的最顶层，对存储在 Hadoop 群上的数据提供类 SQL 的接口进行操作，
用 HiveQL 进行 select、join 等操作。Pig 可以非常方便地处理 HDFS 和 HBase 的数
据，和 Hive 一样，Pig 可以非常高效地完成大规模数据的增加、删除、修改和查询，
而且通过直接操作 Pig 查询可以节省大量的劳动和时间。

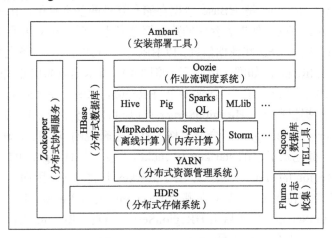

图 4.12　Hadoop 生态系统

简言之，HBase 是 Hadoop 的数据库，是一个分布式的存储系统。HBase 利用 Hadoop 的 HDFS 作为其文件存储系统。Hadoop 利用 MapReduce 来处理 HBase 中的海量数据，利用 Zookeeper 作为其协调工具。Pig、Hive 等用于数据的查询和分析，底层都是转化成 MapReduce 程序运行。

3. HBase 组件介绍

图 4.13 为 HBase 系统架构图。下面将详细介绍 Client、Zookeeper、Hmaster、HRegionServer、HRegion、HStore、MemStore、StoreFile、HFile 等重要组件或基础概念，以便更好地理解 HBase 实现原理及数据结构模型。

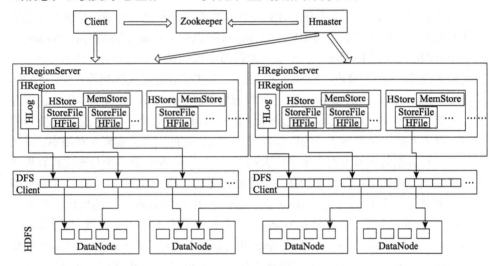

图 4.13　HBase 系统架构

HRegion：HRegion 是 HBase 数据存储和管理的基本单位，由每个列族的存储组成。如图 4.13 所示，如果表存储的数据信息多达上百万甚至几千万条时，HBase 会根据行键不同来切分这些数据信息，以 HRegion 方式存储。一条完整的数据一定是只属于一个 HRegion。如图 4.14 所示，将图 4.13 所示的数据切分成两个 HRegion 数据。一个表中可以包含一个或多个 HRegion。每个 HRegion 只能由一个 HRegionServer 提供服务，HRegionServer 可以同时服务多个 HRegion，来自不同 HRegionServer 上的 HRegion 组合成表格的整体逻辑视图。从 Hmaster 的角度来看，每个 HRegion 都记录了它的 startkey 和 endkey（第一个 HRegion 的 startkey 为空，最后一个 HRegion 的 endkey 为空），由于 rowkey 是排序的，因而 Client 可以通过 Hmaster 快速地定位每个 rowkey 在哪个 HRegion 中。HRegion 由 Hmaster 分配到相应的 HRegionServer 中，然后由 HRegionServer 负责 HRegion 的启动管理以及与 Client 的通信，负责数据的读写。

001	姓名	张鸣	T1
001	性别	男	T1
001	地址	江苏	T1
001	地址	浙江	T2
001	年龄	21	T1
002	姓名	李天	T3
002	性别	男	T3
002	地址	湖南	T3
002	年龄	25	T3

图 4.14 HRegion 切分示意

一般来说，HBase 被设计为在每台服务器上运行相对较大存储容量（5~20GB）的少量数目（20~200）的 HRegion。通常，出于许多原因，希望将 HRegion 数量保持在 HBase 的较低水平。通常每个 HRegionServer 大约有 100 个 HRegion 时会产生最好的结果。

HStore：一个 HStore 对应 HBase 表中的一个列族。HStore 存储了 MemStore、StoreFile。MemStore 用来保存当前的数据操作。当执行写入操作时并非直接写入 StoreFile，而是先写入 MemStore 进行排序，原因是底层的 HDFS 所存储的数据是有序排列的。当 MemStore 中的数据量达到某个阈值时，就会创建一个新的 MemStore，并且将老的 MemStore 添加到 flush（刷写）队列，由单独的线程刷写到 StoreFile 中，StoreFile 以 HFile 格式保存在 HDFS 上。当一个 HStore 中的 StoreFile 达到一定的阈值后，就会进行一次合并（major compact），将对同一个 key 的修改合并到一起，形成一个大的 StoreFile，当 StoreFile 的大小达到一定阈值后，又会对 StoreFile 进行切分，等分为两个 StoreFile。

HFile：HFile 是 HBase 架构中最小的结构，HBase 的数据都在 HFile 中。HFile 经历了三个版本 V1、V2、V3，V2 与 V3 版本相差不大。HFile 文件主要分为四个部分：scanned block section（扫描数据块部分）、non-scanned block section（非扫描数据块部分）、load-on-open-section（加载打开部分）和 trailer（尾部）。scanned block section，表示顺序扫描 HFile 时，所有的数据块将会被读取，包含所有需要被读取的数据，包括叶子节点索引块和 B 树索引块；non-scanned block section，表示 HFile 顺序扫描的时候该部分数据不会被读取，这部分主要包含元数据块，如 Bloom filter（布隆过滤器）块和 intermediate level data index blocks（中级别数据索引）块等；load-on-open-section，这部分数据在 HBase 的 HRegionServer 启动时，需要加载到内存中，包括文件信息块、布隆过滤器块、数据块索引和元数据块索引等；trailer，这部分主要记录了 HFile 的基本信息、各个部分的偏移值和寻址信息。

HLog（WAL）：HLog 是 HBase 实现 WAL（write ahead log，预写日志）方式产生的日志信息，内部是一个简单的顺序日志。WAL 用来数据恢复，HLog 记录数据的所有变更，一旦数据修改，就可以从 HLog 中进行恢复。

客户端（Client）：用户通过客户端访问 HBase 集群。客户端使用 HBase 的远程过程调用（remote procedure call，RPC）机制与 Hmaster 和 HRegionServer 通信，主要与 Hmaster 通信进行管理类操作以及与 HRegionServer 进行数据读写类操作。客户端发起请求时，流程如下：客户端首先查询 Meta 表，获取 HRegion 位置信息后，直接与负责该 HRegion 的 HRegionServer 进行通信，并发出读取或写入请求。这些位置信息将被缓存在客户端中，以便后续请求不需要经过查找过程。如果 HRegion 由主负载平衡器重新分配或由于 HRegionServer 已经死亡，客户端将重新查询目录表以确定用户区域的新位置。

Hmaster：Hmaster 是 HBase 集群的主服务器，负责监视群集中的所有 HRegionServer 实例，并且是所有元数据更改的接口。在分布式集群中，Hmaster 通常在 NameNode 上运行。通常，一个集群中拥有多个 Hmaster，只有一个处于 active 状态，其他处于热备份状态，这样作的目的是在故障发生时，能够快速从热备份 Hmaster 选择新的 active Hmaster，使系统容错性大大增强。Hmaster 作用为：①管理用户对 Table 表的增、删、改、查操作；②管理 HRegion 服务器的负载均衡，调整 HRegion 分布；③在 HRegion 分裂后，负责新 HRegion 的分配；④在 HRegionServer 停机后，负责失效 HRegionServer 上的 HRegion 迁移。

Zookeeper：Zookeeper 这样命名的原因是 Hadoop 的许多子项目都是动物名字，包括 Hadoop 是创始人儿子的玩具小象名字。从这个名字也可以看出 Zookeeper 在 Hadoop 中扮演的是协调管理者的角色。从图 4.13 HBase 系统架构可以看出，Zookeeper 是联系客户端和 Hmaster 的关键。Zookeeper 作为 HBase 的集群协调器，负责协调处理好 HBase 的运行。Zookeeper 对 HBase 主要有以下几个作用。①系统容错。Zookeeper 注册每个新加入集群的 HRegionServer，并且监听 HRegionServer 状态信息。当某个 HRegionServer 在规定时间无法发送存在状态信息时，Zookeeper 会删除该节点信息，并通知 Hmaster。②选举。Hmaster 负责在 active Hmaster 故障时，选取备份 Hmaster 为 active Hmaster，防止集群长时间无法工作。③管理 HRegion。Zookeeper 负责管理 HRegion 元数据信息以及状态信息。HRegion 元数据信息存储在 Meta 表中，而 Meta 表存储在 Zookeeper 中。Zookeeper 监听 HRegion 状态改变，包括 HRegion 的位置移动、所在 HRegionServer 发生故障等，可以将这些信息有效反馈给客户端。

HRegionServer：HBase 中最主要的组件，负责 table 数据的实际读写，管理 Region。在分布式集群中，HRegionServer 一般跟 DataNode 在同一个节点上，目的是实现数据的本地性，提高读写效率。主要功能如下：①定期向 Hmaster 汇报 HRegionServer 的情况，包括 HRegionServer 内存使用状态、在线状态以及 HRegion 等信息；②管理 HRegion，执行 flush（刷新）、compaction（合并）、open（打开）、close（关闭）、load（加载）等操作；③管理 HLog；④执行数据插入、更新和删除操作；⑤Metrics，对外提供了衡量 HBase 内部服务状况的参数。

4.3　图　存　储

图的概念是什么？图数据库是什么？为什么需要图数据库？图数据库与传统的关系数据库有哪些差异？图数据库的应用帮助解决了哪些关系数据库难以解决或无法解决的问题？看到"图数据库"这个词时，想必读者会冒出上述这些问题。本章将会就这些问题展开回答，力求通俗易懂，使读者更好地理解图数据库。同时，本章也将介绍目前主流的图数据库 Neo4j，并介绍相关应用案例，以便读者对图数据库有更深的印象。

4.3.1　图的概念

对于图数据库初学者或不曾接触过数据结构的读者而言，脑海中对于图数据库的第一反应可能是用来存储图片的数据库。那么非关系图数据库存储的数据信息是一张张图片吗？显然，答案是否定的。如果非关系图数据库存储的是一张张图片数据，那么传统的关系数据库就可以完成，无须图数据库。

随着时代的进步，学科之间相互交叉，相互借鉴，产生越来越多令人欣喜的成果。计算机学科与越来越多的学科之间联系密切，涉及数学、生物学、密码学、心理学、物理学等多种学科。计算机科学技术与数学学科联系最为密切，计算机科学之父、人工智能之父艾伦·图灵是英国著名的数学家，有着超高的数学能力，对计算机科学具有重大贡献。图灵在数学方面具有超高的能力以及进行了相关深入的研究，提出了著名的图灵机模型，为现代计算机的发展奠定了逻辑基础。计算机科学家在人工智能方面吸收了生物学科的神经元概念，提出了神经网络算法，通过不断地改进创新，神经网络算法及衍生算法在图像识别、文本处理等人工智能方向大放异彩。

本章所介绍的图数据库中的"图"概念也是来自数学的一个分支——图论。

图论中的图是由若干给定的点及连接两点的线所构成的图形，这种图形通常用来描述某些事物之间的某种特定关系，用点代表事物，用连接两点的线表示相应两个事物间具有某种特定关系，如图 4.15 所示。

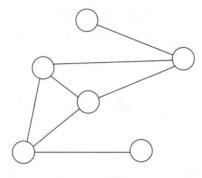

图 4.15　图结构示例

简言之，图是可以用来刻画自然事物之间"多与多"的关系，是一种很常见且重要的数据结构。图论在计算机科学世界十分常见，有着大量的算法、模型研究，应用十分广泛。在日常生活中，随处可见的公交系统、社交应用、导航系统等都可以抽象成图结构。图结构几乎可以用来表示任何事物及事物间的关系。目前最为常见的图模型为属性图（property graph），本章所要介绍的 Neo4j 数据库也是利用属性图模型。

4.3.2　属性图

属性图是主流的图数据库模型，也是本章的学习重点。属性图由两个元素构成：节点和边。每个节点代表一个自然实体，节点可以拥有自身属性，并且拥有一个或多个标签。节点之间的边表示关系。边有方向，可以单向，也可以双向。另外，边也可以拥有属性。如图 4.16 所示，三个圆心节点与两个方形节点表示了五个自然实体。圆形节点具有自身属性，属性有姓名、年龄、年级、性别等。同时，圆形节点拥有一个学生标签。方形节点自身属性有商品名称、价格、颜色、品牌等。另外，方形节点拥有一个文具标签。圆形节点与圆形节点之间的关系为朋友，圆形节点与方形节点之间关系为购买。通过对属性图的使用，可以很好地抽象自然事物之间的联系，为各类场景建立数据模型。将这些事物之间的联系"属性图"化并存入数据库中，可以满足多种数据关系查询。

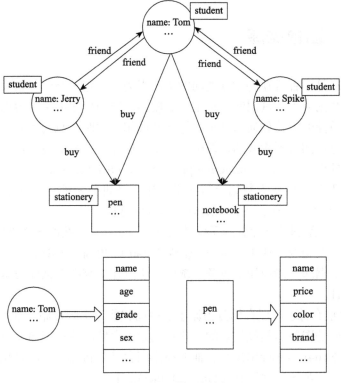

图 4.16　属性图示例

随着互联网技术的加速应用，在网络社交、交通导航、网络购物、电影推荐等领域出现了规模庞大、结构复杂、查询需求多样的图数据。在网络社交方面，全球最大的社交平台 Facebook 拥有数亿计的海量活跃用户，其中需要存储的用户之间的好友关系边已达到千亿级别。网站可以利用这些关系向用户推荐可能结识的用户，丰富扩大用户社交网络。在网络购物方面，淘宝、京东、亚马逊等购物平台每日会产生巨量的交易，这些交易当中包含了客户节点间的联系、商品节点间的联系、客户节点与商品节点之间的联系。将这些交易信息抽象成图数据结构，并使用图数据库来进行存储、分析、推荐，有助于改善客户购物体验。在电影推荐领域，可以同样运用这一方法，将导演、演员、每部电影抽象成节点实体。导演节点与电影节点之间关系为边，演员节点与电影节点之间关系为边。设想这样的场景：某一电影被用户喜欢，其中主演和导演又创作了一部新电影，这两部电影之间可能主演、类型、风格等属性很相似，那么用户喜欢这部新电影的概率必然很高。诸如此类的属性图应用场景还有很多，读者可以畅想一番，想必读者目前应该对属性图有了大体了解。

4.3.3　图数据库

图数据库是一种旨在将数据之间的关系视为对数据本身同样重要的数据库。它旨在保留数据而不将其限制为预定义的模型。取而代之的是，数据的存储方式展示了每个单独的实体如何与其他实体联系或相互关联。总的来看，图领域主要分为两个部分：图数据库和图计算引擎。图数据库与传统的关系数据库一样，用于联机事务处理（on-line transaction processing，OLTP），可以被应用程序实时访问。图计算引擎类似于大数据分析技术，用于联机分析处理（on-line analytical processing，OLAP），适合决策人员对数据进行分析决策。

图数据库，是图数据库管理系统的简称，它是一种在线的图数据库管理系统，支持对图数据模型的增加（create）、读取（read）、更新（update）、删除（delete）等方法。图数据库一般应用于事务系统中，所以在研究图数据库技术时需要多加考虑两个特性。

（1）底层存储：底层存储分为原生图存储和非原生图存储。原生图存储指的是数据库存储的图数据是优化过的，并且是为了存储和管理图而专门设计。这类图数据库有 Neo4j、OrientDB 等；而非原生图存储是将图数据序列化后存储到其他数据库中。这类图数据库有 Titan、InfiniteGraph 等。

（2）处理引擎：一些定义要求图数据库使用免索引邻接。这意味着，关联节点在数据库里是物理意义上的"指向"彼此。使用免索引邻接的数据库引擎中的每个节点都会维护其对相邻节点的引用。因此每个节点都表现为其附近节点的微索引，这比使用全局索引代价小很多。这意味着查询时间与图的整体规模无关，它仅和所搜索图的数量成正比。与其他数据库相比，图数据库存储和处理模型更为简单，更具表现力。相反，一个非原生图数据库引擎使用（全局）索引连接各个节点。这些索引对每个遍历都添加一个间接层，因此会导致更大的计算成本。

接下来将举例说明图数据库相较于传统的关系数据库的优势，让读者更加深刻地感受图数据库的魅力。

不妨先一起来看个例子，体会图数据库相较于传统的关系数据库的妙用。

假设某一公司需要查询员工 Tom 目前所属哪个部门，以便进行人事调动。如果按照传统的关系数据库进行查询，需要建立三张表：员工信息表、部门信息表、员工与部门对应关系表，其中 AD 为行政部（administrative department）、TD 为技术部（technology department）、CSAD 为客服行政部（customer service administrative department），如图 4.17 所示。

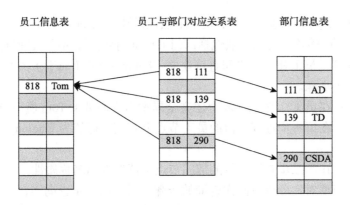

图 4.17　部门、员工关系信息表

此时，查询工作需要分为三个步骤。

第一步：从员工信息表查询 Tom 的工号 ID。

第二步：从第一步获得的工号 ID 查询对应的部门 ID。

第三步：从第二步获得的部门 ID 查询部门名称信息。

分析这三个步骤，可以看出，第一步查询需要一次索引查找，第二步查询也需要一次索引查找，而到了第三步，情况就大不相同，需要三次索引查找。如果该公司员工数较少，传统的关系数据库通过联表查询 join 操作可以实现该查询需求。然而，对于一些大型公司而言，员工人数可能有数十万人，这种查询需求对于传统的关系数据库将会产生压力。接下来展示图数据库如何解决这个问题。图 4.18 展示图数据库的数据存储方式。

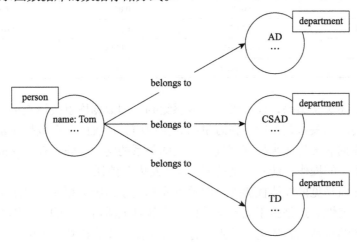

图 4.18　图数据库数据存储方式示例

对于图数据库而言，数据模型一目了然，通过建立员工节点、部门节点就可以很好地解决该查询需求。其中，员工节点包括姓名 name、工号 ID 等属性，并拥有 person（人员）标签。部门节点包括部门 ID、部门名称等属性，且拥有 department（部门）标签。员工和部门之间直接建立"belongs to"（属于）关系。该查找过程也分为三个步骤。

第一步：在员工标签 person 上建立全局索引查询员工 Tom 所属员工节点。

第二步：在第一步查询获得的员工节点上查询边标签为"belongs to"关系的部门节点。

第三步：在第二步查询获得的部门节点上读取部门名称属性。

现在来简单对比分析下两次查询的步骤。对于第一步查询而言，两者查询效率相同。对于第二步查询而言，关系数据库将对员工与部门对应关系表进行索引查找，而图数据库直接从员工节点获取。显然，从员工节点获取"belongs to"边的关系节点效率远远高于对员工与部门对应关系表索引查询。对于第三步而言，图数据库显然效果更好。

这里介绍一个简单的实验，并用较为直观的实验数据说明图数据库相较于关系数据库所显示的高效率。在社交网络中，用户之间存在朋友、同事、夫妻和恋人等关系。该实验选用了 100 万用户群体，每个用户约有 50 位关系用户，实验任务是查询最大深度为 5 的朋友的朋友关系。图数据库选用 Neo4j 数据库与传统的关系数据库进行对比试验。表 4.1 展示实验性能对比结果。

表4.1 实验性能对比

深度	RDBMS 执行时间	Neo4j 执行时间	查询返回记录
2	0.016 s	0.01 s	2 500
3	30.267 s	0.168 s	110 000
4	1 534.505 s	1.359 s	600 000
5	Unfinished	2.132 s	800 000

针对上述实验结果，读者可以明显感觉到，图数据库解决该查询需求的效率远远高于传统的关系数据库。在海量的数据面前，传统的关系数据库暴露了无法使用联表查询 join 操作来处理查询事物之间关系的问题，联表查询 join 操作是一个很"昂贵"的操作，涉及大量的 I/O 操作及内存消耗。

除了显而易见的性能优势外，图数据库相较于传统数据库，显示出极强的灵活性和可扩展性。这是由于图数据结构天生就是灵活可扩展的。具体表现为：对已存在的图结构增加新的边、节点、标签和子图，不会破坏现有的查询和应用程序的功能。这对于传统的关系数据库而言，是不易实现的。因为传统的关系数据库在设计之初就已确立好数据模型，并且高可靠性、高一致性的需求导致传统的关系数据库不易横向、纵向扩展。图数据库的高灵活性和高扩展性使得相关工作者无须在对数据的真实模样和复杂度缺乏了解的情况下被迫设计出最终且完整的数据模型，并且可以随着需求的变化而对数据模型进行改变优化。

另外，有些业务本身就是灵活多变的。使用图数据库（或其他 NoSQL 数据库，比如 MongoDB）可以快速跟上业务的变化而不需要进行 Schema 变更等代价不菲的管理操作。

需要指出的是，图数据库与数据集的总量大小无关，不仅擅长管理高度连接的数据，而且适用于复杂的查询。图数据库仅使用一个模式和一组起点，就可以围绕这些初始起点探索相邻数据，收集和汇总来自数百万个节点和关系的信息，并保持搜索范围之外的任何数据不变。访问本机图形数据库中的节点和关系是一种高效的、恒定时间的操作，它使您每秒可以快速遍历每个内核数百万个连接。

其次，图数据库没有使用传统的 SQL 语言作为增、删、改、查语言，这是因为传统的 SQL 语言不适合作多层关联分析查询。图数据库专门使用了针对图检索的查询语言，这比传统 SQL 语言更加高效，如 Gremlin、Cypher 等。图查询语言大大方便了关联分析业务的持续开发，传统方案在需求变更时往往要修改数据存储模型、修改复杂的查询脚本，图数据库已经把业务表达抽象好了，提供了基本的图操作 API，十分方便。例如，2 层深度好友查询，Gremlin 语言实现为 g.V(me).out('friend').out('friend')，如果需要改为 2 层深度同学查询，那调整一下把好友换为同学即可，即 g.V(me).out('classmate').out('classmate')。

最后，图数据库还提供了专业的分析算法、工具，如 ShortestPath、PageRank、PersonalRank、Louvain 等。不少图数据库还提供了数据批量导入工具，提供了可视化的图显示界面，使得数据的分析结果更加直观展示出来。

4.3.4　Neo4j 图数据库

Neo4j 遵循属性图数据模型，不仅重视数据，同时也注重数据关系，是一个高性能、高度可扩展的本地 NoSQL 图数据库。开发人员通过使用 Neo4j 可以构建智能应用程序，以实时遍历当今大型的、相互关联的数据集。

Neo4j 由本机图形存储和处理引擎提供支持，可提供直观、灵活和安全的数据库。它将结构化数据存储在网络上而不是表中。它是一个嵌入式的、基于磁盘的、支持 ACID 事务特性的 Java 持久化引擎。同时，Neo4j 提供了可视化数据的方法，例如针对开发人员的 Neo4j 浏览器，针对分析师和其他寻求自然语言搜索的人员的 Neo4j Bloom，以及供开发人员将图形直接嵌入其应用程序的库。

Neo4j 图数据库每个版本均有社区版和企业版，其中社区版是免费版，基于

GPLv3 协议开源，但局限于单机部署，功能受限。企业版包括了 Neo4j 所有功能，包括主从复制、读写分离、可视化管理工具等，但其增加了商业协议，需付费使用。Neo4j 不是分布式数据库，扩展性不是其优势，其支持逗号分隔值（comma separated values，CSV）数据在线导入以及 Neo4j-import 脱机导入数据。Neo4j 是一种原生的图数据库，同时也具备图分析引擎的能力。

Neo4j 是用 Java 语言开发的，设计之初是基于 Java 领域。Neo4j 的核心是 Java 遍历 API，其功能强大、灵活易用，是专门为图数据库设计的。Neo4j 本质上是基于 Java 虚拟机（Java virtual machine，JVM）的产品，这也意味着理论上支持 JVM 的编程语言使用的特定的库都能使用 Neo4j，如 Java、Spring、Scala 等。

Neo4j 图数据库相较于其他图数据库较为成熟，功能丰富、完整、强大，是目前最主流的图数据库。截至 2023 年 5 月，依据 The DB-Engines Ranking 数据库引擎排名[①]，Neo4j 在 32 个参与流行度排名的图数据库中排名第一。

1. Neo4j 系统架构

下面介绍 Neo4j 的系统架构，如图 4.19 所示，其中 HA 表示日志系统与高可用（high availability）。Neo4j 数据库系统部署在最底层的是实际物理硬盘，用来存储数据。Neo4j 对硬盘规格要求没有硬性标准，都可以使用，如果条件允许，固态硬盘（支持快速访问）当然是最好的选择。硬盘中实际存储大量的文件，具体可划分为节点文件、关系文件、属性文件、索引文件、事务日志文件等。因此，我们可以大体计算出 Neo4j 某项目数据的所需空间。

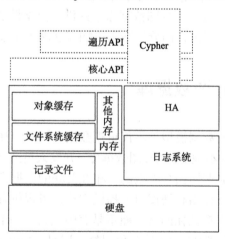

图 4.19　Neo4j 的系统架构

---

① https://db-engines.com/en/ranking_trend/graph+dbms。

Neo4j 某项目数据所需硬盘空间=项目节点数×单一节点所需存储空间+项目关系数×单个关系所需存储空间+项目属性数×单个属性所需存储空间+索引存储空间+事务日志存储空间+其他空间（较小）。

记录文件是专门设计以及优化的，用来存储指向实际硬盘地址的节点、关系及属性指针，以支持 Neo4j 图形搜索引擎快速遍历查找。快速遍历查找的核心方法是免索引邻近原则，即不管节点数量多庞大，单个节点只找全满足条件的相邻点即可。对于 Neo4j 数据库而言，仅仅使用硬盘来进行数据读取显然是不可行的，硬盘读取数据的速度是不能满足高性能、快速查询的需求的，同时受限于磁盘读取速度以及系统 I/O 能力，所以必须要利用支持快速读取数据的内存。在运行 Neo4j 系统时，内存中存在如下几类数据：文件系统缓存、对象缓存以及其他缓存（主要为操作系统保留缓存）。

文件系统缓存可以认为是小部分常用的数据先从硬盘读写到内存，降低对硬盘访问次数，提高数据访问速度。当系统运行时，如果需要调用节点文件、属性文件等文件数据，则首先从文件系统缓存中寻找，若不存在，再从硬盘中读出数据至文件系统缓存。文件系统缓存中数据达到条件就会写入硬盘中，这些读写操作由系统控制管理。

对象缓存也是用来快速访问数据的策略。上文曾提到过，Neo4j 数据库系统是基于 JVM 的应用程序，它可以利用 Java 中创建对象的方法来处理节点与关系，通过核心的 Neo4j API 来快速访问遍历数据，而不是仅仅处理原始文件。

日志系统与 HA 用来确保数据可靠、不丢失。HA 功能提供定制硬件以及硬件失效挽救的能力。日志系统记录了事务文件，在一定条件下，该文件将从内存中写入硬盘，持久化保存。该文件确保在系统崩溃时，通过重新执行该文件中的操作，提供恢复数据的能力。当然，与 4.1.4 节的 Redis 数据库持久化一样，当系统崩溃内存需重新运行时，该文件最新的操作未从内存中写入硬盘，其将伴随内存的消失而消失，这部分操作以及数据将丢失，无法复原。

在 Neo4j 系统架构最上层是：核心 API、遍历 API 以及 Cypher。核心 API 是用来与底层的数据进行交互的，是高度抽象的，提供显式的指令与底层图形交互，为上层的遍历 API 提供基础。下文也将会详细介绍 Cypher。

2. Neo4j 数据库索引

Neo4j 可以快速找到指定节点或关系属性值，这是因为 Neo4j 中设置了数据索引。在关系数据库中，建立索引可以快速高效地查找所要寻找的行信息。同样，在 Neo4j 中，有专门的工具 index manager（索引管理器）来为新加入的节点建立一个索引项，以便之后能快速查询该节点。Neo4j 中的索引项本质是一个指针，用来标识一个节点或关系属性值。Neo4j 中新构建的一个索引项中的值由三块构成，分别是索引键、索引的值以及待索引节点。如何创建一个索引项？下面将举例说明。在社交网络中，用户 user001 节点以专属的唯一的 ID 号登录，如 ID：234123341。如果我们将此 ID 用户加入到 Neo4j 数据库中，那么此时新构建的索引项：ID 表示索引键，234123341 表示索引的值，user001 表示待索引节点。如图 4.20 所示，构建好的索引项可以看作指针，指向 user001 节点属性值。这个新构建索引项由 Neo4j 中默认索引实现组件 Lucene 存储。

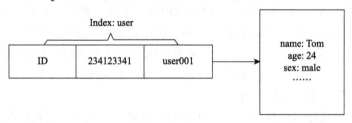

图 4.20　索引项构造示例

实际应用中，索引项中的键可能并不像上文那样选择唯一的 ID 值，也有可能选择 age 属性值或其他不唯一的键值作为索引项。如图 4.21 所示，如果选择 age 属性作索引项的键，那么该索引可能会指向很多 age 值相等的节点。这时候若要查询 age 属性值为某值的所有节点，只需快速查找 age 属性值为某值的索引项，访问与之相联系的所有节点即可。

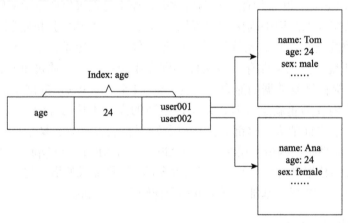

图 4.21　多节点匹配同一索引项示例

对于数据库而言，创建索引提高了数据检索的效率，但是也带来了一定的构建索引以及存储索引的代价。构建索引的成本与效益是根据实际应用需要来衡量的，并无绝对的好与差。对于少量的数据，不采用索引是最好的。对于特定的应用需要，正如上文谈到的，采用 ID 属性还是 age 属性都各有优势。一般而言，数据库中索引一旦构建，最好不要更改或尽量减少更改的次数。Neo4j 中有两种索引类型：B-tree index（B 树索引）和 full-text index（全文索引）。B 树索引擅长对所有类型的值进行精确查找，以及范围扫描、完整扫描和前缀搜索。全文索引与 B 树索引不同，因为它针对索引和搜索文本进行了优化，允许用户编写，然后进行与字符串属性内容内匹配的查询。同时，除了任何精确匹配之外，还可以返回给定查询的近似匹配。

3. 查询语言——Cypher

Cypher 是 Neo4j 的图形查询语言，一种对于开发者非常友好的声明式查询语言，允许用户从图数据库存储和检索数据，而且还整合了其他标准数据访问语言的功能。该语言使用 ASCII-Art 来表示可视图形模式，以便在 Neo4j 中查找或更新数据。目前，有多种方式可以执行 Cypher 语言进行 Neo4j 查询。下载 Neo4j 安装包会自带 Neo4j shell、网页管理控制台（图形化网页窗口），两者都可以连接 Neo4j 数据库，执行 Cypher 命令来进行数据库相关操作。另外，常见的还可以通过编程语言利用指定的数据库驱动来连接 Neo4j，使用 Cypher 语言进行数据库相关操作。

Cypher 不仅是数据与 Neo4j 进行交互的最佳方式，而且它还是开源的。这相比于编写复杂的 Java 程序查询访问 Neo4j 数据库要简单得多。Cypher 虽然基于 SQL 的功能，但它专门针对图形进行了优化，并且语法简洁明了，允许用户以简单且可维护的方式轻松编写所有正常的增、删、改、查操作。Cypher 提供了高级的查询，包括数据聚合（类似 SQL 中的 GROUP BY）、函数查询以及链式查询。

第5章 商务大数据安全管理技术

近些年来，大数据技术在各行各业包括商务智能领域得到了广泛应用。利用大数据技术可以对有价值的用户历史信息进行存储、分析，从而加强对客户需求的了解，更好地把握市场动向，帮助企业决策者更好地制定出科学合理的营销策略，实现精确性和个性化的推荐方案。虽然大数据技术具有广阔的应用前景，但是依然存在很多亟待解决的数据安全问题。首先，出于保护数据隐私和商业机密的考虑，电商平台之间的数据壁垒很难打破，从而形成了很多"数据孤岛"，阻碍了行业数据流通和开放共享。其次，由于电子商务企业掌握了大量的用户信息，如用户身份证、联系方式、银行卡及消费记录等，如果数据泄露会对消费者造成很大的影响。例如，2018 年，国外某电商公司员工在中介的协助下，向商户提供内部数据和其他机密信息，为独立商户在电商网站上销售产品提供优势；同年，国内某公有云公司回应用户由于物理硬盘固件版本问题导致静默错误，即写入数据和读取数据不一致，使得系统元数据损坏；除此之外，企业自身的数据和资料如果发生泄露也会对企业造成很大的经济损失。因此，在大数据时代环境中，电商企业如何保护消费者的个人隐私、保障企业数据的安全性成为难题。最后，区块链技术不断发展，因其去中心化、不可篡改、全程留痕、可以追溯、集体维护、公开透明等特点，适合解决电商大数据应用中数据溯源、分布式存储及可信计算等问题，而得到日益关注。因此，解决商务数据安全问题，可以增强电子商务企业对大数据平台的信心，在当今大数据成为商务智能基础信息服务底座的时代背景下，具有重要的意义。本章主要介绍一些数据溯源、隐私保护、共享与访问控制及区块链等大数据安全技术。

5.1　商务大数据溯源技术

5.1.1　溯源的定义

溯源，汉语词语，意思是上游找寻发源点，追溯本源，近些年来被应用到信息科学领域。随着以大数据、人工智能、物联网等技术为核心的数字技术席卷全球，"数据"的价值日益凸显，数据产业也日益成为国家基础性、前沿性的支柱产业。但是，目前的信息化建设存在各单位及系统之间相互割裂的问题，数据中心孤立零散，形成了一座座"数字孤岛"，限制了整个社会数据的交换与共享。但是，缺乏有效数据治理的数据开放，也会造成不可接受的后果。例如，数据使用者需要对数据的真实性进行验证，并需要确保数据的可信性，才能更好地利用数据。数据溯源技术的出现，就是为了实现对数据流通环节的历史重现，并追溯数据的起源。数据溯源最早应用在数据仓库系统中，主要应用在生物、考古、医学等数据真实性要求较高的领域，但随着互联网的迅猛发展及网络欺骗行为的频繁发生，人们对于数据真伪的真实性验证需求越来越高。因此，数据溯源技术被应用在信息技术的各个领域，并掀起了一波研究热潮。

数据溯源技术也被称为数据血缘或数据谱系等，该技术根据对数据路径的追踪，重现数据的历史状态及变化过程，实现对数据档案的追踪，从而达到对异常数据及异常原因的定位。

5.1.2　PROV 溯源模型定义

元数据又称中介数据，描述数据的数据，是一种电子式的数据目录。元数据主要用来描述数据的属性信息，其目的是记录、定位、识别及评价互联网资源，可实现数据存储、文档检索及历史溯源等目的。在数据溯源领域，元数据可以用来描述数据的起源和流转过程，PROV 是一种最广泛的用于数据溯源的元数据模型。

目前针对数据溯源应用最广泛的模型是 2013 年由万维网联盟（World Wide Web Consortium，W3C）基于开放起源元数据模型推出的 PROV 标准（图 5.1）。PROV 系列标准包含 12 个文档，包括 PROV-O 主体描述、PROV-DM 模型概念、

PROV-CONSTRAINTS 模型约束等项目，其主要内容包括实体、活动及代理。

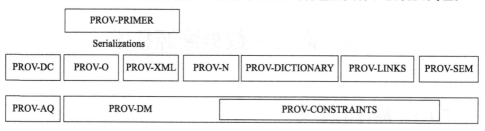

图 5.1　PROV 标准

实体：实体是对世界中客观存在、可被理解的一些概念性事物的描述。例如一张照片、一个数据表，当从不同角度及状态对不同实体进行描述时，可看作不同起源的实体，如一个数据表的不同版次等。实体往往是静态的个体，不具有行为的主动性，是代理通过活动的操作对象。在 PROV-N 中，使用 entity（e）来表示一个实体。

活动：活动是指导致实体状态发生变化的行为，如对一个文档的修改、删除、插入等操作。通常，对一个实体的活动会使得实体变成新的实体。在 PROV-N 中，使用 activity（a）来表示一个活动。

代理：代理是指在客观世界中承担责任的个体。通常代理是一个人或者明确化为某个软件，如 Excel 办公软件及 Eclipse IDE 等。代理通常是通过主动的行为改变实体的状态，代理、活动及主体之间的关系可以比喻为人类、劳动工具和劳动对象。人类通过劳动工具对劳动对象进行改造。在 PROV-N 中，使用 agent（ag）来表示一个代理。

在 PROV-DM 中，使用有向边来表示各实体之间的关系。由于主体、代理及活动之间存在多种复杂的因果关系，共有以下七种依赖关系。

使用：使用关系是实体和活动之间的依赖关系，表示某一活动对实体为实现某一目标而利用的行为。例如，对某一文档的修改。该关系可以表示为 used（a，e），其中 a 代表行为，e 代表被使用实体。

生成：生成关系是实体和活动之间的依赖关系，表示某一活动产生了新的实体，如对旧文档的修改产生了新的文档。该关系可以表示为 wasGeneratedBy（e，a），其中 e 代表新生成的实体，a 代表活动。

通信：通信是活动与活动之间的依赖关系，代表了两个活动之间共享了某些未指定的实体，如一个文档被创建之后，被另一方修改。那么只有被创建后的文档才能被修改，修改行为依赖于创建行为。该关系可以被描述为 wasInformedBy（a2，a1），其中 a1 影响 a2 关系。

派生：派生关系是实体与实体之间的依赖关系，表示从一个旧实体派生出了新的实体。例如，一个旧的文档被修改后派生出了新的文档，需要区别的是派生关系是实体之间的依赖，生成关系是实体和活动之间的依赖。派生关系可以表示为 wasDerivedFrom（e2，e1），其中实体 e2 是由 e1 派生而来。

关联：关联是活动和代理之间的依赖关系，表示代理对活动承担责任。例如，用户使用 Excel 对数据表进行修改，那么 Excel 作为代理就和数据表实体之间存在关联关系。该关系可以使用 wasAssociatedWith（a，ag）表示活动 a 和代理 ag 之间关联。

归属：归属关系是实体和代理之间的依赖关系，表示代理对某一实体承担责任。当实体与代理之间存在归属关系，则可以推断出实体的活动是由代理触发的。归属关系可以使用 wasAttributedTo（e，ag）表示，其中 e 归属于代理 ag。

授权：授权关系是代理和代理之间的关系，表示代理授权其他代理从事某项活动的权利。例如，一个软件用户可以授权另外一个软件或者用户访问本进程的数据，所有这些代理人都以某种形式对该活动负责。授权关系可以使用 actedOnBehalfOf（ag2，ag1）来表示，代理 ag2 由代理 ag1 授权作为其委托人。

下面的例子中（图 5.2），我们基于 PROV 模型描述了文档 1 的一些简单的历史操作：文档 1 归属于代理"张三"，表示张三对文档 1 拥有所有权；Word 软件使用文档，并进行"写"的操作，对文档一派生出"新文档 1"。

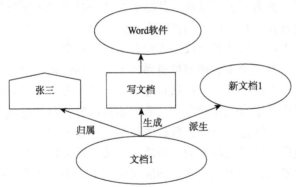

图 5.2　基于 PROV 的溯源模型

5.1.3　PROV 溯源图约束

PROV 除了定义以上实体之外，还对实体和依赖关系定义了基本约束条件，从而保证起源图的跨组织通用性并降低图冗余性。具体包括以下三条约束。

约束一：起源节点具有唯一性。PROV 模型描述了数据演变过程的所有历史信息，每个节点都具有时间属性。即使有两个相同的节点，但由于其时间属性不同也会造成区别。因此，起源节点具有唯一性。

约束二：起源图不存在回路。起源图是记录数据起源及历史演变的数据结构，因此不存在回路。

约束三：起源图中的一个实体节点只能由一个活动产生。同实体节点类似，活动节点一样具有时间属性，并且在操作系统中，即使在"并发"的进程，也存在先后顺序。因此，不存在两个活动同时产生一个实体的情况。

5.2　商务大数据隐私保护

隐私权是公民对个人信息以及私人事务等享有的一项重要民事权利。我国《中华人民共和国宪法》虽然没有对隐私权作出明确的保护性规定，但却间接地从其他方面对公民的隐私不容侵犯作出了确认。在《中华人民共和国宪法》第三十八条中写着，"中华人民共和国公民的人格尊严不受侵犯。禁止用任何方法对公民进行侮辱、诽谤和诬告陷害"。但是在大数据与人工智能时代，每个人的金融、购物、医疗等隐私在强大算力下无处遁藏。伴随着大数据技术的不断发展，信息化技术在各行各业不断普及，物理世界与数字世界高度融合，如果没有隐私保护技术作为支撑，那么人类社会便会发展成一个没有隐私的社会。

然而传统的信息安全主要研究信息系统安全，如病毒查杀、木马检测等，其出发点主要聚焦于系统应用，不能从根源上保证数据安全。随着信息安全技术的不断发展，计算机科学家认识到需要从数据本身出发，对信息进行保护。尤其在大数据时代，产生了海量的数据，数据脱离传统的物理实体，如水电一样流动，物理边界越发模糊，针对大数据的差分攻击、关联性分析等技术不断出现，传统的数据加密等隐私保护技术无法满足新的安全需求。本节主要介绍大数据隐私保护相关技术。

5.2.1　数据脱敏技术

大数据时代的特点之一就是信息共享，某一机构不再独占式地占有数字资源，但是其中对于数据挖掘无用的隐私信息可以进行脱敏后再分享。数据脱敏就是对数据中某些隐私如个人身份等进行变形处理，使得恶意攻击者无法从脱敏后的数据中获取敏感信息，表 5.1 为常见的数据脱敏算法列表。数据脱敏在医疗、金融、电力、电子商务等诸多领域有着广泛的应用，如在电子购物平台进行大数据分析之前，需要对用户的身份证号、手机号、银行卡号、用户 ID 等敏感数据进行脱敏保护。

表5.1　常见的数据脱敏算法

名称	描述
掩码	使用*等通配符对需要隐藏的符号进行替换，保证数据长度不变，会保留原格式长度，一般用于手机号、身份证号等数据
取整	对年龄、收入、日期等数据取整数
替换	通过字典进行替换操作，如 Alice 替换为张三，Bob 替换为李四
截断	将字符串截断，只保留一部分信息
加密	利用加密算法对数据进行变形，安全性依赖于加密算法

如表 5.1 所示，根据数据脱敏的流程，数据脱敏技术可以分为动态数据脱敏（dynamic data masking，DDM）和静态数据脱敏（static data masking，SDM）两种。静态数据脱敏是数据在存储时就进行脱敏，一般用在非生产环境，如开发、测试、外包和数据分析等环境；动态数据脱敏是在使用前对存储的数据进行脱敏，存储时以明文的方式进行存储，动态数据脱敏适合对不同的用户使用不同的脱敏策略，比较灵活。针对不同的隐私敏感等级，一般可以划分为 5 个等级：分别是 L1（公开）、L2（保密）、L3（机密）、L4（绝密）和 L5（私密）。等级越高的数据申请审批流程越严格，周期越长，难度越大。

5.2.2　差分隐私保护

数据脱敏技术可以保证对单条数据的隐私保护，但是攻击者除了对数据进行直接获取之外，还可以通过差分攻击得出有用的信息。差分隐私保护技术的原理是通过对源数据加入噪声干扰，从而防止数据被推测。简单来说，就是你获取到部分的数据对于推测出更多的数据是无用的。我们看下面这个例子，表 5.2（后面描述为表 D）统计了五个人是否购买 A 商品，其中 1 代表有，0 代表没有。假定攻击者想知道陈二的出访情况，但是攻击者不能直接查询，只能统计某几个用户的数据总和，攻击者可以分别获得前四个用户和前五个用户的数据和，然后相减。比如，本例中 $Q_5(D)=3$，$Q_4(D)=2$，获得差是 1，从而获得分析结果。

表5.2 消费统计信息表

姓名	是否购买 A 商品
张三	1
李四	1
王五	0
赵六	0
陈二	1

在这里我们引入了一个灵敏度的概念，即

$$\Delta f = \max \left\| f(D_1) - f(D_2) \right\|_1$$

其中，D 为一个数据集合；$\left\| \cdot \right\|_1$ 为曼哈顿距离；$f(\cdot)$ 为一个查询函数。在上面数据库的例子中，如果我们认为 f 是查询函数 Q_i，那么函数的灵敏度就是 1，因为改变数据库中的任何一个条目都会导致函数的输出改变 0 或 1。

差分隐私保护通过在数据中加入随机性，使得样本中部分数据对于整体的输出概率不会造成影响，使得查询结果的灵敏度降低，从而可以抵抗差分攻击机制。根据引入的噪声不同，差分隐私基本方案可以分为拉普拉斯噪声（即符合拉普拉斯分布的噪声）及指数机制等。目前差分隐私保护被应用在推荐系统、社交网络及基于位置服务等应用场景。

5.2.3 k 匿名

k 匿名是一个通用的隐私模型，并不仅限于位置隐私保护。其核心思想是将用户的精确位置替换成一个空间区域，并且在该区域中至少要有 k 个不同的用户，这样提出的基于位置服务便可与其他 k-1 个用户不可区分，从而达到了位置隐私保护的目的。其方法类似于差分隐私保护，差分隐私保护是通过加入噪声实现的，而 k 匿名的其他用户可能是随机生成的噪声，也可能是其他类似的合法用户。

一个安全的 k 匿名算法应该能保证以下三点，即攻击者无法确定某个用户是否在公开的数据集中、给定一个用户和某个敏感属性攻击者无法判断该用户是否拥有该属性、攻击者无法确定某条数据是否属于某个用户。

针对以上的 k 匿名标准，一般采用泛化算法对数据表进行处理，又可以分为全局泛化和局部泛化。全局泛化是在整个属性列上进行泛化，容易造成数据精度损失较大，局部泛化将属性列中的不同元素分别泛化到不同的等级，避免了过度泛化，减少了数据损失量。图 5.3 是一个对电商平台用户购物数据进行泛化从而达到匿名化的例子。我们可以看到，通过对数据的不断泛化（如将具体的年龄变为"成年"和"未成年"，身份证号后几位替换为*，购买商品分类泛化到商品大类），很大程度保护了个体用户的隐私，同时不影响大数据分析的结果。具体的泛化精度可以根据不同的数据使用需要进行动态调整。

序号	性别	年龄	身份证号	购买商品
1	男	56 岁	1234500000	太太乐鸡精
2	男	42 岁	3214500001	海天酱油
3	女	23 岁	1234500100	耐克运动鞋
4	男	31 岁	1234500900	中华香烟
5	男	31 岁	3214502013	茅台白酒
6	女	16 岁	1234503100	雀巢咖啡

年龄泛化 →

序号	性别	年龄	身份证号	购买商品
1	男	成年	1234500000	太太乐鸡精
2	男	成年	3214500001	海天酱油
3	女	成年	1234500100	耐克运动鞋
4	男	成年	1234500900	中华香烟
5	男	成年	3214502013	茅台白酒
6	女	未成年	1234503100	雀巢咖啡

身份证号泛化 ↓

序号	性别	年龄	身份证号	购买商品
1	男	成年	123450****	调味品
2	男	成年	321450****	调味品
3	女	成年	123450****	运动鞋
4	男	成年	123450****	烟酒
5	男	成年	321450****	烟酒
6	女	未成年	123450****	饮料

 消费内容泛化 ←

序号	性别	年龄	身份证号	购买商品
1	男	成年	123450****	太太乐鸡精
2	男	成年	321450****	海天酱油
3	女	成年	123450****	耐克运动鞋
4	男	成年	123450****	中华香烟
5	男	成年	321450****	茅台白酒
6	女	未成年	123450****	雀巢咖啡

图 5.3　匿名泛化过程

5.3 商务大数据共享机制

在商务大数据应用中，各种服务产生的大量的数据在后台存储、使用和共享，而在数据共享的过程中产生的数据安全风险尤为明显，尤其随着企业上云的普及，越来越多的商务企业放弃自建数据中心，而选择将云服务商作为数据存储及应用部署的载体，从而导致了数据泄露的可能；此外，人工智能应用依赖于大量的数据样本对模型的训练，而传统的集中式的机器学习模型需要获取各个行业积累的大量数据，但是由于商业机密及用户隐私保护的需求，这种大规模的数据共享很难成为现实，从而造成了大量的"数据孤岛"，因此分布式安全多方计算等技术也成为大数据"隐形分享"的一种新的模式，实现了数据的"可用不可见"。

在大数据应用中，根据对数据所有权的划分可以分为：数据主、数据中心及数据使用者。数据主是数据的生产者，为各类部署在客户端的应用及传感器采集数据。数据主对数据拥有所有权，并对所产生的数据有隐私保护的需求。数据使用者是数据的消费者，数据使用者需要向数据主或者数据中心获取访问权限，在获得安全授权后可以合法地对数据进行访问。数据中心是大量用户数据的存放区域，是数据盛放的物理实体。数据中心一般是应用的后台服务器，随着云计算技术的兴起，公有云服务商逐渐成为整个社会的数据汇总中心，担任数据存储、数据访问者权限鉴别及数据分享中转站的工作。

根据数据共享的方式，大数据共享模式一般可以归纳为以下几类。

（1）数据开放。数据开放一般是政府对社会开放数据。该方式主要针对不涉及个人隐私的非敏感数据，并且需要保证数据经过二次加工或聚合分析后仍不会产生敏感数据。

（2）数据交换。数据交换主要是政府部门之间、政府与企业之间通过签署协议或合作等方式开展的非营利性数据开放共享。一般包括两种方式，一种是由第三方机构提供数据交换，适合保密程度不高的数据；另一种是将敏感数据封装在闭环业务场景，确保数据"可见不可用"。

（3）数据交易。数据交易主要是对数据进行明码标价的销售。目前，市场上比较多的第三方数据交易平台如大数据交易市场提供的是这种模式。

下面我们将介绍访问控制、零信任架构、属性加密及同态加密等大数据安全共享技术。

5.3.1　访问控制

访问控制系统是大数据保护的重要手段，在信息资源保护上起着不可替代的作用。访问权限系统通过限制访问者的操作权限，达到对数据资源保护的目的。通俗来说，访问控制系统的核心是一组权限引擎，这个引擎只回答一个问题：谁对某类资源有实施某个动作的权限？

传统的访问控制系统主要是基于行业专家静态的经验判断，如在一个医院信息系统中，开发人员通过与医院专家沟通，获得一个访问控制方案：如医生可以访问自己病人的所有历史数据，药房可以查询到每位医生的开药情况，院长可以访问医院的所有数据等。虽然这种访问控制系统在传统的信息系统中起到了较好的防护作用，但是并不适合复杂多变、数据量产生速度快的大数据系统。

一般来说，访问控制系统包含以下几个实体。

（1）主体。主体是访问动作的发起者，是对资源访问的请求者。一般来说是一个用户或者用户启动的进程。

（2）客体。客体是被访问的资源实体，既可以是数据、文件，也可以是对外开放的硬件设施和终端。

（3）访问策略。访问策略是主体对客体一系列访问规则的集合。其规定了主体对客体操作的权限。

访问控制的根本目的是保证用户数据能够被授权的合法用户进行访问，防止未授权的非法用户对网络资源进行访问，因此，访问控制的首要任务就是对用户的身份进行鉴别，即认证。除此之外，还要对越权行为及用户的行为进行监控和安全审计。

（1）身份认证：对申请访问者的身份进行识别验证。

（2）控制策略：控制策略是访问控制器的核心组件，其通过合理设定控制规则，确保合法用户对授权资源的使用，阻止未授权用户访问资源；同时，合法用户也不能越权对权限之外的资源进行访问。

（3）安全审计：系统需要记录下所有对资源进行访问的事件，并维护成日志。从而保证日后可以对平台上所有的活动进行系统、独立的检查，并给出相应评价。

5.3.2　零信任架构

在传统的访问控制技术基础上，"零信任架构"得到了越来越多的关注。零信任架构（zero-trust network access，ZTNA）建立在传统网络边界信任体系逐渐失效的背景下，提倡打破单一网络边界的概念，对用户、设备和应用进行全面、动态访问控制。一般来说，ZTNA 应用在分布式数据中心，并将 ZTNA 作为数据平面的前置边界隔离外界访问与内部资源，以代理网关的形式在外部数据请求者与内网数据服务器之间基于客户端/服务器（client/server，C/S）模式建立数据通道，如图 5.4 所示。ZTNA 控制平面主要由以下部分组件构成。

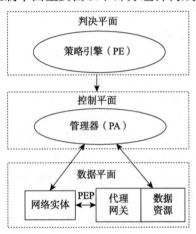

图 5.4　访问控制策略图

策略执行点（policy enforcement point，PEP）：作为资源访问主客体之间的媒介组件存在，PEP 作为外网的接入点，接受外部数据请求事件，并将请求发送给策略管理器（policy administrator，PA）。

策略管理器：PA 根据 PEP 发送的数据请求事件访问策略引擎（policy engine，PE），如果得到授权消息，策略管理器则生成身份令牌或凭证（也可以 cookie 的形式）发送给 PEP，授权该用户访问数据资源。值得注意的是，在此阶段生成的令牌服务采用单点登录（single sign on，SSO）模式，保证一次授权，多项服务可用。

策略引擎：PE 获取信任判决输入信息、网络安全态势感知情报等，结合访问控制策略库进行动态评估与访问控制策略判决，最终输出授权或拒绝访问请求的决定，交付给 PA。任其评估。

PE 可基于公钥基础设施（public key infrastructure，PKI）的数字签名的身份认证机制及内部用户信任度多重因素结合的方法，实现对用户的内部信任度评估。PE 借鉴了传统的入侵检测系统（intrusion detection system，IDS）的思路，结合基于主机行为及网络的误用检测机制，对网络实体进行行为信任度构建，基于数据溯源机制对用户数据使用情况进行信任度构建，最终得出总体信任度。

5.3.3　属性加密

除了传统的访问控制方法，属性加密技术也可以实现对用户的访问控制，其不同于传统的访问控制技术依赖于数据平台对数据使用者的身份识别。属性加密通过对数据进行加密，并制定符合要求的对数据进行解密的访问结构。由于其优良的特性，如细粒度的访问控制及应用前景，属性加密成为很多学者竞相追逐的热点。

属性加密，顾名思义，就是基于用户属性的加密技术。属性加密又称为模糊身份加密，相对于身份加密来说，没有采用明确的身份信息作为公钥，而是将用户分为不同的属性，如{教师，副教授，博士}等模糊的信息，只有满足指定身份属性的用户才可能解密密文，从而达到数据访问控制的目的。一般来说，属性加密分为以下两类。

（1）基于密钥策略的属性加密（key policy attribute-based encryption, KP-ABE）。在 KP-ABE 中，访问策略与密钥关联，一般由解密者制定访问策略，对访问资源进行限定，只有符合访问策略的密文才会被加密，如付费视频点播系统。

（2）基于密文策略的属性加密（ciphertext policy attribute-based encryption, CP-ABE）。在 CP-ABE 中，访问策略与密文相关，用户自定义访问策略，只有满足策略的用户才能成功解密数据，一般应用在云存储环境的访问控制系统。

属性加密目前有望被应用在如云存储访问控制、远程医疗系统等诸多领域，实现对用户数据的细粒度访问控制。

5.3.4　同态加密

同态加密类似于属性加密技术，是一种加密技术，也可被应用到大数据共享中。但由于其在密文域的运算可以映射到明文域，从而实现了对数据的"可用而不可见"。在大数据时代，政府以及大型企业等机构掌握着大量数字资源，但是由于目前各方数据库建设的技术、平台以及标准不统一，各方之间数据进行对接和分享的难度较大，形成了很多"数据孤岛"，而同态加密由于其优良的性质，在多方数据共享、外包计算以及联邦机器学习等领域有着广泛的应用。

同态加密技术研究起始于 20 世纪 70 年代，经过国内外诸多学者不断地研究，同态加密从单一的密文运算发展到支持多种运算的全同态运算。同态加密目前应用在诸多领域，在数据隐私保护和安全共享等方面起到了推动作用。

同态加密是满足一定性质的加密运算，可以实现对密文数据的计算，从而得到某一约定函数的输出，并可将这一输出解密成明文，从而得到针对明文的函数计算，如下式：

$$Dec(En(a)\odot En(b))=a\oplus b$$

其中，全同态加密是指同时满足加同态和乘同态性质，并且可以进行任意多次加、乘法运算的加密算法。用数学公式来表达，即

$$Dec(En(m_1),En(m_2),\cdots,En(m_k))=f(m_1,m_2,\cdots,m_k)$$

如果 $f(\cdot)$ 是任意函数，称为全同态加密。

这一特性在实际应用中有重要意义，如电商平台总部可以对加密后的销售数据进行同态运算获得某一区域商品销售金额总量的数据，而无须单个解密获得每家门店的销售金额，从而对单个门店的销售金额达到一定程度的隐私保护。

5.4 商务大数据区块链技术

区块链技术最早由学者中本聪于 2008 年提出，区块链技术可提供一种防篡改的去中心化管理平台。早期的区块链技术主要应用于比特币，实现对转账记录的可信存储。比特币是一种虚拟货币，其创新点在于传统的货币依赖于真实货币实体即货币的余额视角，而比特币则依赖于账本记账即未花费的交易输出（unspent transaction output，UTXO）模型的交易历史视角。因此，从本质来说，分布式账本其实也是一种交易记录的大数据合集，随着对区块链技术的不断认可和了解，区块链也被应用在其他各个行业，实现对不同应用中数据的可信存储。图 5.5 给出了一个区块中所存储的信息。我们可以看到，一个区块头中存储的信息包括本区块的哈希值、上一区块头的哈希值、难度值、时间戳、随机数及 Merkle 根节点信息，随机数是区块链挖矿时填入响应的难度值获得的结果，Merkle 根节点存储了整个区块链中所有交易的验证值。下面简要介绍下区块链技术的核心原理及其机制。

5.4.1 P2P

区块链打破了传统 C/S 架构，采用了去中心化的对等网络（peer-to-peer，P2P）模式部署系统。在 P2P 中，没有绝对的客户端和服务器。相对于传统的 C/S 架构，

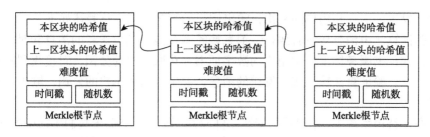

图 5.5　区块链头存储结构

P2P 中每一个用户节点既是客户端又是服务器，能同时作为服务器给其他节点提供服务。相比于传统集中式网络，P2P 存在以下优点。

（1）可扩展性。在 P2P 中，用户可以随时地加入和离开网络，随着用户节点加入的数量增多，系统的服务能力也得到提高。在区块链系统中，随着矿工节点的加入，系统的全局算力会得到提高，爆块的速度也会加快。

（2）健壮性。由于 P2P 不存在中心化的服务器，因此系统安全性大大增强，即使某个节点出现故障，也不会影响系统服务的运行，因为其他节点也可以作为服务端的提供者，这也决定了区块链技术具有较高的安全性。

（3）隐私保护。由于在 P2P 中，数据的存储分散在各个节点上，无须依赖于中心化的服务器，用户不会担心出现中央服务器权力过高的情况。这也是中本聪在设计比特币系统时的初衷：考虑到如果出现一种全球化的信息服务如数字货币，如果其后台服务器布置在某个国家或地区会导致其他国家及区域的不信任。而正是此特性，使得比特币全球化过程非常迅速。

（4）低建设费用。由于 P2P 采用的是分布式系统，不会出现一个巨大、单一的后台或数据中心。因为参与建设者共享软硬件资源，所以大大降低了网络的部署代价。可以想象，如果比特币这种全球化的大数据应用基于传统的 C/S 架构，则需要花费搭建一个非常庞大的不亚于如淘宝、12306 规模的建设成本。

（5）负载均衡。在 P2P 中，资源分散存储，因此，避免了传统中央服务器的资源过度调用的局面，解决了整个系统的性能瓶颈问题。

5.4.2　数字签名技术

数字签名是密码学中的一种技术，是一种只有消息发送者才能产生的数据摘要，从而可以实现对消息发送人真实性的有效证明。数字签名依赖于非对称加密技术及 PKI，一般包含签名和验证两个算法。

签名算法是由消息发送者执行，对所发送的字符串生成对应的签名。签名算法输入发送的消息和用户的私钥，输出用户的签名，形式化表述如下。

验证算法由消息接收者执行，消息接收者在接收到发送者的消息和对应的签名后，在证书服务器上检索用户的数字证书并获取用户的公钥，对接收到的消息进行验证。验证算法输入用户发送的消息、数字签名和用户的公钥，输出"是"或者"否"。

在比特币系统中，用户端的安装软件叫作"钱包"，类似于我们生活中的钱包，存放了很多银行卡，而比特币中的银行卡其实就是用户的公私钥对，对应一个地址，用来进行交易。区别于矿工节点、全节点，客户端软件只存储用户的相关信息如可用余额及交易记录等。在交易发生节点，钱包软件会对交易信息生成数字签名，随后矿工节点使用用户公钥验证签名有效性从而确认交易真实性，从而实现对交易的不可抵赖性。

5.4.3　哈希函数

哈希函数是一类具有以下三个性质的数学函数，一般使用 Hash() 或 H() 表示。①可以将任意长度的消息压缩成一个固定长度的输出值，其输出结果也被称为哈希值或散列值；②哈希函数是一类单向函数，也就是说算法可以在有限的时间内计算出哈希值，但是仅通过哈希值恢复原数据是有困难的；③防碰撞性，对于任意两个不同的数据块，其哈希值相同的可能性极小；对于一个给定的数据块，找到和它哈希值相同的数据块极为困难。

正是由于哈希函数的这些特性，其可以被应用在对数据的完整性进行检测等方面，用户可以针对数据块计算出其唯一对应的哈希值。由于哈希函数的不可逆，攻击者不可能对篡改后的数据块计算出一个伪造的哈希值来通过验证算法。在区块链中，哈希函数的一个广为人知的应用是工作量证明（proof of work，PoW）算法，也就是俗称的"挖矿"。先找到答案的矿工节点完成了工作量获得记账权，并使得其他矿工节点服从这一决定并达成共识，从而找到满足下列节点的值，使得区块链得以连接下去。由于哈希函数的单向性，矿工节点只能穷举破解而无有效的快速方法。

但是，需要注意下列一些特殊情况的出现。

如果在全球不同区域的两个节点同时挖矿成功，那么会出现两个新的子块尝试汇入主链从而造成"分叉"，并造成全球网络分叉。

此外，如果区块出现的时间过短，会出现一个子区块先于父区块达到存储节点，从而造成矿工无法立即将其装配至"主链"，出现"孤块"。孤块节点会被暂存在"孤块池"，直到其父节点被找到才被装配到"主链"上。

我们可以看到，"分叉"和"孤块"的出现和区块间隔过短有关。因此，比特币将区块间隔设计为 10 分钟，是在更快速的交易确认和更低的分叉概率间做出的妥协。更短的区块产生间隔会让交易清算更快地完成，也会导致更加频繁的区块链分叉。与之相对地，更长的间隔会减少分叉数量，却会导致更长的清算时间。

5.4.4　轻量级验证及 Merkle 哈希树

此外，我们知道哈希函数区块链为了避免大量区块存储的负担大及验证效率低，采用了一种被称为 Merkle 哈希树的数据结构（图 5.6）。Merkle 哈希树是一种哈希二叉树，叶子节点存储了交易的哈希值。两个叶子节点通过连接并计算哈希值得到父节点，从而得到根节点。在区块链中，由于每个区块存储了很多交易信息，如果对每个交易都通过哈希函数验证有效性，那么必然需要维护一个查找表来保存交易数据和对应的消息。当我们需要验证很多交易信息时，必然需要传输大量的哈希值。有没有可能只需要存储部分的哈希值就可以批量地对正确性进行验证呢？基于 Merkle 哈希树技术，只需要存储节点的邻居节点及其到根节点路径上的节点即可。在区块链网络中，钱包节点往往只存储和用户相关的交易信息的哈希值，而完整的交易信息一般会存储在区块链网络中的服务节点中，一般也被称为全节点。

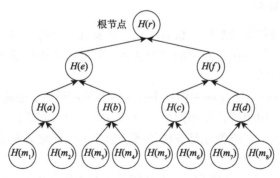

图 5.6　Merkle 哈希树

5.4.5　区块链在商务大数据中的应用

1. 数据资产交易

随着人工智能技术的发展，越来越多的应用依赖于大量的数据对模型进行训练。早期由于全社会对信息技术的陌生，对于数据资产的认识度不高，个人数据可以被随意地转让及售卖。随着《中华人民共和国数据安全法》的颁布，越来越多人对个人隐私数据的保护有了需求，并提出"数字资产"的概念，类似于传统的有形资产，凡是有价值的数据都会被称为资产。并且，数据资产的流通会受到法律及隐私需求的约束。

传统的数据管理主要依赖于传统的关系数据库，数据中心对用户的信息进行集中化存储，并利用传统的访问控制策略对数据安全进行授权。但是，这种模型只适合小规模的数据，扩展性差，无法适应大规模的数据管理。

随着区块链技术的发展，区块链已经不仅仅被应用于电子货币领域，更可以取代传统的关系数据库，对数据进行分布式存储[如星际文件系统（InterPlanetary File System，IPFS）]，可以有效避免中心化服务器的单点崩溃问题，同时区块链存在不可篡改、可溯源等特性，可以成为可信数据的良好载体。

在数据交易方面，目前主要存在两种不同的交易平台：一种是中心化的交易平台，另外一种则是去中心化的交易平台。在中心化的交易平台中，该模型的核心就是有一个中心的节点作为交易中心，所有的交易都必须通过这个中心进行交易，但是并不完全存在一个可信的中心系统。在基于区块链的数据交易系统中，可以使用分布式的可信节点组成交易系统，个人数据如基因等可被上链存储，实现对个人数字资产的溯源及安全管理。

2. 数字版权保护

网络时代使得传统的知识产权数字化迅猛发展，如电子书、数字化音乐、论坛帖子问答及短视频等都是新型的知识载体。但是各类知识的传播也带来了新的知识产权的相关问题。

（1）Web 2.0 时代的互联网用户不仅是内容的阅读者，还成了内容的制造者。在新模式下，网民由单纯地使用网络到对网络系统的共同维护。新模式下用户的随意删除和修改会造成原创作品非法传播、随意消除证据等现象，从而产生对版权侵权行为取证难等问题。

（2）传统的交易平台基于第三方托管及协调买卖等模式，过度依赖中心化机构的方式会造成处理效率低、成本高的问题，并且不可信第三方可能对作品进行缓存并重复销售，牟取利益。

国内互联网巨头也很早就在区块链版权技术上进行部署，如百度公司开发了百度图腾项目解决图片知识版权保护的问题，改善了该行业本身存在的确权成本过高、流程冗余繁杂、盗版行为普遍、维权难度大且变现模式相对单一等痛点问题；腾讯公司基于区块链技术提出了"领御"存证系统，获得可信区块链数字版权保护，杜绝数据篡改和伪造风险。

3. 数字艺术品

非同质化代币（non-fungible token，NFT）是一种独特的数字资产。2014 年，著名的加密艺术品网站 cryptoart.com 首先尝试将艺术品和加密货币联系起来，出售结合了纸钱包的艺术品，即作者将区块链的钱包公钥以二维码的形式打印在艺术作品上，并将私钥打印在反面。早期的爱好者尝试着将艺术品的信息写入比特币的空白处，从而达到对艺术品信息的存储。随着 NFT 技术的不断发展，人们意识到数字艺术溯源其实和其他基于区块链技术的溯源系统类似，只需要对艺术品版权相关的作者信息及作品描述等内容上链存储，并创建出许多 NFT 应用。

但是，在基于区块链的艺术品存证中，艺术品流通记录（art circulation record，ACR）具有以下特点。

（1）数据存储量大。ACR 数据往往包括文字记录和高清的图片信息，导致区块链节点存储量过大。

（2）数据安全问题。由于艺术品的投资属性，ACR 信息遭到黑客攻击篡改的可能性很大，应该采用更加安全的存储方式。

（3）数据存储周期长。艺术品由于年限问题，会有很长的存储周期，并且随着热度的提高，查询量会增多，因此对溯源效率提出了挑战。

5.5　商务大数据安全管理案例

本节主要介绍一个基于区块链的粮食大数据溯源系统。

粮食供应链是由粮食生产者及流通中涉及的如仓储企业、加工企业、运输企业、分销商及零售商和最终消费者组成的一体式的功能网络结构。传统的粮食溯源系统由于采用集中式的数据存储模式，中央服务器可以随意地篡改数据，因此无法实现可信的粮食溯源过程。另外，传统的溯源方式需要收集各个企业的所有数据，会造成企业的机密信息泄露。区块链技术特有的属性使其在隐私保护方面具有诸多优势，因而可被应用于粮食溯源领域。本节介绍了一个基于区块链的粮食大数据溯源系统案例。

5.5.1　需求分析

粮食大数据溯源系统涉及的数据持有方及流转环节非常广泛，主要包括以下角色及信息要素。

种植企业：为了保证在种植环节的可追溯性，种植企业需要记录种植过程相关的农资产品，包括种子、化肥、农药；在种植过程利用小型气象站、监控设备和土壤传感器等设备采集到的种植过程中的温湿度、光照质量、土壤水分含量等信息；采收产品的过程中，商品名、采收日期、采收地和采收人员等信息。

仓储企业：为了保证在粮食存储环节的可追溯性，在存储设施内的所有产品流动阶段（摆货、送上货台、发货等），都必须保存箱级或者托盘级别的贸易单元标识和批次记录。

加工企业：需要为不同产品（不同的商品名称／品种名称）或者是来自另一块田的产品，分配不同的批号。产品分级并包装为纸箱后，加工企业将向客户发送发货通知，发货通知上面将列出这批货物的托盘的物流标识以及各个托盘上产品的贸易标识和批号。

分销商：在分销环节，分销商负责接收所订购的货品及其相关的贸易项目识别码、批号、接收数量和日期信息，并将其保存在数据管理系统内，分销商已经将种植企业提前提供的批次信息与田地、加工厂或者产品生产信息相关联。

零售商：为了保证在分销商与零售企业之间的可追溯性，两家公司都记录产品的贸易项目识别码、批号和物流单元的流动信息。

针对以上实际需求，本粮食溯源系统具体上链数据列表如表5.3所示。

表5.3　粮食溯源系统上链数据及隐私保护需求表

环节	事件	上链数据	隐私数据
零售商	产品入库	产品名及编码、零售商识别码、物流码、交易码、批号、交易日期、交易地址	数量
	产品购买	销售人员编号、订单号、贸易项目识别码、序列号、商品名、数量、支付方式、订单金额、零售商地址	无
分销商	产品入库	发货人识别码、物流单号、贸易单号、商品名/品种名、产地、等级、发货位置、发货日期	数量
	产品信息	包装工人编号、物流编号、包装时间、包装地点	无
	物流信息	发货人编号、物流编号、贸易项目识别码、批号、商品名、发货位置、发货日期	数量
	分销数据	买家名称、企业联系人、采购订单号、商品名、买家地址、订单时间、交货时间	数量
加工企业	原料接收	发货人编码、物流编号、商品名/品种名、产地、发货位置、发货日期	数量
	原料加工	批次、商品名、产地、等级、年份、温度、消毒、加工设备、添加剂种类、添加剂用量等	重量
	产品包装	贸易编码、产品序列号、商品名、商品描述、企业识别代码、产地、等级	重量

续表

环节	事件	上链数据	隐私数据
加工企业	下游购买	买家企业名称、企业联系人、采购订单号、商品名、等级、买家企业地址、订单时间、交货日期	数量
	产品运输	发货人编号、物流编号、贸易编号、批号、商品名、产地、等级、发货位置、发货日期	数量
仓储企业	确认接收	货车信息、发货时间、发货人员、货车所属企业名称和企业识别码、货车负责人及联系方式	无
	原粮入库	批次、商品名、产地、等级、入库时间、入库员、货位编码	数量
	下游购买	企业联系人、买家企业名称、商品名、产地、等级、买家企业地址、订单时间	数量
	原粮出库	出库操作员、货位编码、批次、商品名、产地、等级、出库时间	数量
	物流信息	发货人编码、物流编码、商品名/品种名、产地、等级、发货位置、发货日期	数量
种植企业	农资购买	肥料商品名、种子商品名、农药商品名、购买时间	农资产品信息及购买时间
	种植环节	种植者、土地信息、播种时间、气象数据、温湿度信息等	土地所有者信息
	收割环节	土地信息、收割者、粮食品种及数量、收割时间	土地所有者信息
	下游购买	买家编号、商品名、品种、等级、数量	买家企业等信息
	物流信息	货车、发货时间、发货人	货车所属企业，货车负责人信息

5.5.2　网络架构设计

根据以上分析，粮食溯源系统可建立在 Kademlia（卡德米利亚）分布式对等网络及以太坊上，对粮食供应链数据提供行存储、验证及用户数据查询服务。相比于传统的中心化的溯源系统，可采用"Blockchain[①]+IPFS+DB[②]"架构，没有中心化的服务器，以节点为单位对用户的数据上传和数据查询需求作响应。系统架构图如图 5.7 所示。

---

① Blockchain，区块链。

② DB，database，数据库。

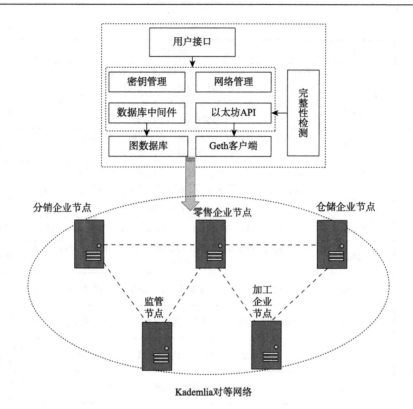

图 5.7　基于区块链的粮食溯源系统架构图

考虑到在区块链网络中不同角色的数据权限要求，本系统对不同参与方定义以下角色及权限。

数据提供者节点：数据提供者节点不加入区块链网络，一般为企业节点。如果企业规模较小，不具备搭建数据提供者节点的能力，可以将数据上传的任务委托给与之关联的数据创建者节点；如果企业规模较大，具备加入区块链的能力，可以独立成为一个数据创建节点，加入到去中心网络中。

数据查看者节点：数据查看者节点不加入区块链网络，一般为消费者节点或监管单位。数据查看者节点可以通过系统建立的用户交互模块查询区块链网络中的数据持有者数据，对购买产品的信息进行溯源。

数据持有者节点：数据持有者节点加入区块链网络，一般为企业节点。一个企业既可以作为数据提供者节点也可以作为数据持有者节点加入区块链骨干网络。数据持有者节点为整个系统的核心，作为数据持久层的参与者，共同维护整个系统的数据存储。

5.5.3　数据存储设计

（1）粮食供应链上参与主体众多，交易的数据量非常大，全部存储到区块链上将会是一笔非常大的开销，因此需要通过额外的数据库进行辅助存储。那么在考虑使用哪种数据库进行辅助存储时，有以下几个选项：关系数据库、非关系数据库（如文件存储、键值存储等），但是它们并不能很好地提供对供应链这种互联数据的支持。

（2）可以看出粮食供应链的追溯数据，产品、参与者、位置、事件之间是相互关联的，将产品、参与者、位置、事件看作节点，并利用带有方向的边来对不同实体之间进行绑定，容易构建出来供应链内部复杂的关系。而 Neo4j 图数据库可以将关系信息作为信息储存的一等实体，内置的优化的图形算法可以提供高性能的快速遍历，数据模型创建灵活，并且图形的扩展和修改操作成本低。因此，可以采用 Neo4j 图数据库存储关键上链信息之外的额外信息。

（3）数据完整性模块设计，使用远程数据完整性检测算法，对数据提供者上传的数据进行完整性和一致性检验。当数据检查没通过，可以通过 Node 服务模块向用户交互模块进行反馈错误，当数据检查通过后，可以通过 Node 服务模块进一步进行数据持久化操作，以及将数据加密哈希值（数据指纹）存储到区块链节点中。

（4）隐私保护需求，为防止区块链账本增长过快及数据隐私泄露，本系统在上链存储的时候仅需将用户信息的哈希值上链存储，而具体信息可以存储在各个企业自己的链外服务器上。为了与区块链特性兼容，采用 IPFS 作为链外数据库。

第6章 商务大数据知识表示

6.1 多粒度电子商务实体构建模式

电子商务通过信息技术手段，包括计算机技术、互联网技术以及远程通信技术等，共享商务信息，从事商品交易，实现企业和企业、企业和个人、个人和个人业务流程的电子化，从而促进供应商、客户和物流之间高效快捷地从事交易活动。电子商务全流程包括生产、库存、流通和资金等各个环节。电子商务的主要实体和相互关系如图6.1所示。各大电子商务平台给网络店主提供销售平台，从而给顾客提供多种多样、适应不同层次需求的商品；供应商提供了商品的主要来源，并根据网络店主和电子商务市场的反馈，及时更新和更改商品的属性；顾客通过支付系统，即电子银行，完成与网络店主的商品交易，并由网络店主联系合作的物流企业，提供商品的配送服务，同时网络店主结合电子商务网络平台和供应商提供完善的售后服务；整个流程由商务监督机构，包括国家市场监督管理总局、国家税务总局以及中国人民银行等，全程进行监管，保障电子商务市场有序、稳定、高效地发展。

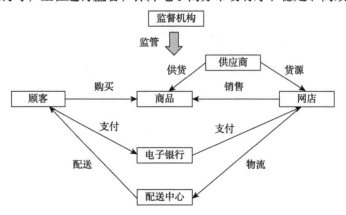

图 6.1 电子商务不同实体及其关系

6.1.1　多粒度电子商务实体类别

从图 6.1 中可以看出，电子商务主要由六大实体组成，分别是顾客、网店、商品、供应商、电子银行以及配送中心。根据实体的不同属性，六大实体又可以细分为不同粒度的子实体。细分为不同粒度的实体，不仅可以为实体的精准表示奠定基础，如实体的链接和关系抽取等，此外也可直接为电子商务系统中推荐和欺诈识别等下游应用提供相应的帮助。本节以顾客和网店为例，着重讲述该实体的细分方法。

对顾客来说，细分的方法通常有两种，即根据顾客自然属性和顾客消费行为来细分。其中，顾客自然属性多种多样，包括性别、年龄、学历、地理位置等。不同的自然属性对电商平台进行有针对性的营销具有重要的指导性。例如，从北京电子商务网购用户的调查研究中发现[①]，女性占比较大，为 67.8%，男性占比 32.2%。从网购金额看，女性网购金额占比为 64.9%，男性占比 35.1%。但是男性比女性更倾向于运用网络搜寻产品和服务的信息，男性网民的网上交易次数一般是女性网民网上交易次数的 2.4 倍，但是男人和女人对电子商务网站的评价没有显著差异。从年龄分组看，近六成用户年龄在 30~49 岁。该群体网购金额占比为 69.1%，其中 30~39 岁用户占比为 45.5%，40~49 岁用户占比为 23.6%。从学历分布情况看，高学历群体更喜爱网购。初中及以下、高中、大专、大学本科及以上学历的网购用户比例分别为 7.6%、19.1%、23.0%和 50.3%，网购金额占比分别为 3.3%、11.8%、20.3%和 64.6%。顾客在电子商务平台中消费的行为对平台的运营起着关键重要的作用，平台可以根据顾客的消费时间段、购买商品的价格区间以及顾客在平台的活跃程度来细分。例如，经常性浏览电商网站的顾客通常不反感平台的广告营销，即可加大广告的推送力度；顾客喜欢在深夜购物的，可有针对性地在该时段进行商品的推营等。

对网店来说，可以按网店所销售的商品来划分为不同类。例如，根据商品的种类，可以划分为服装店、食品店以及数码产品店等；根据商品面向的不同群体，可以划分为女装店、男装店以及母婴店等；根据商品的销售方式，可以划分为纯线上销售和拥有线下实体店的线上线下一体店等；根据 2022 年 11 月消费新闻网报道[②]，淘宝热销类目排名前十的有：女装/女士精品、美容护肤/美体/精油、

---

① 中商情报网. 2020 年北京电子商务网购用户群体行为调查分析.（2020-06-04）[2023-09-27]. https://www.askci.com/news/chanye/20200604/1733591161442.shtml。

② 消费新闻网. 淘宝热销产品有哪些？淘宝销量前十名类目是哪些？.（2022-11-11）[2023-09-27]. http://finance.xjche365.com/jinrong/20221111/112022_160142.html。

酒类、户外/登山/野营/旅行用品、网络设备/网络相关、螺旋藻/藻类提取物、保健品/膳食营养补充剂、住宅家具、女士内衣/男士内衣/家居和零食/坚果/特产。网店的类别标签通常影响着网店及其商品的曝光率和点击率，同时也是电商平台构建搜索引擎和推荐系统的重要参考要素。

6.1.2　电子商务实体识别

电子商务的快速发展带来了海量的电子商务数据，依靠人力来进行实体的识别和分类费时耗力，为此，如何通过信息技术的手段识别电子商务数据中的实体显得尤为重要。同时，实体识别的准确度，决定了下游任务（包括商品的检索、推荐系统以及客服的问答系统等）的效果。在电子商务系统中，实体的识别不仅包括实体的名字，还应包括实体的类别、实体的属性以及其他一些相关系统构成，如对商品苹果手机来说，识别的实体内容应当包括，实体名为苹果/手机；类别为数码产品；属性为内存、版本号和价格等。但是，不同的电子商务网站有不同的系统架构，缺少统一的模式表示，商品的描述千差万别，数据质量也参差不齐，极大地影响了实体识别的性能。目前，实体的识别主要存在以下几个难点：实体的界定难、实体的标注缓慢以及实体之间存在歧义。实体的界定是指一句话中实体的开始位置和结束位置，如"iPhone 11"这个商品是识别为"iPhone"还是"iPhone 11"？实体的标注缓慢主要由于互联网上网络用语的不断涌现，导致实体的标注覆盖不全。实体的歧义主要体现在两个方面，第一，实体存在多词同义的情况；第二，同一个实体具有不同的含义，如"苹果"不仅可以表示水果也可以表示手机。为解决实体识别的问题，学术界和工业界提出了大量的方法，主要包括以下三种：基于规则和词典的方法、基于统计的机器学习模型以及基于深度学习的模型，如图 6.2 所示。

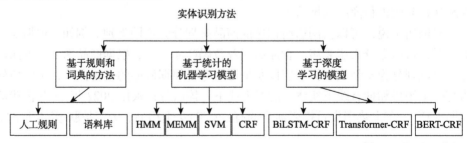

图 6.2　实体识别方法分类

基于规则和词典方法的主要思想是匹配预定义好的模板，即基于专家人工构造的模板，如实体词的构词规律和高频上下文词，继而再从文本中寻找匹配这些模板的字符串，使用的技术是正则表达式。由于此类方法过多地依赖于知识库和词典的构造，且需要人工操作，可操作性较低且可移植性不高，即不同领域需要不同的知识库，不同的知识库的建立需要专家花费大量的时间，代价太大。公开数据集中，基于中文的语料有包括来自中国新闻、政府文件、杂志文章和在线博客的约 150 万字组成的中文树①；其他语言的语料库包括有超过 500 000 封标有姓名、日期和时间的电子邮件的安然电子邮件语料库②；由 1 745 000 个英语、900 000 个中文和 300 000 个阿拉伯语文本数据组成的，包括电话交谈、新闻专线、广播新闻、广播对话和网络博客的 OntoNotes 语料库③。

　　基于统计的机器学习模型旨在通过大量带标签的语料，即给实体打上具有类别的标签，从而构建基于机器学习的多分类任务或序列标注任务。常用的基于统计的机器学习模型包括：基于概率图模型的隐马尔可夫模型（hidden Markov model，HMM）和最大熵马尔科夫模型（maximum entropy Markov model，MEMM）以及支持向量机（support vector machine，SVM）、条件随机场（conditional random fields，CRF）等。

　　近年来，深度学习技术得到快速发展，尤其是在自然语言处理领域，涌现出一大批通过神经网络来构建词向量，从而来表示词语的深度学习模型。该类模型一方面解决了高纬度向量空间带来的数据稀疏问题，另一方面词向量本身也比人工选择的特征包含更多的语义信息，而且该方法可以从异构的文本中获取统一向量空间下的特征表示[1]。常用的基于深度学习的模型包括：BiLSTM-CRF（bidirectional long short-term memory network-conditional random fields，双向长短时记忆网络–条件随机场）模型、Transformer-CRF（变换器–条件随机场）模型以及 BERT-CRF（bidirectional encoder representations from transformer-conditional random fields，基于变换器的双向编码器–条件随机场）模型等。

　　开源的中文分词工具包括 Jieba、SnowNLP、PkuSeg、THULAC、HanLP、FoolNLTK、哈工大 LTP 以及斯坦福大学的 CoreNLP。其中，THULAC（THU Lexical Analyzer for Chinese）是由清华大学自然语言处理与社会人文计算实验室研制推出的一套中文词法分析工具包，具有中文分词和词性标注功能。清华大学的 THULAC 集成了目前世界上规模最大的人工分词和词性标注中文语料库（约含 5800 万字），基于该分词工具，在标准数据集 Chinese Treebank（CTB5）上分词的 F1 值可达 97.3%，词性标注的 F1 值可达 92.9%，且能同时进行分词和词性标

---

① https://catalog.ldc.upenn.edu/LDC2013T21。

② http://www.cs.cmu.edu/~enron/。

③ https://catalog.ldc.upenn.edu/LDC2013T19。

注，速度快，每秒可处理约 15 万字。

6.2　多类别电子商务实体关系抽取

在电子商务领域中，存在着多种实体，不仅同类型的实体之间存在着显式或隐式的关系，而且不同类型的实体之间也同样存在着显式或隐式的关系。关系主要通过两种方式抽取，即从结构化的信息存储中抽取关系以及从无结构化存储中抽取关系。在海量的电子商务数据面前，依靠人工手动提取关系显然已不太现实，为此，如何通过信息技术手段提取关系显得尤为重要。目前，大量研究人员基于机器学习以及深度学习等技术，从无结构化的信息，包括文本、图片以及语音等中抽取出格式统一的实体关系，并将分析出的多个实体之间的语义关系和实体进行关联，这为电商平台的搜索引擎系统、推荐系统以及自动问答系统提供了巨大的支撑。

6.2.1　多类别电子商务实体关系

顾客、商品、网店是电子商务中的三大实体，他们之间的交互带来了复杂的关系网络，如图 6.3 所示。首先，同一类型实体之间存在多类别的关系，顾客之间可以互相关注形成好友关系，某一顾客可以回复另一个顾客在商品评论区的留言；同类型的商品之间存在竞争关系，如可口可乐和百事可乐，不同类型的商品之间也存在着互补的关系，如牙刷和牙膏；网店之间也存在着类似商品的竞争关系和合作关系。其次，不同类型的实体之间也存在多类别的关系，顾客可以购买某种商品形成购买关系，购买后会对相应商品进行打分和评论，从而形成打分和评论关系；顾客认为某网店销售的商品对自己具有较大价值，如该网店有顾客经常用到的商品或者特别喜欢的商品，则顾客和网店之间会形成收藏关系；同时，若顾客对某种商品存在观望状态，如认为该商品会降价或者暂时不需要，则会将其放入购物车，以待之后方便获取。以上两类都是基于隐式的关系抽取。最后，还有一类基于隐式的关系抽取，包括通过顾客和顾客之间的隐式好友关系、通过商品标题隐式抽取商品子类和父类的关系以及通过评论内容抽取商品之间的隐式关系等。

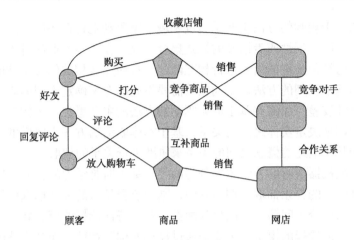

图 6.3　顾客、商品和网店之间的复杂关系示例

6.2.2　电子商务实体关系抽取

在电子商务系统中，显式的关系比较容易获取，如顾客之间的好友关系可通过 HTML 技术、XML 等技术解析顾客的资料页面来确定。然而，对于隐式的关系，特别是基于评论文本中隐藏的关系，如顾客在购买商品的评论和与客服的对话中，通常会提及该商品的优缺点、商家服务、物流服务等，如何挖掘这种不同商品之间，商品与商家以及物流之间的关系对提高电子商务的检索系统、推荐系统以及客服的问答系统性能起着至关重要的作用。为此，本节将着重介绍基于文本的关系抽取技术。目前，工业界和学术界主流的关系抽取技术如图 6.4 所示。主要分为三大类，即类似于实体识别的基于规则的方法、基于传统机器学习的方法以及基于深度学习的方法。

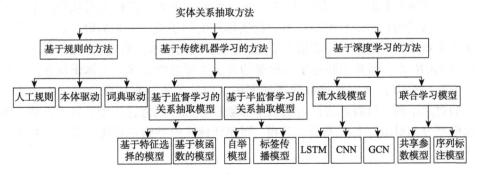

图 6.4　实体关系抽取方法分类

LSTM（long short term memory，LSTM）；GCN（graph convolutional network，图卷积网络）

早期的基于规则的方法主要是通过领域专家手动地构造规则。这些规则通常由若干基于词语、词性或者语义的模式集合构成。在关系抽取的过程中，将定义好的规则与已经预处理的语句进行相互匹配，从而完成相关的关系抽取。类似于实体识别的基于规则的方法，不同领域需要不同的专家确定不同的规则，导致这种方法移植性较差；而那些基于词典驱动的方法的主要思想在于构建词典中的动词，通过动词来决定实体之间的关系；基于本体驱动的方法主要借助已有的本体层次结构和其所描述的概念之间的关系来协助进行关系的抽取。

基于传统机器学习的方法主要分为两类：基于监督学习的关系抽取模型以及基于半监督学习的关系抽取模型。其中，基于监督学习的关系抽取模型，是将关系抽取任务当作分类问题，可以分为两类：基于特征选择的模型和基于核函数的模型。基于特征选择的模型，主要是通过显式的构造特征，而基于核函数的关系抽取模型则是通过核函数隐式地计算特征向量之间的内积。基于监督学习的关系抽取模型的最大问题在于需要大量的带有标签的训练语料，而这种标签的构造代价偏大。基于半监督学习的关系抽取模型，是利用少量的带有标签的语料去更新没有标签的语料，从而抽取相对应的关系。例如，自举模型首先确认少量的关系种子类型，通过不断迭代的方法自动地从大量训练语料库中获取抽取模板和新的关系实例；标签传播模型基本思路是用已标记节点的标签信息去预测未标记节点的标签信息。该算法将分类问题看作标签在图上的传播，所有实体看作图中的节点，实体对之间的关系看作边。但是该方法的不确定性较高，不适合关系类别特别复杂的文本数据[2]。

近年来，随着深度学习技术在图像以及自然语言处理领域的广泛应用，其逐渐成为关系抽取的研究热点。基于深度学习的方法的关系抽取，主要能将低层特征进行组合，形成更加抽象的高层特征，从而可更好地表示单个词、句子以及文档，可减少人工选择特征带来的误差和工作量。该类方法可分为两类，即流水线模型和联合学习模型。基于流水线模型的方法进行关系抽取的主要流程可以描述为：针对已经标注好目标实体对的句子进行关系抽取，最后把存在实体关系的三元组作为预测结果输出。比较常用的流水线模型包括 CNN、LSTM以及 GCN 等。而基于联合学习模型的方法主要思想是建立实体识别和关系分类的联合模型，从而直接抽取不同实体之间的关系。根据联合学习方法中建模的对象不同，可将此方法分为共享参数模型和序列标注模型。其中，共享参数模型分别对实体和关系进行建模，而序列标注模型则是直接对实体关系进行建模[3]。

6.3　多层次知识表示模型

6.1 节和 6.2 节着重介绍了电子商务系统中的两大关键要素，即实体及其关系，如何挖掘这两个要素，继而为下游任务提供有效的知识表示，对电子商务系统中的搜索引擎系统、推荐系统以及自动问答系统起着至关重要的作用。实体的属性由文本构成，尤其是关于商品的描述、评论等信息，而关系可以描述为网络结构。基于此，本节从基于自然语言处理技术的文本表示和基于关系网络的表示模型出发，介绍电子商务系统中的知识表示模型。

6.3.1　基于自然语言处理技术的知识表示模型

早期的文本知识表示主要采用符号化的离散表示。其中，词通过独热编码将一个词表示成一个向量，该向量的长度是词的总个数。在该向量中，当前词所在的位置为 1，其余为 0；句子则可以通过词袋模型、TF-IDF（term frequency-inverse document frequency，词频–逆文档频率）模型等方法进行转换。但由于独热编码仅仅是将词符号化，不包含任何语义信息和距离信息，如经过独热编码的向量计算其余弦距离则都为 0，同时该编码方式导致数据稀疏，影响下游任务的性能。

而文本的分布式表示是基于一种分布式假设，即如果两个词的上下文相似，那么这两个词也是相似的。这种基于上下文的假设可通过共现矩阵来实现，共现矩阵描述的是在同一个上下文中共同出现的次数，基于共现矩阵，有很多方法来得到连续的词表示，如潜在语义分析（latent semantic analysis，LSA）模型、潜在狄利克雷分配（latent Dirichlet allocation，LDA）模型、奇异值分解（singular value decomposition，SVD）等。基于此，分布式表示通过将单词表示为低维稠密的实数向量，进而捕捉单词间的关联信息。该表示方式可在低维空间中高效计算单词间的语义关联，有效解决数据稀疏问题[4]。通常来说，文本的分布式表示可以分为两类：基于以上所提到的矩阵分解的方式来进行分布式表示的模型和基于深度学习的分布式表示的模型。

早期的基于深度学习的分布式模型是基于神经网络的概率语言模型（neural probabilistic language model，NPLM），该模型按以下公式来构建单词序列 $[w_1, w_2, \cdots, w_n]$ 的概率。

$$p(w_1, w_2, \cdots, w_n) = \prod_{i=1}^{n} p(w_i \mid w_1, w_2, \cdots, w_{i-1})$$

其中，$p(w_i \mid w_1, w_2, \cdots, w_{i-1})$ 为给定一系列前置词语 $w_1, w_2, \cdots, w_{i-1}$ 的情况下，计算一个词语 w_i 的概率。

该模型直接通过一个神经网络结构对其进行建模求解，如图 6.5 所示。基于此，为了提升训练效率和适应更大规模的数据，研究人员在训练的过程中生成一个局部的上下文窗口，从而构造了基于浅窗口的 Word2Vec 模型，包括两类算法，即 skip-gram（跳词）和 CBOW（the continuous bag-of-words model，连续词袋模型）算法。其中，skip-gram 模型中主要是使用中心词预测上下文单词；而 CBOW 模型主要是通过上下文单词预测中心词。基于浅窗口的算法虽然在模型效率上有一定的提升，但受限于窗口的大小，未能利用全局信息。为此，全局词向量表示（global vectors，GloVe）模型结合了基于矩阵和浅窗口的优势，既利用了语料库的全局统计信息，也利用了局部的上下文特征。

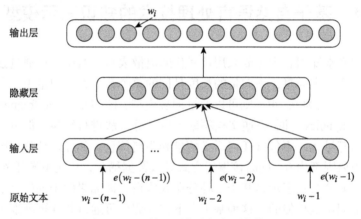

图 6.5　基于神经网络的概率语言模型

6.3.2　基于关系网络的知识表示模型

电子商务系统中，不仅是同一类型实体之间存在着交互，不同实体之间更是存在着复杂的交互，如何将这种交互建模使之更好地为电子商务系统提供支撑是本节的重点，如一个基于图的学习系统能够利用用户与商品之间的交互做出非常准确的推荐。电子商务系统中存在着海量的数据，即海量的实体和复杂的关系，这种数据结构呈现出高度的非线性结构并具有严重的稀疏问题。基于此，本节着重介绍从网络嵌入或者图嵌入的角度出发的电子商务关系网络的知识表示模型。图嵌入可以看作一个降维的过程，即通过低维向量来表示高维图。目前，工业界和学术界的基于图嵌入的知识表示方法可以分为以下三类：基于因子分解的方法、基于随机游走的方法以及基于深度学习的方法。

　　早期的基于图嵌入的知识表示方法大都是基于因子分解的方法。该类型的方法通过节点之间的连边构成邻接矩阵，再对该矩阵因式进行分解，从而降维以获得向量的低维表示。同时，基于该邻接矩阵，可以衍生出拉普拉斯矩阵、概率矩阵，以及相似度矩阵等，对于不可以用特征值分解的矩阵，如半正定矩阵等，可通过梯度下降法获得降维表示。相关的算法包括拉普拉斯特征映射（Laplacian eigenmaps）算法、结构保存嵌入（structure preserving embedding）算法以及图分解（graph factorization）算法等。

　　基于随机游走的方法主要思想是给定一个起始节点，随机选择一个邻居节点，走到该处后再随机选择一个邻居，重复多次。其中，DeepWalk 算法采用 Word2Vec 算法的思想，通过将节点视为单词并生成短随机游走作为句子，接着通过 skip-gram 神经语言模型，获得图的嵌入。此类算法结合了局部信息与高阶领域信息，且由于只需要考虑随机游走的节点，不需要考虑全局信息，效率高。Node2Vec 算法是 DeepWalk 算法的变种，针对的是带有权重的图，引入了 alias sampling（别名采样）的方法对带权图进行随机游走，并结合了广度优先算法和深度优先算法获得局部和全局的网络信息。其他一些变种包括网络的分层表示学习、walklets（游走嵌入）以及适用于异构网络的 Metapath2vec 等。

　　近年来，深度学习在欧氏空间数据上取得了巨大的成功，如图像、视频以及文本等，但是，深度学习技术却比较少应用于图结构。为此，本部分着重介绍基于深度学习的图神经网络在图表示上的算法，包括结构化深度嵌入（structural deep network embedding，SDNE）、GCN 以及变分图自动编码器（variational graph auto-encoders，VGAE）等。其中，SDNE 使用深度自动编码器来保持一阶和二阶网络邻近度，模型由两部分组成：无监督和监督。前者包括一个自动编码器，目的是寻找一个可以重构其邻域的节点的嵌入。后者基于拉普拉斯特征映射，当相似顶点在嵌入空间中彼此映射得很远时，该特征映射会受到惩罚。GCN 通过在图上定义卷积算子，迭代地聚合了节点的邻域嵌入，并使用在前一次迭代中获得的嵌入及其嵌入的函数来获得新的嵌入。仅局部邻域的聚合嵌入使其具有可扩展性，并且多次迭代允许学习嵌入一个节点来描述全局邻域。VGAE 采用了 GCN 编码器和内积译码器，输入是邻接矩阵，它们依赖于 GCN 来学习节点之间的高阶依赖关系[1]。

---

① https://cloud.tencent.com/developer/article/1610049。

6.4　商务大数据知识表示案例

随着互联网的不断发展，电商行业在这几年也飞速进步，并且随着不断地更新，基于社会网络的社交电商慢慢地深入人们的生活。在社交网络平台，不法分子雇佣大量网络水军从事违法活动已经形成成熟的产业链。网络水军通过大量虚假账号，传播虚假信息和"阴谋论"，影响公众情绪，扩大雇主的社会影响力，实现其不正当的意图。此外，水军通过在社交平台，对某个事件或者商品进行恶意评价，从而进行不正当竞争，导致相关人员名誉受损，相关低劣产品的恶意营销严重影响了正常的社会秩序和网络环境。为此，打击以网络水军为主体，以社交网络为平台，进行欺诈等活动的违法行为具有重要的社会意义和商业价值。

在社交网络中，用户与用户之间因为共同兴趣爱好、共同朋友和共同工作单位等原因，构建了以用户为中心的社交关系圈，这种社交关系蕴含着丰富的用户信息。相较于正常用户而言，网络水军的关注和粉丝比例严重不协调，并且网络水军的社交关系圈中异常用户的比例也非常高。基于社交关系的网络水军检测，不仅能够识别单个网络水军，还能够发现网络水军的团体，大大提升了网络水军检测效率。已有利用社交关系进行网络水军检测的研究，通常考虑的关系类型比较单一且只针对同构网络，即大部分只考虑共同评论网络，本节研究从多种关系出发，即评论、点赞和转发等，构建用户、评论以及事件之间的异构网络，其中事件可由社交网络中自带的话题构成或者经由主题模型抽取的话题取代，并融合三方特有的属性信息，构建如图 6.6 所示的异构网络。本节基于此网络，挖掘显式的关系特征用以刻画网络水军在网络中传播的区分性。同时，对隐含在网络关系中的特征，尤其是网络水军与网络水军之间为避免"一窝端"，通常不存在直接联系，通过图嵌入和图神经网络等技术，将不同类型关系抽象成图表示任务，进而挖掘网络水军的隐式特征。

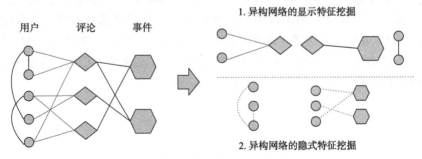

图 6.6　基于异构网络的关系特征挖掘

　　异构网络的显式特征挖掘：依据用户、评论以及事件三方的显式特征，结合显示的网络结构，针对不同类型的关系构建新的网络关系特征统计量，并运用对比实验和计量统计学的方法对新的统计量进行有效性的评估。

　　基于内容和用户行为特征的水军检测方法，易于被水军利用从而掩饰其恶意用途，但是基于网络关系构建的特征具有一定的稳定性，其特征不易被掩饰。为此，本部分拟从不同的网络关系出发，构建区分性以及稳定性更好的特征。本项目从用户的不同操作方式出发，即点赞、评论、转发等，构建显式特征，主要通过以下两种方式：①针对已有的社交关系网络，即用户好友关系网络，基于网络的指标，如出入度、团、密度等构建相应的网络特征；②针对不同的操作方式，构建对应的共同网络，如基于点赞，若两个用户同时点赞某条评论，则两者之间形成一条边，以此构建同构网络，进而基于这种网络，基于统计量构建关系型指标，如两个用户点赞相同评论的比例等。最后通过对比试验和计量统计等方法在真实数据集上验证特征的有效性和显著性。

　　异构网络的隐式特征挖掘：基于显式网络结构的统计量还不能完全表示出网络水军的特征。为此，欲基于随机游走模型构建用户与用户、用户与事件之间的隐式关系，并通过图表示技术挖掘相关的隐式特征。已有的研究偏向于用户和评论之间的关系，而用户和事件是真正的利益关系体，通过分析用户和事件的关系更能精准鉴别网络水军。为此，欲建立用户与用户、用户与事件的隐式关系，从而获取其特征表示。已有研究中大部分都是基于同构网络，即网络中只有一种实体，而本项目的异构网络包含三种实体，拟基于两种方式来表示隐式特征：①通过多级随机游走的方式，将异构网络转化为同构网络，进而以同构网络中的 DeepWalk 模型、图神经网络以及图嵌入等模型构建特征表示；②定义异构网络中具有一定语义的不同元路径并以此设计随机游走，如 U 表示用户、R 表示评论、E 表示事件，则元路径 "URE" 表示一个用户评论了属于某个事件的评论，元路径 "URERU" 表示两个用户都评论了同一事件的同一个评论，最后拟通过文本模型，如 CBOW 或者 skip-gram 等构建异构网络的异构特征表示。

参 考 文 献

[1] 刘浏, 王东波. 命名实体识别研究综述[J]. 情报学报, 2018, 37（3）: 329-340.

[2] 李冬梅, 张扬, 李东远, 等. 实体关系抽取方法研究综述[J]. 计算机研究与发展, 2020, 57（7）: 1424-1448.

[3] 鄂海红, 张文静, 肖思琪, 等. 深度学习实体关系抽取研究综述[J]. 软件学报, 2019, 30 (6): 1793-1818.

[4] 孙飞, 郭嘉丰, 兰艳艳, 等. 分布式单词表示综述[J]. 计算机学报, 2019, 42 (7): 1605-1625.

第7章 商务大数据知识融合

7.1 语义提取和语义关联

知识图谱本质上是一种语义网络。语义已经是一个被滥用的词语，什么是语义，各人有不同的理解。语义网是大数据时代人工智能的一个应用，具体地说，是知识表达与推理的应用，其后端的理论支撑是描述逻辑和模态逻辑。语义网的出现使得网络正在从文档网络演变为数据网络。网络上的内容从只是人类可读的文本，转变到一种计算机可以接受的用于描述知识的数据结构，这是一项重大的转变。大量的机器可读、三元组结构的语义数据使越来越多的智能应用成为可能。其中，现代的 Web 搜索引擎利用语义数据来提高搜索的准确性，并通过直接和丰富的答案来增强其搜索结果。本节基于语义网的知识表示框架，介绍了一些语义提取和语义关联技术，并对现有的语义关联排名技术作了评估。

7.1.1 RDF 的子图匹配算法

RDF（resource description framework）即资源描述框架，是 W3C 制定的用于描述实体/资源的标准数据模型。在知识图谱中，我们用 RDF 形式化地表示三元关系[subject（主语），predicate（谓语），object（宾语）]。

针对复杂查询，现如今的研究大多不能有效解决多个三元组查询带来的多个连接问题，这些问题会严重影响查询效率。同时，查询这些知识库通常是使用结构化查询来完成的，这些查询使用的是图形模式语言，如 SPARQL 协议和 RDF 查询语言（SPARQL protocol and RDF query language）。然而，这种结构化查询需要用户提供一些专业知识，这限制了对此类数据源的访问。为了克服这个问题，必须支持关键字搜索。本节介绍了一种 RDF 图上关键字查询的子图匹配算法。

第一步是检索与用户关键字查询匹配的子图集。为了避免检索任意长的子图，我们将检索到的子图限制为具有以下两个属性。

（1）子图应该是唯一的和最大的。也就是说，检索到的每个子图不应该是检索到的任何其他子图的子集。

（2）子图应该包含匹配不同关键字集的三元组。也就是说，同一子图中的三元组不会匹配完全相同的关键字集。如果两个三元组匹配同一组关键字，则它们是用户查询的两个不同可能结果的一部分，应视为两个独立子图的一部分。

算法如下。

（1）给定一个查询 $q=\{q_1,q_2,\cdots,q_m\}$，将其表示成关键字的集合。

（2）我们的子图检索算法首先检索与查询关键字匹配的所有三元组的列表。

（3）我们利用反向索引来检索列表 $\{L_1,L_2,\cdots,L_m\}$（L_i 是匹配 q_i 的所有三元组的列表）。

（4）在 $\{L_1,L_2,\cdots,L_m\}$ 中找出所有的唯一三元组（unique triples），将它们构成一个集合 E。集合 E 可以看作一个非连通图，我们称之为查询图。

（5）调整回溯算法从查询图中检索子图。

RDF 中的子图匹配算法，是语义提取和语义关联的重要部分，在绝大部分语义网的应用中都是不可回避的问题。这部分的具体研究涉及很多图论相关的知识，在这里不过多讨论。

7.1.2　知识图谱关键字搜索算法

我们的知识库由一组 SPO 三元组[①]组成，为了能够处理关键字查询，我们为每个三元组构造了一个虚拟文档。包含从三元组的主语和宾语中提取的一组关键字，以及谓词的代表性关键字。

给定一个关键字查询，我们使用反向索引为每个查询关键字检索匹配的三元组列表。然后，我们根据主题和对象将不同列表中的三元组连接起来，以检索具有一个或多个三元组的子图。

但是，我们只构造包含来自不同列表的三元组的子图，对应于不同（组）关键字的匹配。这背后的直觉是，我们假设用户心中有一个精确的信息需求，可以使用一组三重模式精确地表示出来。由于关键字查询引入了在结构化三元组模式查询中不存在的额外歧义，因此结果排序变得非常重要。为了提供有效的排序，系统必须推断用户心目中最可能的结构化查询，并根据子图与此隐式结构化查询的匹配程度对其进行排序。

---

① 指包含主语（subject）、谓语（predicate）、宾语（object）的三元组。

7.1.3　语义关联排名技术

在电子商务等许多领域都需要搜索实体之间的关联。近年来，网络上图结构语义数据的出现促进了它的发展，它提供了比隐藏在非结构化文本中的结构化语义关联更明确的关联，以供计算机发现。语义数据量的增加经常会产生过多的语义关联，并需要使用排名技术来识别用户更重要的关联。尽管对创新排名技术进行了富有成果的理论研究，但仍缺乏对这些技术的综合经验评估。

早期不具备语义数据的搜索引擎不得不分析文档并发现隐藏在文本中的关联，因此不可避免地遭受不精确和不完整的困扰。使用三元组语义数据，也可以表示为实体关系图，查找并返回连接用户指定实体的路径和子图将非常简单，如最近的专用搜索引擎，包括 RelFinder 和 Explass 所作的那样。与隐藏在非结构化文本中的关联相比，这种图结构的语义关联相对容易被发现。

已知技术主要分为两类：以数据为中心的技术和以用户为中心的技术。以数据为中心的技术分析语义数据的各个方面。以用户为中心的技术专注于用户的偏好。此外，考虑到语义关联可能会相互重叠，基于多样性的重新排名可以提高排名最高的结果的质量。

由上述技术产生的排名最高的语义关联可能不包括最佳结果，因为它们提供的信息可能会相互重叠，从而表现出冗余。为了提高结果的多样性，语义关联可以被重新排序，仅允许排名靠前的结果具有有限的重叠。

7.2　用户画像构建

现代交互设计之父艾伦·库珀最早提出了用户画像的概念，用户画像是指用虚拟化的代表来标识真实存在的用户，是从一系列实际产生的数据中建立的用户模型，也可以称作用户信息标签化。

用户画像通常以通俗易懂的生活用语描述用户的基本属性、社会特征、消费习惯、生活偏好等标签。通过打标签可以利用一些高度概括、容易理解的特征来描述用户，可以让人更容易理解用户，并且可以方便计算机处理。

7.2.1　用户数据采集

一般将用户数据划分为静态信息数据、动态信息数据两大类。

静态信息数据是指用户相对稳定的信息，主要包括人口属性、商业属性等方面的数据。这类信息自成标签，如果企业有真实信息则无须过多建模预测，更多的是数据清洗工作；动态信息数据是指用户不断变化的行为信息，如一个用户打开网页买了一个杯子，与该用户傍晚遛了趟狗，白天取了一次钱，打了一个哈欠等，都属于不断变化的用户行为。当行为集中到互联网乃至电商，用户行为就会聚焦很多，如浏览某网站首页、浏览休闲鞋单品页、搜索帆布鞋、发表关于鞋品质的微博、赞"双十一大促给力"的微博消息等均可看作互联网用户行为。

在互联网领域，用户画像数据可以包括以下内容。①人口属性：包括性别、年龄等基本信息；②兴趣特征：浏览内容、收藏内容、阅读咨询、购买物品偏好等；③消费特征：与消费相关的特征；④位置特征：用户所处城市、所处居住区域、用户移动轨迹等；⑤设备属性：使用的终端特征等；⑥行为数据：访问时间、浏览路径等用户在网站的行为日志数据；⑦社交数据：用户社交相关数据。

如何采集用户数据，一般有以下几种方法。

（1）问卷调查：如果你不知道从何处开始，试试问卷调查。优点是快捷、便宜、关联度高，能给你的定性研究很好的指导。

（2）大数据采集：一般来讲构建用户画像的数据来自网站交易数据、用户行为数据、网络日志数据。当然也不仅限于这些数据，一些平台上还有个人征信数据。

（3）情景调查：要深入到用户每天的生活环境中调查你的用户。这是最贴近用户的调查方式，可以发现用户在使用产品的过程中具体会遇到哪些问题。

7.2.2　细分用户群体

通过静态数据和动态数据给不同的用户打上标签，通过标签的权重、排列，可以得到很多用户的标签，根据自身产品的需求选择需要的用户群体，找到对应的用户。男女性别在以消费为核心的产品中会呈现显著的区别，它就是两个相异的群体。分群的核心目标是提高运营效果，将运营策略的价值最大化，在电商产品中，区分男女很正常，但是在工具类的 APP 中，或许就没有必要性了。

用户群体又有很多种划分方式，在商务领域，可以从以下几点描述用户群体的特征。①年龄结构：幼儿、青年、中年、老年等；②职业分布：学生、白领、IT 行业等；③消费习惯：集中采购、换季采购、频繁采购。

通过细分，为运营提供更精细的数据指导。例如，电商企业除选择用户基础数据外还需要用户的兴趣、消费习惯、消费能力、访问记录、商铺浏览时长、历史购买记录等给用户推荐与其标签匹配度更高的商品，促进用户更多地访问其他商品从而产生再次购买行为。

客户关系管理模型 RFM[1]是商务大数据中的经典方法，它用以衡量消费用户的价值和创利能力。它依托收费的三个核心指标：消费金额、消费频率和最近一次消费时间，以此来构建消费模型。通过这三项指标，我们很容易构建出一个描述用户消费水平的坐标系，以三个指标形成一个数据立方体：坐标系上，三个坐标轴的两端代表消费水平从低到高，用户会根据其消费水平，落到坐标系内。当有足够多的用户数据，我们就能以此划分大约八个用户群体。

比如，用户在消费金额、消费频率、最近一次消费时间中都表现优秀，那么他就是重要价值用户。如果重要价值用户最近一次消费时间距今比较久远，没有再消费了，他就变成重要挽留用户。因为他曾经很有价值，我们不希望用户流失，所以运营人员和市场人员可以专门针对这一类人群进行唤回。

7.2.3 构建用户画像

目前已经形成比较成熟的构建用户画像的方法，如艾伦·库珀的"七步人物角色法"，莱内·尼尔森（Lene Nielsen）的"十步人物角色法"等，这些都是非常实用且专业的用户画像方法。

构建用户画像的一般流程如下。

（1）数据源端：一般来讲构建用户画像的数据来自网站交易数据、用户行为数据、网络日志数据。当然也不仅限于这些数据，一些平台上还有个人征信数据。

（2）数据预处理：首先是清洗，把一些杂乱无序的数据清洗一下，其次是将其归纳为结构化的数据，最后是把信息标准化。我们可以把数据的预处理简单理解为把数据分类在一个表格中，这一步就是奠定数据分析的基石。

（3）行为建模：分析用户行为，构建用户画像的模型标签，通过用户行为分析，构建用户行为模型。分析和优化的工具和算法有：文本挖掘、自然语言处理、

---

① recency 表示客户最近一次购买的时间有多远，frequency 表示客户在最近一段时间内购买的次数，monetary 表示客户在最近一段时间内购买的金额。

机器学习、预测算法、聚类算法。

（4）用户画像：通过前面的一系列手段，我们可以把数据分类成基本属性、购买能力、行为特征、兴趣爱好、心理特征以及社交网络等维度。

7.2.4　用户画像的应用

在互联网、电商领域，用户画像常用来作为精准营销、推荐系统的基础性工作，其作用总体包括如下几点。

（1）个性化推荐：对于电商和内容类平台，将访问的用户细分为很多属性标签，根据用户实时标签变化不断地刷新用户模型，并且根据新用户模型不断地刷新推荐内容。

（2）常见案例：电商平台商品推荐，根据标签组成用户画像模型，再利用他们的推荐算法机制匹配用户感兴趣的内容，做到个性化推荐，千人千面。

（3）广告精准营销：如今的移动广告投放已经完全应用了用户画像作为投放依据，无论是电商、游戏还是其他品牌曝光，利用用户画像数据指导广告投放，不仅能够降低成本，还可以大大提高点击率及转化率，提升整体广告投放效果。

（4）个性化服务：某些行业将服务精准化到找到用户并且推荐定制化服务。比如，某服装设计公司，将25岁以上职场男性作为目标用户，为他们定制季度服装搭配服务，每个季度根据用户的预算和喜好需求为他们推荐衣服搭配套装。

根据用户画像的作用可以看出，用户画像的使用场景较多，用户画像可以用来挖掘用户兴趣、偏好、人口统计学特征，主要目的是提升营销精准度、推荐匹配度，终极目的是提升产品服务，起到提升企业利润的作用。用户画像适合各个产品周期，如从新用户的引流到潜在用户的挖掘、从老用户的培养到流失用户的回流等。

7.3　知识图谱构建

原始的数据，根据数据的不同的结构化形式，采用不同的方法，将数据转换为三元组的形式，然后对三元组的数据进行知识融合，主要是实体对齐以及和数据模型进行结合，经过融合之后，会形成标准的数据表示，为了发现新知识，可以依据一定的推理规则，产生隐含的知识，所有形成的知识经过一定的质量评估，最终进入知识图谱，依据知识图谱这个数据平台，可以实现语义搜索、智能问答、推荐系统等一些应用。

7.3.1 知识抽取

知识抽取，即从不同来源、不同结构的数据中进行知识提取，形成知识（结构化数据）存入到知识图谱。我们将原始数据分为结构化数据、半结构化数据和非结构化数据，根据不同的数据类型，我们采用不同的方法进行处理。

（1）结构化数据：针对结构化数据，通常是关系数据库的数据，数据结构清晰，把关系数据库中的数据转换为 RDF 数据的关联数据（linked data），普遍采用的技术是 D2R（database to RDF）技术。

（2）半结构化数据：主要是指那些具有一定的数据结构，但需要进一步提取整理的数据，如百科的数据，网页中的数据等。对于这类数据，主要采用包装器的方式进行处理。

（3）非结构化数据：对于非结构化的文本数据，我们抽取的知识包括实体、关系、属性。对应的研究问题就有三个，一是实体抽取，也称为命名实体识别，此处的实体包括概念、人物、组织、地名、时间等；二是关系抽取，也就是实体和实体之间的关系，也是文本中的重要知识，需要采用一定的技术手段将关系信息提取出来；三是属性抽取，也就是实体的属性信息，和关系比较类似，关系反映实体的外部联系，属性体现实体的内部特征。

知识获取旨在从非结构化文本和其他结构化或半结构化源构建知识图，完成现有知识图，发现和识别实体和关系。构造良好且规模庞大的知识图可用于许多下游应用程序，并通过知识推理增强知识感知模型，从而为人工智能铺平道路。

7.3.2 知识融合

知识融合，即合并两个知识图谱（本体），基本的问题是研究怎样将来自多个来源的关于同一个实体或概念的描述信息融合起来。在这个过程中，主要需要解决的问题就是实体对齐。不同的知识库，收集知识的侧重点不同，对于同一个实体，有的知识库可能侧重于其本身某个方面的描述，有的知识库可能侧重于描述实体与其他实体的关系，知识融合的目的就是将不同知识库对实体的描述进行整合，从而获得实体的完整描述。

比如，对于历史人物曹操的描述，在百度百科、互动百科、维基百科等不同的知识库中，描述有一些差别，如曹操所属时代，不同的知识库的描述可以精细到东汉末年，也可以粗略至东汉。

由此可以看出，不同的知识库对于同一个实体的描述，还是有一些差异，所属时代的描述差别在于年代的具体程度，主要成就的差别在于成就的范围不同等，通过知识融合，可以将不同知识库中的知识进行互补融合，形成全面、准确、完整的实体描述。知识融合过程中，主要涉及的工作就是实体对齐，也包括关系对齐、属性对齐，可以通过相似度计算、聚合、聚类等技术来实现。

7.3.3　知识存储及图数据库 Neo4j

知识存储，即将获取到的三元组和 schema 存储在计算机中。用关系数据库来存储，尤其是存储简单的知识图谱，从技术上来说是完全没问题的。但随着大数据时代的到来，常规的关系数据库技术显得力不从心，因此，应运而生的是能应对海量数据的新型数据库，Neo4j 就是其中的一个。

Neo4j 作为主流的图数据库，对大多数人而言却比较陌生。Neo4j 拥有以下特色和优势。

（1）采用原生图（native graph）存储和处理数据：提供最优化的关系遍历执行效率，比关系数据库的表连接快上千倍。

（2）基于（标签）属性图模型：支持丰富的数据语义描述，并且兼具灵活性。

（3）基于纯 Java 实现，支持最广泛的操作系统和最便捷的部署，支持云端和容器部署。

（4）提供面向图分析和模式匹配的、声明型的 Cypher 查询语言，直观、简洁、易于理解。

（5）基于因果集群（causal clustering）的分布式数据库，提供高可用性、故障切换、数据冗余和可扩展的吞吐量。

（6）丰富的驱动语言支持：官方发布的有 Java、JavaScript、Python、.Net 和 GO。另外还有社区用户提供的 C/C++、R、JDBC、Python 等各类语言驱动。

7.4　知识推理及可解释性

所谓的知识推理,就是在已有知识的基础之上,推断出未知的知识的过程。从已知的知识出发,通过已经获取的知识,获取到所蕴含的新的事实,或者从大量的已有的知识中进行归纳,从个体知识推广到一般性的知识。

推理任务主要有:通过规则挖掘对知识图谱进行补全与质量校验、链接预测、关联关系推理与冲突检测等。

7.4.1　知识发现和推理

在获取知识图谱的表示之后,我们就拥有了一部分的事实,而知识图谱的知识推理就是在已有的知识图谱的事实的基础上,推理出新的知识或者识别出知识图谱上已有知识的错误。根据推理的两个作用,我们自然而然地可以想到两个下游的任务,第一个任务是知识图谱的补全,第二个任务是知识图谱的去噪,所谓知识图的去噪就是识别出知识图谱中的错误的三元组。

从知识图谱补全的角度出发,我们希望的是利用已有的完整的三元组,来对确实实体或者关系的三元组进行补全。也就是在给定两个元素的情况下,利用已有的三元组来推理出缺失的部分。比如,给定头实体和关系,利用知识图谱上的其他的三元组来推理出尾实体。再比如给定头尾实体,利用知识图谱上的三元组来推导出两者的关系。

主要的方法包含基于逻辑规则的推理、基于图结构的推理、基于分布式表示学习的推理、基于神经网络的推理以及混合推理。

目前主要发展趋势是提升规则挖掘的效率和准确度,用神经网络结构的设计代替在知识图谱上的离散搜索和随机游走是比较值得关注的方向。

7.4.2　基于规则的知识推理

基于规则的知识推理通过定义或学习知识中存在的规则进行挖掘与推理,从早期的归纳逻辑编程(inductive logic programming, ILP)系统中衍生的基于不完备知识库的关联规则挖掘（association rule mining under incomplete evidence，AMIE）算法、AMIE+算法，强调通过自动化的规则学习方法，快速有效地从大规模知识图谱中学习，得出置信度较高的规则，并且应用于推理任务。

AMIE 算法通过依次学习预测每种关系的规则：对于每种关系，从规则体为空的规则开始，通过三种操作扩展规则体部分，保留支持度大于阈值的候选（闭式）规则。这三种操作分别为：①添加悬挂边，悬挂边是指边的一端是一个未出现过的变量，而另一端（变量或常量）是在规则中出现过的；②添加实例边，实例边与悬挂边类似，边的一端也是在规则中出现过的变量或常量，但另一端是未出现过的常量，也就是知识库中的实体；③添加闭合边，闭合边则是连接两个已经存在于规则中的元素（变量或常量）的边。

AMIE 算法的优点，一是可解释性强，二是自动发现推理规则。但其缺点也比较明显，搜索空间大，且生成的规则覆盖度低，最终模型的预测效果也比较差。

7.4.3　基于图的知识推理

路径排序算法（path ranking algorithm，PRA）是一种基于图结构的知识推理，通常用于知识图谱中的链接预测任务。因为其获取的关系路径实际上对应一种霍恩子句，PRA 计算的路径特征可以转换为逻辑规则，便于人们发现和理解知识图谱中隐藏的知识。为了学习知识库中某个特定边缘类型的推理模型，PRA 会找到经常链接节点的边缘类型序列，这些节点是被预测的边缘类型的实例。然后 PRA 将这些类型作为 logistic 回归模型中的特征来预测图中的缺失边。典型的 PRA 模型由三个部分组成：特征提取、特征计算和特定关系分类。

（1）第一步是找到一组潜在的有价值的路径类型来链接实体对。为此，PRA 在图上执行路径约束随机游走，以记录从 h 开始到 t 的有限长度。

（2）第二步是通过计算随机游走概率来计算特征矩阵中的值。给定一个节点对（h，t）和一个路径 π，PRA 将特征值计算为随机游走概率 $p(t|h, \pi)$，即当给定从 h 开始的随机值时到达 t 的可能性，以及 π 中包含的关系。

（3）最后一步是利用 logistic 回归算法对每个关系进行训练，得到路径特征的权重。

PRA 模型不仅精度高，而且大大提高了计算效率，为解决大规模知识图的推理问题提供了一种有效的解决方案。

7.4.4　基于神经网络的知识推理

由于知识图谱可以表征实体之间结构化的关系，如今已经成为认知和人工智能领域重要的研究方向。图神经网络利用 DNN 对图数据中的拓扑结构信息和属性特征信息进行整合，进而提供更精细的节点或子结构的特征表示，并能很方便地以解耦或端到端的方式与下游任务结合，巧妙地满足了知识图谱对学习实体、关系的属性特征和结构特征的要求。

1. 神经张量网络

NTN（Neural Tensor Networks，NTN）是 2013 年提出的比较老的一种算法，NTN 模型实现的，就是针对给定的两个实体（e_1，e_2）找出是否有一个确定的关系 R，并给出可能性分数。

NTN 使用一个双线性张量层（bilinear tensor layer）替换标准线性神经网络来直接关联两个实体向量。这个模型计算两个实体存在某个关系的可能性的分数。可以对接的下游任务有关系预测、知识库补全等。其优缺点如下。

（1）优点：NTN 中的实体向量是该实体中所有单词向量的平均值，这样作的好处是，实体中的单词数量远小于实体数量，可以充分重复利用单词向量构建实体表示；用关系张量的不同切片对应与不同实体向量之间的语义联系，增强与不同实体的语义联系。

（2）缺点：虽然能够更精确地刻画实体和关系的复杂语义联系，但复杂度非常高，需要大量三元组样例才能得到充分学习，NTN 在大规模稀疏知识图谱上的效果较差，并且无法推理知识库外的隐含关系。

2. 隐性推理网络

为了模仿人脑对知识的存储能力，隐性推理网络（Implicit ReasoNet，IRN）设计了一个共享记忆组件来隐式地存储知识库信息，以此模仿人脑对知识的存储。区别于常用推理方法中人工设计推理过程来显性地操纵观察到的三元组，该方法在没有人为干预的情况下能够通过对共享记忆组件的读取来隐式地学习多步推理过程，模拟了人脑在进行推理判断时读取记忆的过程。

该模型在预测过程中需要先后形成多个中间表示，针对每次生成的中间表示，使用一个 RNN 控制器来判断该中间表示是否已经编码了足够多的信息用于产生输出预测。如果控制器允许，则输出当前预测作为最终结果。否则，控制器获取当前的中间表示并读取共享记忆组件，将两者的信息合并成一组上下文向量以产生新的中间表示，然后重复执行上述判断过程，直到控制器允许停止该过程，此时即可输出预测结果。其优缺点如下。

（1）优点：通过共享记忆组件存储知识，可以模拟人脑隐式地学习多步推理过程。

（2）缺点：对非结构化数据的处理能力弱，尚难以处理自然语言查询问题。

结合知识图谱和图神经网络的相关研究已经成为人工智能领域的一个热点方向。知识图谱可以为各类学习任务提供良好的先验知识，图神经网络则可以更好地支持图数据的学习任务。但是，目前基于图神经网络的知识图谱学习、计算与应用的研究都还相对较少，未来仍有巨大的发展空间，如基于图神经网络的知识图谱自动构建、基于异质图神经网络的知识融合、基于元路径或图神经网络的知识图谱复杂推理、基于图神经网络的可解释性学习等。

7.4.5　知识推理的可解释性分析

随着深度学习的发展，知识推理方法的模型结构越来越复杂，仅一个网络就可能包含几百个神经元、百万个参数。尽管这些推理模型在速度、稳定性、可移植性、准确性等诸多方面优于人类，但由于用户无法对这类模型里的参数、结构、特征产生直观理解，对于模型的决策过程和模型的推理依据知之甚少，不知道它何时会出现错误，在风险敏感的领域中，用户仍然无法信任模型的预测结果。因此，为了建立用户和推理模型之间的信任，平衡模型准确率和可解释性之间的矛盾，可解释性知识推理在近几年的科研会议上成为关注热点。

通常来说，以下三点原因推动了对可解释性的需求。

（1）高可靠性要求。尽管可解释性对于一些系统来说并不是不可或缺的，但是，对于某些需要高度可靠的预测系统来说很重要，因为错误可能会导致灾难性的结果（如造成人身伤亡、重大的经济损失）。可解释性可以使潜在的错误更容易被检测到，避免严重的后果。此外，它可以帮助工程师查明根本原因并相应地提供修复。可解释性不会使模型更可靠或性能更好，但它是构建高度可靠系统的重要组成部分。

（2）道德和法律要求。第一个要求是检测算法歧视。由于机器学习技术的性质，经过训练的 DNN 可能会继承训练集中的偏差，这有时很难被注意到。在我们的日常生活中使用 DNN 时存在公平性问题，如抵押资格、信用和保险风险评估。人们要求算法能够解释作出特定预测或判断的原因，希望模型的解释能够使"算法歧视"的受害者诉诸人权。

（3）科学发现的要求。推理模型本身应该成为知识的来源，可解释性使提取模型捕获的这些额外知识成为可能。当深度网络达到比旧模型更好的性能时，它们一定发现了一些未知的"知识"。可解释性是揭示这些知识的一种方式。

7.5 商务大数据知识融合案例

7.5.1 知识融合工具简介

1. Falcon-AO 本体对齐

Falcon-AO 是一个自动的本体匹配系统，已经成为资源描述框架（resource description framework schema，RDFS）和网络本体语言（Web ontology language，OWL）所表达的 Web 本体相匹配的一种实用和流行的选择。编程语言为 Java。

匹配算法库包含 V-Doc、I-Sub、本体论图匹配（graph matching for ontologies，GMO）、基于位置模型（position-based model，PBM）四个算法。其中 V-Doc 即基于虚拟文档的语言学匹配，它是将实体及其周围的实体、名词、文本等信息作一个集合形成虚拟文档的形式。这样我们就可以用 TF-IDF 等算法进行操作。I-Sub 是基于编辑距离的字符串匹配。可以看出，I-Sub 和 V-Doc 都是基于字符串或文本级别的处理。更进一步的就有了 GMO，它是对 RDF 本体的图结构上作的匹配，PBM 则是基于分而治之的思想作匹配。

本体经由 PBM 进行分而治之，后进入到 V-Doc 和 I-Sub ，GMO 接收两者的输出作进一步处理，GMO 的输出连同 V-Doc 和 I-Sub 的输出经由最终的贪心算法进行选取。

2. Limes 实体匹配

Limes 是一个基于度量空间的实体匹配发现框架，适合大规模数据链接，编程语言是 Java。

它的主要流程是：①给定源数据集 S，目标数据集 T，阈值 θ；②样本选取，从 T 中选取样本点 E 来代表 T 中数据，所谓样本点，也就是能代表距离空间的点，应该在距离空间上均匀分布，各个样本之间距离尽可能大；③过滤，计算 $s \in S$ 与 $e \in E$ 之间的距离 $m(s,e)$，利用三角不等式进行过滤；④计算相似度；⑤序列化，存储为用户指定格式。

7.5.2　知识融合的技术挑战

目前知识融合的主要技术挑战有两点。

（1）数据质量的挑战：如命名模糊、数据输入错误、数据丢失、数据格式不一致、缩写等。

（2）数据规模的挑战：数据量大（并行计算）、数据种类多样性、不再仅仅通过名字匹配、多种关系、更多链接等。

7.5.3　商务大数据知识融合的经典案例

知识融合为合并多个知识图谱相同本体的过程，基本问题为研究如何将来自多个知识图谱却描述同一实体或概念的信息进行融合整理，目的在于将不同知识库对实体的描述进行整合，从而获得实体的完整描述。本节介绍亚马逊处理知识融合问题的案例。

亚马逊的知识图谱的使命是回答关于产品和相关知识的一切问题。知识图谱在亚马逊有着非常重要的应用。亚马逊为了将他们不同的知识图谱进行组合，最后使用了新颖的跨图注意力（cross-graph-attention）机制和自注意力（self-attention）机制，发现这两种机制能够实现最先进的性能。

亚马逊使用知识图谱来表示 Amazon.com 上产品类型之间的层次关系、Amazon Music 和 Prime Video 上创作者和内容之间的关系，以及 Alexa 的问答服务的一般信息等。

在涉及两个电影数据库集成的测试中，亚马逊的系统在十个基准系统中性能最好的基础上提高了 10%，这一指标被称为"精确回收曲线下面的面积"（area under the precision-recall curve，PRAUC），它评估了真正类率（true-positive rate）和真负类率（true-negative rate）之间的权衡。

亚马逊的工作专门解决了多类型知识图谱的合并问题，或者节点表示不止一种类型实体的知识图谱的合并问题。例如，在我们处理的电影数据集中，节点可能表示演员、导演、电影、电影类型等，而边表示实体之间的关系，如扮演、导演、编剧等。

第8章 常用的商务大数据管理与决策模型

8.1 用于聚类的鲁棒式多任务学习

本章研究基于自表达的子集选择方法在聚类多任务学习中的应用。多任务学习旨在通过在相关任务之间共享信息来共同学习多个任务，从而可以改善不同任务的泛化性能。尽管与单任务学习相比，多任务学习已被证明可以获得性能提升，但学习与哪些任务共享哪些特征的主要挑战仍未完全解决。在本章中，我们提出了一种鲁棒的聚类多任务学习方法，即通过学习代表性任务将任务分成不同的组。我们的方法背后的主要假设是每个任务可以通过一些代表性任务的线性组合来表示，这些代表性任务可以表征所有任务。任务之间的相关性可以由相应的组合系数表示。通过对相关矩阵施加行稀疏约束，我们的方法可以选择代表性任务并鼓励相关任务之间的信息共享。此外，l_{12} 范数应用于表示损失以增强我们方法的鲁棒性。

8.1.1 背景介绍

多任务学习是数据挖掘、机器学习、自然语言处理和计算机视觉领域的一个热点研究课题，因为这些领域中的许多实际应用涉及学习多个相关任务，如实体推荐、旅行时间估计、图像描述、人类活动识别等。为了提高不同任务的泛化性能，多任务学习通过在多个任务之间传递知识来设法同时学习多个任务。具体而言，多任务学习利用多个任务之间的内在关系来共享相关任务之间的信息。例如，在人类活动识别任务中，许多活动是相关的并且共享基本动作。由于在实验和理论上相比于单任务学习的优势,多任务学习在过去的几十年中得到了极大的发展。作为转移学习的一个子领域,多任务学习的关键挑战是如何在相关任务之间有选择地传递信息,同时防止信息在不相关的任务之间传递。不相关任务之间的信息传递会恶化多任务学习的泛化性能,这被称为负迁移。在多任务学习中,应对这一挑战的传统方法可分为两大类。第一种方法假设所有任务彼此相关,其可以通过两种策略实现:联合特征选择和基于低秩结构的多任务特征学习。第二种方法假设所有任务都可以聚类成几个组,只有同一组内的任务是相关的并在一定程度上共享信息。本章主要关注聚类多任务学习。尽管在过去几年中,在任务分组方面的工作取得了很大进展,但现有的聚类多任务学习方法仍存在一些局限性。首先,通常聚类的数量是不可知的,这使得上述任务分组方法在实际应用中不够灵活。其次,许多任务分组方法将任务划分为不相交的组。这种分配未必是合理的,并且会导致任务之间的信息共享效率低下。同时,由于同一组内的任务彼此接近的假设是基于任务之间的 l_2 距离,负相关的任务将聚集到不同的组中,这阻止了它们之间的信息共享。最后,很少有任务分组方法考虑对不与其他任务共享信息的异常任务的鲁棒性。

在基于结构化稀疏的子集选择的启发下,我们提出一种新的聚类多任务学习方法,通过选择代表性任务进行任务分组。任务集合中具有代表性的任务组成的一个子集被选择并用其线性组合来表示所有任务。所提方法的关键点是所有任务都可以通过代表性任务来表征。具体而言,我们首先通过任务的线性组合来表示每个任务,其中线性组合系数形成一个任务相关矩阵。其次,通过对相关矩阵施加行稀疏约束(l_{12} 范数)以鼓励相关任务之间的信息共享,这时可以同时选择最具代表性和信息量的任务。最后,为了增强所提方法对异常任务的鲁棒性, l_{12} 范数用于度量每个任务与其代表性任务的线性组合之间的表示损失,其中 l_1 范数和 l_2 范数分别用于约束任务和特征。我们曾经采用的方法是通过最小化每个任务与其代表任务之间的加权 l_2 距离来确定代表性任务。然而,由于负相关任务被分配到不同的组中,该方法无法完全发现任务的聚类结构。

用任务的线性组合来表示每个任务的想法并非新的想法。但是,我们的方法在以下两点上与现有的方法不同。首先,我们通过在相关矩阵上施加 l_{12} 范数,用代表性任务的线性组合来表示每个任务,这使得每个任务只能适当地与相关任务共享信息;其次,我们用累积的 l_1 范数替换 l_2 范数以增强我们的方法对异常任务的鲁棒性。我们的方法具有以下优点。

(1)我们的方法可以自动从数据中学习任务组的数量,不需要预先给定。

(2)每个任务可以根据代表性任务聚集到不同的组中。

(3)共享信息可以在负相关任务之间传递。

（4）使用可表示累积损失的 l_1 范数。我们的方法可以减少异常任务的影响。

（5）所提方法的目标函数是一个无约束的双凸优化问题。

8.1.2　问题定义

假设我们有 m 个任务的多任务学习问题，其中每个任务 i 与一组实例 $D_i = \left\{ (x_1^i, y_1^i), \cdots, (x_{ni}^i, y_{ni}^i) \right\} \subset R^d \times R$ 以及一个线性函数 $f_i : f_i(x_j^i) = w_i^{\mathrm{T}} x_j^i$ 相关联，其中 w_i 为第 i 个任务的权重，d 为数据的维度，是第 i 个任务所包含的实例个数。记 $W = [w_1, \cdots, w_m] \in R^{d \times m}$ 为要估计的权重矩阵，则经验风险如下：

$$L(W) = \sum_{i=1}^{m} \frac{1}{n_i} \sum_{j=1}^{n_i} l\left(W_i^{\mathrm{T}} x_j^i, y_j^i\right)$$

其中，损失函数 $l(\cdot, \cdot)$ 对于回归问题为平方损失，对于二分类问题为逻辑损失。为了同时学习 m 任务，我们遵循完善的搜索权重矩阵 W 的方法，以便最小化以下正则化经验风险：

$$\min_{W} L(W) + \lambda \Omega(W)$$

其中，Ω 为正则化项，用于编码任务组结构的先验知识。

8.1.3　基于代表性任务的聚类多任务学习

我们提出了一种新颖的方法将鲁棒代表性任务选择思想融入聚类多任务学习中。具体而言，具有共同代表性任务的那些任务被视为一个组，并且所有任务可以基于其代表性任务被聚集到不同的组中。形式上，所提方法表示如下：

$$\min_{W, C} \sum_{i=1}^{m} \frac{1}{n_i} \sum_{j=1}^{n_i} l\left(W_i^{\mathrm{T}} x_j^i, y_j^i\right) + \lambda_1 \|W\|_F^2 + \lambda_2 \left\|(W - WC)^{\mathrm{T}}\right\|_{1,2} + \lambda_3 \|C\|_{0,p}$$

其中，第二个正则化项 $\|W\|_F^2$ 控制每个任务的复杂度；第三个正则化项 $\left\|(W - WC)^{\mathrm{T}}\right\|$ 通过代表性任务来表示所有任务；最后一个正则化项 $\|C\|_{0,p}$ 用于控制代表性任务的数量。注意，我们通过为每个任务中的实例定义一个额外特征 $x_0^i = 1$ 将偏差 b_i 吸收到权重 w_i 中。

上述公式中的优化问题涉及计算矩阵 C 的非零行数，这通常是非凸的且是多项式复杂程度的非确定性问题（nondeterministic polynomially problem，NP）的。根据最近的关于组变量方面的理论进展，我们将 l_0 范数松弛为其凸代理 l_1 范数。

另外, p 的典型取值为 $p \in \{2, \infty\}$，我们设置 $p = 2$，这样每个任务都可以用不同权重的代表性任务来表示。因此，最终的优化问题如下：

$$\min_{W,C} \sum_{i=1}^{m} \frac{1}{n_i} \sum_{j=1}^{n_i} l\left(W_i^{\mathrm{T}} x_j^i, y_j^i\right) + \lambda_1 \|W\|_F^2 + \lambda_2 \|(W - WC)^{\mathrm{T}}\|_{1,2} + \lambda_3 \|C\|_{1,2}$$

与之前关于聚类多任务学习的工作相比，我们的方法自动从数据中学习聚类簇的数量。每个任务可以基于代表性任务被聚集到不同的组中。此外，通过用代表性任务的线性组合表示每个任务，可以将负相关任务放入同一组并共享信息。

8.2　融合用户内生和外生兴趣的推荐方法

8.2.1　背景介绍

高精度定位技术的发展和各类移动设备（智能手机、运动手环和车载定位装置等）的成熟和广泛应用，极大地改变了人们生活的方方面面。作为连接网络空间和物理世界的互联网新平台，越来越多的社交媒体网站如雨后春笋般涌现出来。例如，新浪微博允许用户以文字、图片、视频等多媒体形式实时分享信息，并加入用户当前的地理位置；Foursquare、大众点评等 APP 提供用户到达酒店、餐厅、景区的"签到"功能，并且用户可对商家提供的产品或服务进行评价；Flickr、Instagram 等 APP 允许用户在线上传分享照片，同时可以添加文本描述信息，并附加地理位置。用户在基于位置的社交网络中主动或被动地留下地理位置信息，由此产生了大规模的时空轨迹数据（位置签到数据、旅行轨迹数据等）。海量的时空轨迹数据记录了用户在现实世界的移动活动，同时蕴含着丰富的个性化兴趣偏好信息。

然而，用户兴趣的复杂性和签到数据的稀疏性给开发 POI 推荐系统带来了重大挑战。第一，仅凭签到记录，很难解释是什么原因促使用户签到某个地点。因此，如何对用户真正的、可解释的兴趣进行建模成为一个棘手的问题。例如，当一个未访问的 POI 离用户很远时，由于外部地理限制，用户可能不会访问它，即使他喜欢此 POI。这给解释和建模用户在 POI 签入时的决策带来了挑战。第二，由于数据极为稀疏，推荐系统还面临着另一个关键挑战。在一个真实的系统中，有上百万个位置和用户。然而，每个用户只有有限的历史签入，这大大增加了推荐的难度。现有的方法都有两个限制。首先，他们对用户偏好的建模过于一般化，因而未能抓住用户真正的兴趣，更不用说解释用户的签到决策过程了。例如，一个用户对未访问 POI 的低预测评级不能揭示该用户不喜欢该位置的原因。因为用户不喜欢这个 POI 还会受到外部环境的限制。其次，大多数现有的方法都将用户的所有未观察到的反馈以同样的方式视为负面的，因此无法捕捉缺失数据的固有属性，即缺失的负值和正值的混合。针对上述问题，我们提出了一种统一的方法，可以有效地学习细粒度的、可解释的用户兴趣，并自适应地建模缺失数据。每个用户的总体兴趣是其内生兴趣和外生兴趣的混合，前者受个人兴趣驱动，不受任何限制地表现出自己的偏好，后者受外部环境（即地理距离）的驱动和影响。为了捕获和区分这两者，我们首先将用户的活动区域定义为该用户在地理上可访问的一组位置，然后在统一推荐方法中将它们形成成对的排名约束。具体来说，基于内生兴趣，一个用户更喜欢每个访问过的 POI，而不是相应活动区域内的任何未访问的 POI。另外，在外部兴趣方面，他更喜欢每一个参观过的 POI，而不是任何一个未访问过的户外活动区域。

8.2.2　相关定义

定义 1（内生兴趣）：是用户兴趣的一种内在形式，由个人兴趣偏好驱动。例如，用户根据自身的兴趣偏好，访问某个 POI。

定义 2（外生兴趣）：是用户兴趣的一种外在形式，是环境去驱动的。例如，用户对 POI 的兴趣偏好受地理距离的影响。

这两种类型的用户兴趣对每个用户的签到决策具有不同的影响。因此，每个用户的总体兴趣被认为是其内生和外生兴趣的混合物。假设用户 i 的一般、内生和外生兴趣分别用 d 维向量 $u_i^{(g)}$、$u_i^{(i)}$ 和 $u_i^{(e)}$ 表示。如图 8.1 所示，它们的关系可以表述为

$$u_i^{(g)} = a_i \odot u_i^{(i)} + b_i \odot u_i^{(e)}$$

$$\text{s.t. } a_{ik} \in [0,1], b_{ik} \in [0,1], a_{ik} + b_{ik} = 1, \forall k \in \mathbb{R}^d$$

其中，$\odot$ 为元素级的乘法操作；$a_i \in \mathbb{R}^{d \times 1}$ 和 $b_i \in \mathbb{R}^{d \times 1}$ 分别为内生和外生兴趣的混合权值。

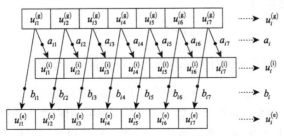

图 8.1　$u_i^{(g)}$、$u_i^{(i)}$ 和 $u_i^{(e)}$ 的图示

我们还提出捕捉缺失数据（或未观测数据）的特征，即负值和缺失正值的混合，以解决位置推荐中的数据稀疏性问题。假设在矩阵分解技术中，每个位置 j 都具有潜在向量 $v_i \in \mathbb{R}^{d \times 1}$ 的特征。因此，对于建模用户的内生和外生兴趣以及缺失的数据，我们的框架的整体损失函数表述为

$$\min \ \mathcal{L}\left(P, U^{(\mathrm{g})}, V\right) + \theta^c \left(U^{(\mathrm{e})}, U^{(\mathrm{i})}, V\right) + \theta^r (\cdot)$$

其中，$\theta^r (\cdot)$ 为避免过度拟合的正则化项；$\theta^c (\cdot)$ 包含对用户的外生兴趣 $U^{(\mathrm{e})}$ 和内生兴趣 $U^{(\mathrm{i})}$ 建模的附加约束；$\mathcal{L}(\cdot)$ 为用于对观察的和未观察的数据建模的经验损失。

8.2.3　建模用户内生和外生兴趣

根据定义 1 和定义 2，用户的内生兴趣和外生兴趣的区别揭示了是否存在外部影响因素的介入。在 POI 推荐任务中，用户的签到决策过程受到地理因素的显著影响。因此，我们着重于建模具有地理影响的用户兴趣。在介绍如何建模用户的两种类型的兴趣之前，我们首先定义用户的活动区域如下。

定义 3（用户活动区域）：每个用户有一个或多个活动区域，在每个活动区域内，该用户可以不受任何地理限制地访问每个 POI。

每个用户的活动区域可以根据实际应用场景通过多种方式计算。一种方法是使用基于用户历史位置的聚类技术。在每个簇中，我们首先选择一个以指定距离为半径的圆内的所有位置，每个访问位置为中心，然后将它们合并为活动区域。

建模用户内生兴趣 $U^{(\mathrm{i})}$。根据定义 1，每个用户的内在兴趣只考虑其内在兴趣偏好，而不考虑任何外部的地理限制因素。在每个活动区域内，用户能够从地理上访问每个位置。这表明用户在其活动区域内的这些地点的签到决策过程是自由的。因此，在每个活动区域内，与那些未观察到的地点相比，用户对观察地点的内在兴趣在其决策过程中扮演着重要的角色。换句话说，基于内在兴趣，在每个活动区域中，每个个体用户 i 更喜欢每个观察到的位置 j，而不是任何未观察到的位置 l，这可以表述为

$$\left(u_i^{(\mathrm{i})}\right)^{\mathrm{T}} v_j > \left(u_i^{(\mathrm{i})}\right)^{\mathrm{T}} v_l$$

其中，$\left(u_i^{(\mathrm{i})}\right)^{\mathrm{T}} v_j$ 为用户 i 在内生兴趣驱动下对位置 j 的偏好。

建模用户外生兴趣 $U^{(\mathrm{e})}$。对于距离用户较远的活动区域之外的地点，其很少有机会访问这些 POI。例如，虽然一个住在加州的用户喜欢纽约的一家餐馆，但由于距离限制，其不去这家餐厅吃饭。因此，与用户活动区域之外未观察到的地

点相比，用户对观察地点的外部兴趣对其签到决定的影响要大于其内生兴趣。因此，基于外生兴趣，每个用户 i 更喜欢每个观察到的位置 j，而不是活动区域之外的任何未观察到的位置 l，其表述如下：

$$\left(u_i^{(\mathrm{e})}\right)^{\mathrm{T}} v_j > \left(u_i^{(\mathrm{e})}\right)^{\mathrm{T}} v_l$$

其中，$\left(u_i^{(\mathrm{e})}\right)^{\mathrm{T}} v_j$ 为用户 i 在外部兴趣驱动下对位置 j 的偏好。

从两个方面对用户的总体兴趣进行建模的好处是：①通过从内生和外生兴趣两个角度解释用户对位置的选择，使位置推荐系统的行为具有可解释性；②提供了一种细粒度、准确的方式来了解用户的兴趣。最后，得到排序约束 θ^c，表述如下：

$$\theta^c(\cdot) = \sum_{i,h,j\in T}\left(\lambda_c^{\mathrm{i}}\sum_{l\in A_{ih}}\left(\hat{r}_{il}^{(\mathrm{i})}-\hat{r}_{ij}^{(\mathrm{i})}\right)_+ + \lambda_c^{\mathrm{e}}\sum_{l\in A_i}\left(\hat{r}_{il}^{(\mathrm{e})}-\hat{r}_{ik}^{(\mathrm{e})}\right)_+\right)$$

其中，$\hat{r}_{il}^{(\mathrm{i})}=\left(u_i^{(\mathrm{i})}\right)^{\mathrm{T}} v_j$，$\hat{r}_{il}^{(\mathrm{e})}=\left(u_i^{(\mathrm{e})}\right)^{\mathrm{T}} v_j$，$(x)_+ = \max(x,0)$ 为加函数，λ_c^{i} 和 λ_c^{e} 为排序加权参数。

8.2.4　建模缺失数据

一个用户未访问的 POI 不一定表明用户不喜欢它，可能是由于用户没有发现这个 POI。换句话说，一些未访问的 POI 可能是那些用户感兴趣的，而另一些实际上是他们不感兴趣的。因此，每个用户对未观察位置的偏好是负值和没有观察到的正值的混合。基于这种直觉，我们提出了一种面向位置的方法，用于自适应地学习缺失项的潜在值，而不是将它们同等地作为预定义值对待。为此，我们引入了一个增广矩阵 $P\in\mathbb{R}^{n\times m}$，该增广矩阵仅用于未观察到的反馈，并在训练过程中学习。假设用户 i 对位置 j 的预测偏好近似为 $\hat{r}_{ij}=\left(u_i^{(\mathrm{g})}\right)^{\mathrm{T}} v_j$。在平方误差下的经验损失函数可以表示为

$$l(\cdot) = \frac{1}{2}W\odot\left(R+P-\hat{R}\right)_F^2$$

其中，$W\in\mathbb{R}^{n\times m}$ 为与签到频率矩阵相关的加权矩阵，参数 $\gamma\in(0,\infty)$，定义为 $w_{ij}=\sqrt{1+\gamma\times c_{ij}}$；$R\in\mathbb{R}^{n\times m}$ 为一类反馈矩阵，具有观测值时为 1，而不具有观测值时为 0；P 具有两个性质：①面向 POI 位置，即为了便于高效计算，其包含 m 个潜在因素；②对于降低模型学习中的噪声具有较小的变化范围。因此，P 可以通过引入一个多维向量 q 来表示：

$$p_{ij} = \begin{cases} 0, & r_{ij} = 1 \\ q_j, & r_{ij} = 0 \end{cases}$$

$$\text{s.t.} \quad q \in [q_{\min}, q_{\max}]$$

其中，$q_{\min}$ 和 $q_{\max}$ 为用来将 P 限定在 0 附近的一个小范围内的参数。

8.2.5 融合用户内生和外生兴趣的推荐模型

到目前为止，我们已经介绍了捕捉用户的内生和外生兴趣的解决方案，并解决了 POI 推荐中缺失的数据问题。将以上解决方案融合到统一的框架中。

$$\underset{U^{(i)}, U^{(e)}, V, A, B, q}{\arg\min} \frac{1}{2} W \odot \left(R + P - \hat{R} \right)_F^2 + \theta^r \left(\cdot \right)$$

$$+ \sum_{i,h,j \in T} w_{ij} \left(\lambda_c^i \sum_{l \in \bar{A}_{ih}} \left(\hat{r}_{il}^{(i)} - \hat{r}_{ij}^{(i)} \right)_+ + \lambda_c^e \sum_{l \in A_i^*} \left(\hat{r}_{il}^{(e)} - \hat{r}_{ik}^{(e)} \right)_+ \right)$$

其中，$A \in [0,1]$，$B \in [0,1]$，$A + B = 1_{n \times d}$，$q \in [q_{\min}, q_{\max}]$。

8.3 基于强化学习的社区隐藏算法

随着社交网络的兴起，社区发现算法在社交网络分析方面起到了很重要的作用，然而对社交网络信息的过度挖掘，会暴露个人隐私，包括个人的兴趣、所处的圈子以及相关的合作伙伴等。如何有效地保护个人隐私，不被社区发现算法所追踪，即隐藏个人所在社区的社交关系（社区隐藏），目前为止，这方面的研究工作还比较少。已有的社区隐藏的算法都是基于网络中存在的点之间的加边或者减边，但在现实网络中，如基于 Facebook 的社交网络，期望用户改变与之相关的结构信息，特别是指定哪些人应该关注，哪些人应该取消关注，可操作性比较小且代价很大。为此，本节欲在现有网络中增加点（即伪造账户）及其相关的边（即伪造与该账户相关的社交关系），来达到社区隐藏的目的。一方面，该方式（即加点和加边）巧妙地将社区隐藏问题转换为网络的增长问题，继而基于不同的网络增长模型，研究其在社区隐藏上的不同表现；另一方面，加点和加边的方式本质上可以描述为一个决策过程，即根据当前网络的结构（状态），选择合适的加点和加边策略，使得最终的指标最大，而这正好契合强化学习的框架。为此，本节针对两种隐藏指标和不同的网络增长模型，提出了基于多目标强化学习的社区隐藏算法。

8.3.1 社区隐藏算法介绍

目前国内外针对社区隐藏的研究以改变网络结构为主，即改变网络中节点的连边，主要可以分为两个大类：只改变特定社区内结构的隐藏算法（G1）及可在全局网络中改变结构的社区隐藏算法（G2）。这两类算法都是通过优化各自提出的隐藏指标来达到社区隐藏的目的。针对 G1 类算法，Nagaraja[1]将网络分为两个社区，即目标社区以及主社区（除去目标社区里的点），其隐藏指标定义为失效率（miss-ratio）又称假负率（false negative rate）。基于此，Nagaraja 采取给目标社区和主社区加边的方法来提高发现失效率达到隐藏目的。对于加边的策略，基于中心性指标（centrality index），如介数中心性、度中心性以及特征向量中心性，对两个社区中的点按中心性指标降序排列，并按顺序从中选取两个点进行加边从而更新网络结构。Waniek 等[2]提出另一种隐藏指标（concealment index），该指标由两部分组成，第一部分针对前面提到的失效率问题，要求目标社区中的点应该分散到其余各个社区中，而不是只针对主社区，即应均匀分布到各个社区；指标的第二部分要求分散到各个社区中的点越多越好。针对基于模块度的社区发现算法，Waniek 等提出了一种快速的启发式算法，即通过在目标社区内减边与不同社区间加边的方法降低模块度。Fionda 和 Pirro[3]提出了更适合社区隐藏指标的三个准则，即在改变网络结构后，目标社区内的点尽量能够保持连通性，目标社区内的点应均匀分布到其他社区中以及分散到大社区中去。基于此，Fionda 和 Pirro 提出了一个欺骗分数（deception score）指标，并通过优化一个安全函数来达到社区隐藏的目的，同时 Fionda 证明只有在目标社区内部减边，不同社区之间加边才能最优化该函数。针对 G2 类算法，Chen 等[4]提出改变网络结构的同时需要保持每个点的度不变，即对某个点增加一条边的同时也要对其减去相关的一条边，从而提出了三种启发式算法以及基于模块度指标的遗传算法。Liu 等[5]从信息熵的角度定义了原始网络结构的信息熵和基于社区划分的网络结构的信息熵。两种信息熵之差（即标准残余差）为社区结构给网络结构带来的信息量，并通过只加边的方式来最小化标准残余差从而达到社区隐藏的目的。

表 8.1 展示了本节提出的模型和已有社区隐藏算法的区别。本节所提出的模型主要有三方面的不同：第一，首次提出加点和加边的方式来进行社区隐藏，这种方式对用户的影响较小，更方便网站管理者进行操作；第二，通过强化学习的框架来学习加边策略，这也是强化学习在社区隐藏领域的首次应用；第三，不同

于已有工作只是对单一目标进行优化，本节通过强化学习框架同时对两种目标进行优化，也可扩展至多种目标。

表8.1　本节提出的模型与已有社区隐藏算法的区别

已有算法	更新网络结构	运用技术	隐藏指标	类别
Nagaraja	只加边	中心度测量	失效率（假负率）	G1
Waniek 等	加边或者减边	模块化	隐藏指标	G1
Fionda 和 Pirro	加边或者减边	安全性与模块化	欺骗分数	G1
Chen 等	既加边也减边	模块化	模块率和 NMI[①]	G2
Liu 等	只加边	归一化剩余熵	分区相似度、互信息与查询准确度	G2
本节的算法	加点和边	多目标强化学习	负比率关联与比率缩减	G2

① NMI，Normalized Mutual Information，归一化互信息。

8.3.2　基于多目标强化学习的社区隐藏

本节针对两种隐藏指标和不同的网络增长模型，提出了基于多目标强化学习的社区隐藏算法。

首先定义了两种可以直接优化的指标。在一般网络结构中，社区内部是紧密联系的，而社区与社区之间的连接比较稀疏（即社区定义），假设有 P 个社区，$P_i = (V_i, E_i)$，V 和 E 分别表示点集合和边集合，A 表示邻接矩阵，$L(V_i, V_j) = \sum_{i \in V_i, j \in V_j} A_{ij}$，$\overline{V}_i$ 表示除社区 i 外的点，则指标比率关联（ratio association，RA）可写成式（8.1），表示社区内部的边的密度，比例割集准则（ratio cut，RC）可写成式（8.2），表示社区之间的边的密度，而社区隐藏的目的就是破坏这种结构，即社区内部越来越稀疏，社区之间越来越紧密，所以，基于 RA 和 RC，本节将隐藏指标定义为 $O_{\mathrm{nra}} = -\mathrm{RA}$ 和 $O_{\mathrm{rc}} = \mathrm{RC}$。

$$\mathrm{RA} = \sum_{i=1}^{P} \frac{L(V_i, V_i)}{|V_i|} \tag{8.1}$$

$$\mathrm{RC} = \sum_{i=1}^{P} \frac{L(V_i, \overline{V}_i)}{|V_i|} \tag{8.2}$$

社区隐藏的目的就是最大化上述定义的两个指标，即如式（8.3）所示：

$$\max_{G'} O\big(f(G), f(G')\big)$$
$$\mathrm{s.t.} \quad |V^+| \leqslant d \tag{8.3}$$
$$|E^+| \leqslant b$$

其中，$G=(V,E)$ 为原始网络结构；$G'=(V',E')$，为经社区隐藏算法调整后的网络结构，其中 $V'=(V\cup V^+)$ 和 $E'=(E\cup E^+)$，V^+ 和 E^+ 分别为加入的点的集合和边的集合；$|\cdot|$ 为集合中的个数；O 为上述两个隐藏指标。

式（8.3）中的隐藏指标 O 用于衡量社区结构在原始网络和改变结构后的网络之间的差异，通过最大化这种差异来达到社区隐藏的目的，b 和 d 是预先设定的加边和加点的最大化量。

为解决上述多目标优化问题，从强化学习的角度出发，定义四元组 (A,S,r,P) 如下。

（1）动作空间 $a\in A$：选取随机、基于度的幂律分布、基于度的均匀分布以及基于对数正态分布的四种加边策略为动作空间。

（2）状态空间 $s\in S=\{1,-1,0\}^k$：由最近 k 个指标值的一致性策略构成，式（8.4）展示了两个指标值的一致性策略，如若存在多于两个的指标则可采用投票的方式决定策略的一致性，在加入第 t 条边时，状态表示为 $S^t=\{s_0^t,s_1^t,\cdots,s_{k-1}^t\}$。

$$s_i^t=\begin{cases}1, & O_{\text{nra}}^{t-i} \text{和} O_{\text{rc}}^{t-i} \text{同时增大} \\ 0, & O_{\text{nra}}^{t-i} \text{和} O_{\text{rc}}^{t-i} \text{一个增大一个减小} \\ -1, & O_{\text{nra}}^{t-i} \text{和} O_{\text{rc}}^{t-i} \text{同时减小}\end{cases} \tag{8.4}$$

其中，O_{nra} 和 O_{rc} 为隐藏指标。

（3）奖赏值 r：设置为社区隐藏的指标值，如果有多个指标，则是由多个指标值构成的向量，这里使用两种指标，即 O_{nra} 和 O_{rc}，则每次加完点和边后，所获得的奖赏值为 $(O_{\text{nra}},O_{\text{rc}})$。

（4）状态转移概率 P：设置该概率为 1，即为确定性的决策。

求解多目标的优化问题，即根据网络结构选择适合的点和边加入使得隐藏指标最大，但由于存在多个隐藏指标（本节基于两个指标，可扩展至多个），不同的隐藏指标会产生不同的奖赏值，从而对应不同的策略，为了同时优化多种指标得到最优的一致性策略，基于强化学习中的 Q-learning 算法，构建两个数据结构来替代 Q 表，如式（8.5）所示：

$$Q(s,a)=\bar{R}(s,a)\oplus\gamma\text{ND}(s,a) \tag{8.5}$$

其中，$\bar{R}(s,a)$ 为基于 (s,a) 的平均奖赏值；$\text{ND}(s,a)$ 为在状态 s 下采取动作 a 到达的下个状态的非支配策略集；$\oplus$ 为向量求和；γ 为折损率。

基于帕累托最优的多目标 Q-learning 算法具体如算法 8.1 和算法 8.2 所示。

算法8.1 基于Hypervolume指标的评价算法

输入: 当前状态s, ϵ-贪心算法中的概率值ϵ

输出: 最优动作或策略, a^{final}

1: 初始化一个空列表$HVList \leftarrow \{\}$
2: 获取一个随机数$rand$, $rand \in [0,1]$
3: **for** 每个动作$a \in A$ **do**
4: 　　计算Hypervolume指标值$hv_a = HV(Q(s,a))$
5: 　　将该hv_a加入$HVList$
6: **end for**
7: **if** $rand \leqslant \epsilon$ **then**
8: 　　从$HVList$中选取一个值最大的动作a^{final}
9: **else**
10: 　　从动作空间A中随机选取一个动作a^{final}
11: **end if**
12: **Return**最优动作或策略, a^{final}

算法8.2 基于Pareto最优的多目标Q-learning的社区隐藏算法

输入: 加边个数b, 加点集合V^+, 迭代次数T

输出: 改变结构后的网络

1: 初始化 $Q(s,a)$表格, $Q(s,a) \leftarrow 0$, $\forall (s,a) \in S \times A$;
2: **for** $episode = 1$ **to** T **do**
3: 　随机初始化状态表示: $s^1 \leftarrow \{-1,0,1\}^k$
4: 　**for** $\tau = 1$ **to** b **do**
5: 　　基于Hypervolume指标的评价算法选择当前状态s^τ的一个动作或策略: $a^\tau \in A$,
6: 　　根据选择的动作(即从V^+随机选点, 根据加边策略从V中选点连边)更新网络结构
7: 　　根据选择的动作a^τ, 获得下一个状态表示$s^{\tau+1}$以及奖励值向量$\mathbf{r}$
8: 　　更新 非支配策略集, 即$ND(s^\tau, a^\tau) = ND(\cup_{a'} Q(s^{\tau+1}, a'))$
9: 　　更新 $\overline{R}(s^\tau, a^\tau) = \overline{R}(s^\tau, a^\tau) + \frac{r - \overline{R}(s^\tau, a^\tau)}{n(s^\tau, a^\tau)}$
10: 　　更新 $Q(s^\tau, a^\tau) = \overline{R}(s^\tau, a^\tau) \oplus \gamma ND(s^\tau, a^\tau)$
11: 　**end for**
12: **end for**
13: **Return** 改变后的网络结构

其中, 算法 8.1 是基于 Hypervolume 指标通过 ϵ-贪心算法来选择动作(Hypervolume指标是与帕累托一致的评价方法, 也就是说如果一个策略集 $\pi1$ 优于另一个策略集 $\pi2$, 那么 $\pi1$ 的 Hypervolume 值会大于 $\pi2$ 的 Hypervolume 值)。算法 8.2 中的 $n(s,a)$ 表示 (s,a) 被选中的次数。

8.4　基于半监督多视图学习的购买预测方法

与电子商务领域中其他产业类似, 旅游电子商务平台首要关心的是去理解预测用户在线购买行为以提升从"访问"到"购买"的订单转化率。显而易见, 订单转化率(conversion rate, CR)微小的提升就能带来百万美元的收益。例如, 在亚马逊平台中, 提升 1% 的订单转化率就能转化为 100 万美元的销售收入。本节将提出于 2019 年发表在 *Electronic Commerce Research and Applications*(《电子商务研究与发展》)上的一种基于半监督多视图学的购买预测方法 co-EM-LR[6]①。

8.4.1　co-EM-LR 模型的特征构建

针对在线旅游购买预测任务, 表 8.2 给出了模型 co-EM-LR 输入的特征, 并给出了简明的解释。

---

① co-EM-LR, co-expectation maximization logistic regression, 最大期望逻辑回归。

表8.2 特征（变量）定义

		特征（变量）	描述	*p*-value
			用户统计信息	
	1	Member$_i$	用户 i 是否为平台会员（1=yes，0=no）	***
			点击流度量	
近期点击流特征	2	LVDays$_i$	距离用户 i 最近一次访问间隔天数（Sigmoid①）	***
	3	TotV$_i$	用户 i 在近一个月总的访问次数	***
	4	PAvgV$_i$	用户 i 近一个月在平台浏览产品的平均价格（单位：美元）	**
	5	PDevV$_i$	用户 i 近一个月在平台浏览产品价格（单位：美元）的标准差	**
	6	LDwell$_i$	用户 i 近一个月内最近的一次会话的停留时间（单位：秒）	*
	7	LDwellAvg$_i$	用户 i 近一个月内访问的所有会话的平均停留时间（单位：秒）	*
			购买行为	
	8	TotP$_i$	用户 i 近一个月内累计购买的总次数	***
	9	LPDays$_i$	用户 i 距离近一个月内最近的一次购买的时间间隔（单位：天）（Sigmoid）	***
	10	MAvgP$_i$	用户 i 近一个月内购买旅游包的平均花费（单位：美元）	***
			点击流度量	
当前点击流特征	11	PAvg$_j$	当前会话 j 中浏览旅游包的均价（单位：美元）（Log②）	***
	12	PDev$_j$	当前会话 j 中浏览旅游包价格（单位：美元）的标准差（Log）	**
	13	Length$_j$	会话 j 的长度（Log）	***
	14	Dwell$_j$	当前会话 j 的停留时间（单位：秒）（Log）	***
	15	Search$_j$	当前会话 j 中使用的搜索引擎类型（0=无，1=站外，2=站内）	***
	16	TRegions$_j$	当前会话 j 中旅游目的地分布的熵	***
	17	PTypes$_j$	当前会话 j 中旅游类型分布的熵	**
	18	RPages$_j$	当前会话 j 中包含旅游包相关展示页面的比例	***
			旅游时空度量	
	19	Location$_j$	用户 i 所在城市和会话 j 旅游包出发城市的距离相似度	***
	20	Holiday$_j$	用户 i 当前会话 j 的时间与最近节假日时间戳的间隔天数	**
	21	Weekend$_j$	当前会话 j 的所在日期是否为周末	**

注：① "Sigmoid" 表示将变量（特征）通过 Sigmoid 函数 $\frac{1}{1+e^{-x}}$ 规格化到区间[0,1]

② "Log" 表示将变量（特征）通过对函数 $\log_{10} x$ 计算取自身对数

"曼-惠特尼 U 检验"（Mann-Whitney U test）：* < 0.05；** < 0.01；*** < 0.001

（1）Member$_i$。Member$_i$ 是"用户统计信息"中的一个特征，描述的是用户 i 是否为平台的会员（VIP）。从行为研究的角度上来看，用户会员信息能够反映出用户对平台的信任程度，因此会影响在线购买的意图。由于本书的在线旅游数据经过脱敏处理，用户个人信息仅有"是否为平台会员"可用，因此我们将用户 i 是否为会员（Member$_i$）作为在线旅游特征工程的第 1 个特征。

（2）LVDays$_i$。LVDays$_i$为"点击流度量"的一个特征，刻画的是距离用户 i 上次访问会话的间隔天数。用户近期访问的频率和时间等因素是影响用户在线购买意图的关键因素，这些因素也是刻画用户活跃程度的关键指标。同时，用户近期访问频率越高、间隔时间越短，则用户购买的意图越显著。针对拥有近期点击流的用户 i，将 LVDays$_i$ 作为在线旅游特征工程的第 2 个特征。

（3）TotV$_i$。TotV$_i$ 是"点击流度量"的一个特征，刻画的是用户 i 在近一个月访问平台的总次数（即频率）。与特征 LVDays$_i$ 类似，特征 TotV$_i$ 也能够用来刻画用户 i 的活跃程度。该特征已经在针对传统商品在线购买预测的相关研究中被广泛使用。此处，针对拥有近期点击流的用户 i，将 TotV$_i$ 作为在线旅游特征工程的第 3 个特征。

（4）PAvgV$_i$。PAvgV$_i$ 为"点击流度量"的一个特征，刻画的是用户 i 近一个月浏览产品的平均价格（单位：美元）。已有的针对传统商品购买意图的研究已经证实了价格是影响用户在线购买的关键因素，绝大多数的用户也对商品的价格比较敏感。针对拥有近期点击流的用户 i，我们将 PAvgV$_i$ 作为在线旅游特征工程的第 4 个特征。

（5）PDevV$_i$。PDevV$_i$ 为"点击流度量"的一个特征，刻画的是用户 i 近一个月浏览产品价格的标准差。已有的针对传统商品和旅游商品在线购买决策相关的研究工作仅考虑了当前浏览产品的价格因素，忽略了用户近期对价格的敏感程度。同时，也未考虑近期关注的产品价格的离散或者聚集程度。本书的在线旅游数据中，旅游包的价格相差较大，如海外游的产品均价在 1 万美元以上（如马尔代夫和普吉岛等线路），而华东地区的周边游产品均价在 1000 美元左右（如南京、苏锡常和上海等线路）。因此，衡量旅游包价格的离散和集聚程度显得尤为必要。为此，针对拥有近期点击流的用户 i，将 PDevV$_i$ 作为在线旅游特征工程的第 5 个特征。

（6）LDwell$_i$。LDwell$_i$ 为"点击流度量"的一个特征，刻画的是用户 i 近一个月内最近的一次会话的停留时间（单位：秒）。许多网站通常使用停留时间而不是点击数量来度量一个特定的用户对一个产品的喜欢程度。同时，已有的针对传统产品购买决策的研究将用户近期的会话停留时间用于衡量用户对产品的喜欢程度。此处，针对拥有近期点击流的用户 i，我们将 LDwell$_i$ 作为在线旅游特征工程的第 6 个特征。

（7）LDwellAvg$_i$。LDwellAvg$_i$ 为"点击流度量"的一个特征，刻画的是用户 i 近一个月内访问的所有会话平均停留时间（单位：秒）。与特征 LDwell$_i$ 类似，LDwellAvg$_i$ 是从近期停留时间的均值角度去刻画用户的喜欢程度。此处，针对拥有近期点击流的用户 i，我们将 LDwellAvg$_i$ 作为在线旅游特征工程的第 7 个特征。

（8）TotP$_i$。TotP$_i$ 为"购买行为"的一个特征，刻画的是用户 i 近一个月内累计购买的总次数。已有研究也多次提及了用户的近期购买行为与当前的购买意图具有紧密的关联。该特征既能反映出用户的购买力，也能反映出用户对平台的信任度。此处，针对拥有近期点击流的用户 i，我们将 $TotP_i$ 作为在线旅游特征工程的第 8 个特征。

（9）$LPDays_i$。$LPDays_i$ 为"购买行为"的一个特征，刻画的是用户 i 距离近一个月内最近一次购买的时间间隔（单位：天）。考虑到传统日用百货商品的购买具有爆发式的动力和周期性的需求，如用户对于奶粉和尿不湿的购买具有周期性需求，已有研究在这些产品的购买预测中将近期购买的间隔时间作为在线购买预测的依据之一。由于旅游包跟传统产品在价格、需求等方面具有显著的差异，因此旅游包的近期购买时间间隔对于在线购买预测的影响值得深入地分析。此处，针对拥有近期点击流的用户 i，将 $LPDays_i$ 作为在线旅游特征工程的第 9 个特征。

（10）$MAvgP_i$。$MAvgP_i$ 为"购买行为"的一个特征，刻画的是用户 i 近一个月内购买旅游包的平均花费（单位：美元）。已有研究证实了用户的平均花费能够反映出用户的购买力，也是影响购买意图的重要因素之一。由于旅游包价格相差较大，因此，从近期平均花费角度去衡量在线旅游用户的购买力尤为重要。此处，针对拥有近期点击流的用户 i，我们将 $MAvgP_i$ 作为在线旅游特征工程的第 10 个特征。

（11）$PAvg_j$。$PAvg_j$ 为"点击流度量"的一个特征，刻画的是用户 i 在当前会话 j 中浏览旅游包的均价（单位：美元）。与特征 $MAvgP_i$ 和 $PAvgV_i$ 类似，$PAvg_j$ 也从产品价格角度去衡量用户的购买力和价格敏感程度，不同的是，$PAvg_j$ 衡量的是当前会话中浏览产品的均价。已有研究将 $PAvg_j$ 作为衡量用户当前购买力和价格敏感程度的因素。此处，针对拥有当前点击流的所有用户 i，我们将其 $PAvg_j$ 作为在线旅游特征工程的第 11 个特征。

（12）$PDev_j$。$PDev_j$ 为"点击流度量"的一个特征，刻画的是用户 i 在当前会话 j 中浏览旅游包价格的标准差。与特征 $PDevV_i$ 类似，$PDev_j$ 考虑了用户当前关注的这些产品价格的离散或者聚集程度。已有研究工作也将该特征用于衡量用户对产品价格的敏感程度。此处，针对拥有当前点击流的所有用户 i，我们将 $PDev_j$ 作为在线旅游特征工程的第 12 个特征。

（13）$Length_j$。$Length_j$ 为"点击流度量"的一个特征，刻画的是用户 i 的当前会话 j 的长度（即点击次数）。已有研究多次提及用户会话长度是衡量用户在线购买意图的关键因素。同时该特征已经被广泛应用于客户在线行为数据的特征构造，如应用在天猫商城在线购买预测的研究中。同时，已有的研究普遍认为会话浏览页面的数量和其停留时间对购买意图具有积极的影响。此处，针对拥有当前点击流的所有用户 i，我们将 $Length_j$ 作为在线旅游特征工程的第 13 个特征。

（14）$Dwell_j$。$Dwell_j$ 为"点击流度量"的一个特征，刻画的是用户 i 在当前

会话 j 的停留时间。许多网站通常使用停留时间而不是点击数量来度量某个特定用户对一个产品的喜欢程度。同时,已有研究在进行购买预测任务中,将用户停留时间作为特征输入分类器。在线旅游特征选取时,会话的停留时间用来衡量游客的感兴趣程度。此处,针对拥有当前点击流的所有用户 i,我们将其 Dwell$_j$ 作为在线旅游特征工程的第 14 个特征。

(15)Search$_j$。Search$_j$ 为"点击流度量"的一个特征,刻画的是用户 i 在当前会话 j 中使用的搜索引擎类型。在本节的在线旅游数据中,搜索行为可进一步分为站内搜索和站外搜索,其中站内搜索为途牛旅游网内部搜索引擎,而站外搜索是通过第三方的搜索引擎跳转到了途牛旅游网(如百度、搜狗和 360 搜索等)。已有研究也证实了用户搜索行为对购买意图有着积极影响。此处,针对拥有当前点击流的所有用户 i,我们将 Search$_j$ 作为在线旅游特征工程的第 15 个特征。

(16)TRegions$_j$。TRegions$_j$ 为"点击流度量"的一个特征,刻画的是用户 i 在当前会话 j 中旅游目的地分布的熵。不同于一般商品(如书籍、音乐和电影等),旅游包的文本描述信息更加琐碎,也就是 2 个不同的旅游包可能会非常相似,除了一些微妙的区别。例如,景点参观线路和日程、酒店和交通工具选择等因素的变化。因此,我们不直接使用旅游包标识(即 Item_ID)的分布去衡量会话的集中和分散程度。由于旅游包可以通过旅游地区和旅游类型这两个角度来分类描述,一般来说,具有强烈购买意图的用户可能会浏览旅游包,将感兴趣的旅游地区作为目的地或将感兴趣的旅游类型作为目标。因此,我们利用熵来衡量会话中与旅游包相关联的旅游地区和旅游类型的分散或集中程度。

$$TRegions_j = -\sum_{t \in T_j} \pi(t) \log_2 \pi(t)$$

其中,TRegions$_j$ 为从会话 j 中抽取的旅游区域集合,对于 TRegions$_j$ 中的每一个旅游区域 t,旅游区域分布 π 指定了一个通过计算 TRegions$_j$ 中旅游区域 t 的数量和所有旅游区域数量的比例得出的概率 $\pi(t)$。针对拥有当前点击流的所有用户 i,将 TRegions$_j$ 作为在线旅游特征工程的第 16 个特征。

(17)PTypes$_j$。PTypes$_j$ 为"点击流度量"的一个特征,刻画的是用户 i 在当前会话 j 中旅游类型分布的熵。PTypes$_j$ 与 TRegions$_j$ 类似,衡量的是用户在当前会话 j 中浏览的旅游包属性的分散或者集中程度。PTypes$_j$ 的计算方式也和 TRegions$_j$ 的定义一致。此处,针对拥有当前点击流的所有用户 i,将 PTypes$_j$ 作为在线旅游特征工程的第 17 个特征。

(18)RPages$_j$。RPages$_j$ 为"点击流度量"的一个特征,刻画的是用户 i 在当前会话 j 中包含旅游包相关展示页面的比例。具有很强购买意图的顾客往往倾向于浏览相关的产品页面去获取丰富信息以帮助其做出在线购买决策。分类页通常显示一组特定主题的旅游包(如北京之旅、游乐园和海岛等)。因此,除了产品页面本身，分类页对于识别客户的购买意图也很重要。

$$\mathrm{RPages}_j = \frac{\#\mathrm{Category}_j + \#\mathrm{Product}_j}{\#\mathrm{Length}_j}$$

其中，$\#\mathrm{Category}_j$ 和 $\#\mathrm{Product}_j$ 分别为会话 j 中分类页面的数量和旅游产品页面的数量；$\#\mathrm{Length}_j$ 为会话 j 的长度。针对拥有当前点击流的所有用户 i，将 RPages_j 作为在线旅游特征工程的第 18 个特征。

（19）$\mathrm{Location}_j$。$\mathrm{Location}_j$ 是"旅游时空度量"的一个特征，刻画的是用户 i 所在城市和会话 j 旅游包出发城市的距离相似度。为了降低费用支出和时间成本，客户通常选择他居住城市（通过 IP 地址推断）的附近城市作为线路出发城市开始旅行。在这里，我们使用树的结构相似性来定义两个城市之间的语义关系。

（20）$\mathrm{Holiday}_j$。$\mathrm{Holiday}_j$ 是"旅游时空度量"的一个特征，刻画的是用户 i 当前会话 j 的时间与最近节假日时间戳的间隔天数（如中秋节、国庆节、元旦以及春节等）。事实上，旅游业会受到节假日和周末的严重影响，为此我们也在在线旅游特征构造中考虑到了节假日因素。通常，随着假期的临近，不仅订单转化率明显提高，订单的数量也显著上升。此处，针对拥有当前点击流的所有用户 i，将 $\mathrm{Holiday}_j$ 作为在线旅游特征工程的第 20 个特征。

（21）$\mathrm{Weekend}_j$。$\mathrm{Weekend}_j$ 是"旅游时空度量"的一个特征，刻画的是用户 i 在当前会话 j 的所在日期是否为周末。针对传统产品的在线购买行为的研究提出了周末因素是影响用户在线购买行为的重要因素。同样，为了度量周末因素对在线旅游购买决策的影响，针对拥有当前点击流的所有用户 i，将 $\mathrm{Weekend}_j$ 作为在线旅游特征工程的第 21 个特征。

8.4.2　在线旅游客户细分

从客户需求的角度来看，客户需求迥异，为了让不同的客户均感到满意，平台必须得提供符合客户需求的产品和服务，而为了满足这种多样化的需求，就需要按照不同的标准对客户群体进行客户细分。从客户价值的方面来看，不同的客户能够为平台提供的价值是不同的，平台要想知道哪些是企业的潜在客户，哪些是最有价值的客户，哪些是平台的忠诚客户，哪些客户最容易流失，就必须对客户进行细分；从平台管理的角度来看，如何对不同的客户进行有限资源的优化应用是每个平台都必须考虑的问题。所以在进行客户管理时非常有必要对客户进行统计、分析和细分，只有这样，平台才能根据客户的不同特点进行有针对性的营销，赢得、扩大和保持高价值的客户群，吸引和培养潜力较大的客户群，为平台营销决策提供依据。为了深入理解和精准地预测在线旅游用户购买的行为，本章的研究仅将浏览记录作为在线用户细分的依据。因此，在线用户在观察窗口中可分为以下三个不相交的类别。

（1）first-time visitors。此类用户首次访问该网站，这意味着除了当前点击流外，没有其他历史信息可以去了解这些用户。

（2）ever-visited users。此类用户曾经访问过网站，但是在近期没有访问记录，如在最近的一个月内没有访问记录。所以除了一些人口统计信息，仅有当前的点击流信息可用。

（3）recent-visited users。此类用户非常活跃，即他们在近期访问了网站。因此，近期的和当前的点击流，还有一些人口统计信息是可用的。

8.4.3　在线旅游购买模式分析

为了进行在线旅游购买预测的研究，首先抽取了具有旅游时节代表性的三周点击流数据作为研究对象。接着，对点击流数据作了必要的预处理，包括：①删除了会话长度为 1 的短会话；②删除了在线异常操作的疑似爬虫用户。最终预处理后的数据规模如表 8.3 所示。具体而言，D_1 指的是暑假的一周数据，D_2 是中国十一黄金周（国庆节和中秋节假期）的前一周数据，D_3 指的是典型的工作日期间的一周数据（即旅游淡季）。此外，每个会话由用户在某一段时间内的点击页面组成，也被称为一个样本（即实例）。每个会话也可以根据是否包含预订页面标记为是否产生购买。因此，可以获得购买会话的数量和对应的订单转化率。

表8.3　在线购买预测数据描述

数据集	时间	#记录	#用户	#会话	#订单	订单转化率
D_1	2012 08.01-08.07	2 022 633	364 067	431 321	7 284	1.69%
D_2	2012 09.24-09.30	1 980 299	341 878	403 032	10 236	2.54%
D_3	2012 11.01-11.07	941 930	190 292	217 692	2 731	1.26%

节假日和周末因素对在线购买的影响：考虑到时间成本因素，游客通常选择在节假日进行出行。首先，由于接近中国的国家法定节假日（如国庆节和中秋节），数据集 D_2 的订单转化率显著高于 D_1 和 D_3。其次，从图 8.2（a）可以发现周末因素也会影响旅游电子商务的订单转化率。由于 D_2 数据中的周末也是中秋节和国庆节假期，因此这两天订单转化率普遍高于基线。为了避开节假日影响，只看 D_1 和 D_3 数据集，可以观察到，这两个数据的订单转化率均从周五开始下降，而在工作日时，订单转化率大多高于基线。在实际生活中，游客通常提前安排出行行程，因此这种现象是合理的。最后，我们观察一周访问会话数量的变化，图 8.2（b）与传统产品

不同的是，在工作日（即周一至周五）反而会有更多的访问会话产生。这些结果表明，旅游电子商务平台受到节假日影响较大。因此，在进行在线旅游购买预测研究时，必须要考虑到节假日和周末因素。

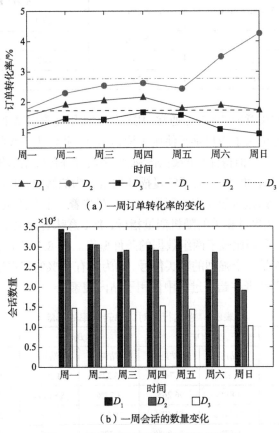

（a）一周订单转化率的变化

（b）一周会话的数量变化

图 8.2　购买预测数据中节假日的因素

　　用户细分和购买行为之间的相关性：通过收集 recent-visited users 的购买行为，进一步将其分成 recent-purchased users 和 recent-not-purchased users。表 8.4 显示了各类用户的订单转化率。大多数用户都是 first-time visitors，其中 D_1 占 52.3%、D_2 占 61%、D_3 占 55.6%，这跟推荐系统中的冷启动问题类似，对于 first-time visitors 而言，由于缺乏丰富的可用信息，对其进行在线购买预测比较复杂。此外，正如所料，已有的顾客（即会员）会带来更高的订单转化率。然而，值得注意的是 recent-purchased users 的订单转化率异常的高，在三个数据集上均超过 17%。这表明历史上的购买行为与预测未来购买行为有着密不可分的关系。相比较而言，我们充分意识到，60% 的购买是由非会员用户产生。当前点击流是用于理解非会员的行为的原始数据，非会员浏览的页面也很少。因此，如何充分利用当前会话的点击流信息对于预测任务非常重要。

表8.4　不同用户类型对订单转化率的影响

数据集	first-time visitors	ever-visited users	recent-visited users	
			未买	买
D_1	0.88%	2.55%	2.19%	17.15%
D_2	1.34%	1.39%	4.47%	17.70%
D_3	0.61%	1.73%	1.92%	17.60%

搜索行为对购买意图的影响：通常，用户经常使用搜索引擎来寻找所需的信息，每一个当前会话也记录了用户是否使用了搜索引擎。我们进一步将搜索行为区分为站内搜索和站外搜索，值得注意的是站外搜索是通过外部搜索引擎跳转到平台页面的（如百度、360 和谷歌等）。为了定量描述搜索行为的影响，我们采用两个随机变量指标：X 表示会话是否包含点击行为，$X=1$ 意味着一个会话包含搜索行为，$X=0$则反之；Y 是与购买事件相关的随机变量指标，$Y=1$ 意味着发生了相关的购买行为，否则 $Y=0$。然后，我们比较了两组数据的条件概率。表 8.5 展示了对比结果，可以看出站内搜索行为是一个强烈的购买信号，因为约有 95% 的客户使用站内搜索购买产品和 20% 以上消费者在购买过程中使用了站内搜索。

表8.5　搜索行为对订单转化率的影响

项目		D_1		D_2		D_3	
		站内	站外	站内	站外	站内	站外
$P(Y|X=1)$, $Y=\{0,1\}$	买	95.12%	3.74%	96.23%	4.19%	94.78%	4.69%
	未买	4.88%	96.26%	3.77%	95.81%	5.22%	95.31%
$P(X=1|Y)$, $Y=\{0,1\}$	买	21.76%	61.47%	25.61%	53.25%	20.39%	59.65%
	未买	1.67%	56.83%	1.78%	49.37%	1.22%	58.89%

近期访问和购买行为对购买意图的影响：为了检验近期访问和近期购买行为对在线购买决策的影响，重点分析了 recent-visited user。为此，提取一组购买过的用户会话，并统计了最近一次访问和购买的时间间隔。从图 8.3 中的累积分布函数（cumulative distribution function，CDF）可以看出，2 个分布均有显著的长尾现象，这意味着近期的行为影响比较显著。此外，上次访问的近因效应更强，也就是说，多次访问的用户（recent-visited user）大约 90% 在 5 天内进行第二次访问时完成购买。然而，购买时间间隔相对增长缓慢。与日用百货商品的购买具有爆发式的动力和周期性的需求相比，旅游产品的购买间隔较长，如 60% 左右的用户在 3 天内执行第二次购买，我们发现这些产品大多是低成本旅游包（如周边游、景点和门票等）。

此外，一旦用户买了旅游产品，直到发生第二次购买有一个相对较长的时间间隔，如约 18%的用户第二次购买旅游产品发生在首次购买的 11 天后，我们发现这些产品大多是高价的旅游包（如国内长线或者短线、海外长线或者短线）。

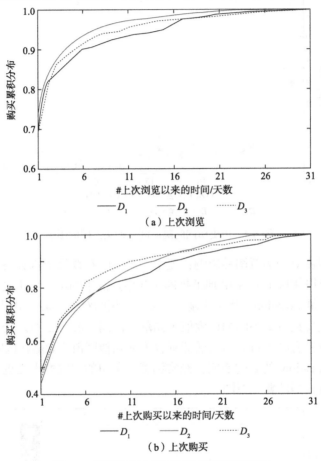

图 8.3　近期访问和购买对购买意图的影响

接着，分析历史访问间隔时间对于在线购买的影响。正如以上所述，用户往往不会长期关注旅游包，即在电子商务旅游网站上留下访问记录，而往往是有了旅游目标和安排之后才开始浏览旅游包，这导致在线旅游数据中存在大量冷启动用户。为此，我们试图分析非冷启动用户距离上次访问会话的时间间隔对在线购买行为的影响。如图 8.4 所示，D_1、D_2 和 D_3 的订单转化率在距离上次访问的 5 天内迅速下降，然后缓慢下降至 30 天的时间间隔。此外，在 D_1、D_2 和 D_3 上，距离上次访问时间间隔在 3 天内会话的订单转化率均高于基线（即数据集的平均订单转化率）。换言之，在 3 天内再次访问该网站的用户更加有下单的倾向。综上所述，与传统产品一样，旅游电子商务用户的历史记录对于在线购买预测的研究也至关重要。

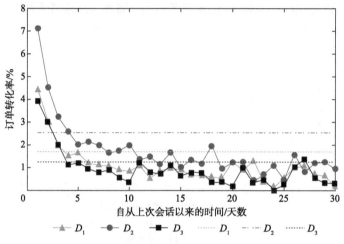

图 8.4　历史访问间隔时间对购买意图的影响

语义相似度对购买意图的影响：度量一个影响在线旅游购买决策的领域特色因素，即用户居住城市（由 IP 地址推断）和用户点击的出发城市之间的距离。这个因素对应变量 $Location_j$。图 8.5 显示了买和不买的对比结果。很明显，没有购买行为的会话主要拥有更小的相似度值（如落在区间（0，0.25]和（0.25，0.5]上），然而绝大多数带有购买行为的会话拥有较大的相似度值（如落在区间（0.75，1.0]上）。变量 $Location_j$ 的影响说明：经常浏览旅游包的出发城市靠近其居住城市的用户往往具有强烈的购买意图。

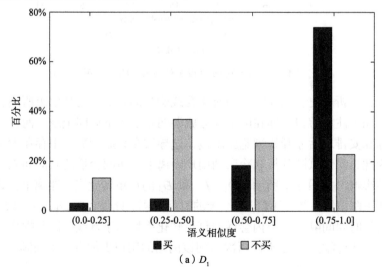

（a）D_1

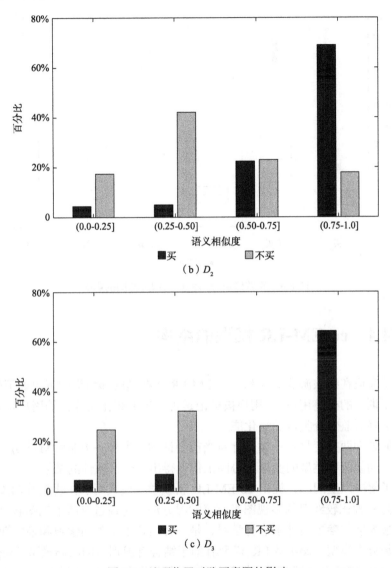

图 8.5　地理位置对购买意图的影响

　　旅游区域分布的熵对购买意图的影响：顾客浏览的旅游包区域通过变量TRegions$_j$表示。图 8.6 中的箱线图比较了旅游区域分布的熵，此处较小的熵值代表用户聚焦于比较少的旅游区域。显而易见，在三个旅游数据集里，有购买行为的样本组中位数和变异系数都比较小。这意味着有很强购买意图的顾客更加喜欢浏览以其感兴趣的地区为目的地的旅游包。相比之下，广泛浏览各种旅游包的在线用户很难做出购买决定。

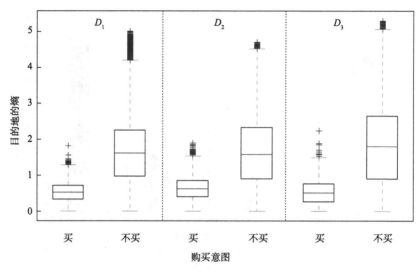

图 8.6　旅游区域分布的熵对购买意图的影响

8.4.4　co-EM-LR 模型的结构

为了完成在线旅游购买预测，co-EM-LR 要在其内部结构中解决如下问题。

用于训练的标签用户（即用户被标记是否购买），相比无标记的用户是有限的，这可能会降低监督分类器的泛化能力。

如何处理两类变量：一类是针对当前会话的，另外一类是针对近期（历史）会话的。期望两种类型的变量可协同工作以得出一个一致性的结果。

为了解决以上问题，提出 co-EM-LR 新颖学习模式用于在线旅游购买预测。co-EM 是一种比较经典的多视图半监督学习方法，它通过对两个视图联合生成式模型的最大期望参数估计来进行学习，是一种结合了多视图学习和最大期望算法的半监督分类模型。co-EM-LR 模型有助于结合有识别力的回归模型（regression model）和生成概率模型（最大期望算法），扩展了基础逻辑回归模型在处理购买预测问题上的双重困难。首先，用于训练的标签用户（即用户被标记是否购买），相比无标记的用户是有限的，这可能会降低监督分类器的泛化能力。所以，我们希望设计的预测模型能够具备自助提升弱分类器的能力，即由使用的大量无标记样本和最初小规模的标记样本构建预测模型。其次，定义了两类变量：一类是针对当前会话的，另外一类是针对近期（历史）会话的。受多视图学习的启发，不同视图（即类别）可以协同学习提升模型的性能。为此，期望两种类型的变量可协同工作以得出一个一致性的结果。

8.5　基于概率矩阵分解和特征融合的推荐

本节要介绍一种基于概率矩阵分解和特征融合的推荐模型（probabilistic matrix factorization with multi-anxiliary information，PMF-MAI）。因其简洁的模型结构和清晰易懂的模型原理，PMF-MAI 非常适用于旅游产品推荐场景。

8.5.1　PMF-MAI 模型的应用场景

PMF-MAI 模型的应用场景是中国大型旅游电子商务公司途牛旅游网的旅游产品推荐场景。用户通过在线旅游平台收集丰富、全面的旅游产品信息用于旅游行程规划。为了解决信息过载问题，在线旅游平台采用个性化旅游推荐系统，通过对用户行为数据进行分析、建模，预测并推荐用户可能感兴趣的旅游产品，来提高服务质量，吸引和留住用户。同时，有购买意向的用户也能够快速找到满足个性化需求的旅游产品。尽可能地增加用户点击率，准确地预测用户点击率，是 PMF-MAI 模型的最终优化目标。

不同于传统产品推荐，在线旅游点击流数据中，旅游产品种类繁多、数量巨大，这些因素导致用户和旅游包之间的显式反馈数据稀疏（即点击或者购买的交互矩阵极其稀疏），如果建立用户和旅游包购买矩阵，仅有 0.1%左右的元素是非零值，这比传统产品的数据集要小得多。比如，推荐算法预测竞赛奈飞（Netflix）比赛中的数据矩阵对应的非零值比例为 1.17%，常用的 MovieLens100K 数据中的"用户–项目"（user-item）评分矩阵的密度为 6.3%。因此，旅游数据的稀疏性问题导致很难直接应用传统的推荐技术（如协同过滤或者矩阵分解等）去实现个性化旅游包推荐，这给个性化旅游包的推荐提出了新的挑战。同时，旅游产品构成元素复杂，且不同产品之间异中有同，包含出发地、目的地和行程时间等特征，旅游产品的选择还受到季节、假期的影响。

8.5.2　PMF-MAI 模型的特征构建

针对该使用场景，构建了六种全局特征，包括出发地和目的地的地理相似度和语义相似度，以及用户对旅游产品在经济和时间成本上的偏好。不同于用户特征和产品特征，全局特征是用户和产品的交互特征。全局特征在旅游产品推荐领域具有重要作用，如游客的居住城市对建模用户偏好几乎没有影响，但当它与旅游产品的出发城市相关联时，就具有重要的意义。第一类特征用来描述用户居住地和旅游产品出发城市之间的距离，以及用户意向目的地和旅游产品目的地城市之间的距离。具体地，根据会话对应的 IP 地址获取用户的居住地，产品页面的属性 place of departure（出发地）获取旅游产品的出发城市，用户搜索 keyword（关键词）提取用户意向目的地，产品页面的属性 destination（目的地）获取旅游产品的目的地城市。我们采用两种方法来测量两个地点之间的距离：地理相似度和语义相似度。

1. 地理相似度

给定一组地名 p_i、p_j，使用谷歌地图 API 计算地名之间的地理距离，记作 $D(p_i, p_j)$。接着，利用最小最大归一化法将距离转化为地理相似度：

$$S_1(p_i, p_j) = 1 - \frac{D(p_i, p_j) - \min}{\max - \min}$$

其中，地名 p_i、p_j 之间的地理相似度为 $S_1(p_i, p_j)$；$D(p_i, p_j)$ 为通过经纬度数据计算的地名 p_i、p_j 之间的距离；$\max$（$\min$）为 $D(p_i, p_j)$ 的最大（最小）值。

2. 语义相似度

将地名组织成一个树形结构。例如，这种树的一种可能路径为"中国→华东→江苏→南京"。使用树结构中的节点相似性来定义两个地名之间的语义关系。具体来说，使用联合国地理方案（United Nations Geoscheme，UNG）构建地理层次结构。图 8.9 展示了这种层次结构的一个示例，语义相似度定义为

$$S_2(p_i, p_j) = \frac{H(p_i \cap p_j)}{H(p_i) + H(p_j)}$$

其中，地名 p_i、p_j 之间的语义相似度为 $S_2(p_i, p_j)$；$H(p_i \cap p_j)$ 为地名 p_i 与地名 p_j 在地理树中的最近公共父节点距离根节点的路径长度；$H(p_i)$ 为地名 p_i 在地理树中距离根节点的路径长度；$H(p_j)$ 为地名 p_j 在地理树中距离根节点的路径长度。那么根据图 8.7，S_2(泰国,普吉岛)= 0.889，S_2(泰国,济州岛)=0.444。这意味着这位游客在目的地的选择上，对普吉岛比对济州岛具有更高的偏好。

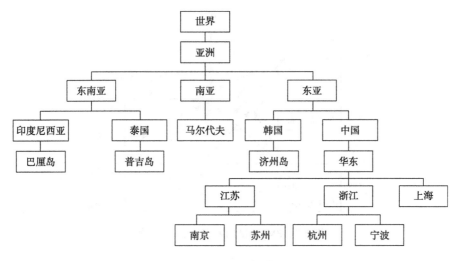

图 8.7　地理树形结构

不同旅游产品的价格和行程时间差异很大。例如，在数据集中，旅游产品的售价从几百美元到数万美元不等，行程时间从一日到十几日不等。因此，设计另一类特征用于表达用户对旅游产品在经济和时间成本上的偏好。借鉴文献[7]里面的方法，将用户对经济和时间成本的偏好建模为高斯先验。具体来说，首先使用最大最小归一化方法对价格属性进行归一化处理，并计算平均值和标准差。其次，通过假设价格遵循一维高斯分布来获得每个会话的价格概率函数。最后，得到两个构造特征用以建模用户在价格和时间上的偏好。

8.5.3　PMF-MAI 模型的结构

PMF-MAI 模型在上一节已经通过构建全局特征解决了旅游产品时空特征复杂的问题。而对于旅游产品数据稀疏的问题，PMF-MAI 模型将通过缺失数据（即未观察的用户-产品交互数据）来缓解。

给定 N 个用户和 M 个物品的 $N \times M$ 维偏好矩阵 X，旨在向每个用户推荐可能感兴趣但是没有交互的新物品。本质上，推荐任务等价于对矩阵 X 中的缺失值进行预测，通过对预测值进行排序，为用户推荐相应物品。图 8.8 为 PMF-MAI 模型的概率图表示。PMF-MAI 主要分为以下三个模块，接下来将依次介绍各个模块的功能和实现。

基于用户-产品交互矩阵的概率分解：利用概率矩阵分解模型分解用户-产品交互矩阵，建立损失目标函数为

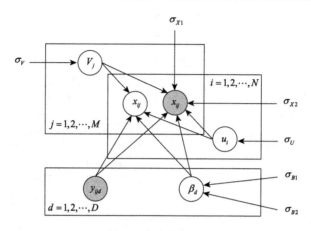

图 8.8　PMF-MAI 模型的概率图表示

$$\mathcal{J}_1 = \frac{1}{\sigma_{X1}^2} \left\| I^X \odot \left(X - U^{\mathrm{T}} V \right) \right\|_F^2$$

其中，U 为用户隐因子矩阵；V 为产品隐因子矩阵；σ_{X1} 为参数；$\|\cdot\|_F^2$ 为 Frobenius 范数；$\odot$ 为 Hardamard 乘积；I^X 为偏好矩阵 X 中隐式反馈数据（缺失数据）的指示矩阵。

　　基于特征融合的线性回归：将构建的全局特征聚合为张量形式 Y，其中，$y_{ij} = \left[y_{ijd} \right]_{D \times 1}$ 为 D 维特征向量；y_{ijd} 为用户–产品交互矩阵的第 d 个特征值。同样地，利用线性回归建立损失目标函数为

$$\mathcal{J}_2 = \frac{1}{\sigma_{X2}^2} \left\| I^X \odot \left(X - Y_{\times d} \beta \right) \right\|_F^2 + \frac{1}{\sigma_{B1}^2} \beta_F^2$$

其中，$Y_{\times d}$ 为张量 Y 与 β 的 d-mode 乘积；σ_{X2} 和 σ_{B1} 为参数。

　　缺失数据处理：利用缺失数据更新概率矩阵分解和线性回归模型的参数，建立损失函数为

$$\mathcal{J}_3 = \frac{1}{\sigma_{B2}^2} \left\| \bar{I}^X \odot \left(Y_{\times d} \beta - U^{\mathrm{T}} V \right) \right\|_F^2$$

其中，$\bar{I}_{ij}^X = 1 - I_{ij}^X$，$\sigma_{B2}$ 为参数。

　　联立三个模块建立的损失函数 $\mathcal{J} = \alpha_1 \mathcal{J}_1 + \alpha_2 \mathcal{J}_2 + \alpha_3 \mathcal{J}_3$。模型的训练利用梯度下降即可完成，求解 U 和 V，推荐系统预测的用户对产品的点击量 $\hat{X}_{ij} = U_i^{\mathrm{T}} V_j$，根据预测点击量，对预测值前 K 高的产品进行推荐。

8.6　基于异步传感器的室内定位技术

本节介绍的是基于异步传感器的室内定位技术。室内定位是指在室内环境中实现位置定位。目前，已经出现了多种室内定位技术。其中，基于指纹的无线定位方法受到了各界的广泛关注。该方法的基本思想是根据无线通信设备的接收信号的强度指示（received signal strength indicator，RSSI）来推断用户所处的位置。

8.6.1　室内定位技术背景介绍

近年来，轨迹数据挖掘越来越受到关注，并在城市计算中得到了广泛的应用，如交通预测、路线预测等方面。同时，挖掘室内跟踪数据和研发基于室内位置服务，极大地推动了室内导航、智能零售、社交网络、医疗保健等领域的发展。然而，现有的定位方法大多要求部署在不同地点的传感器同时探测无线信号，以确定用户的实时位置。这不仅需要在定位系统中引入同步机制，还要在离线阶段（offline phase）准确测量每个测量点（reference point）的二维坐标，因而大大增加了人力、物力和财力的开销。此外，在许多情况下，人们只是希望知道用户在给定时间间隔内所停留的区域，而不是用户在给定时间点所处的位置。例如，大型购物中心的经理可能会想知道哪些产品对客户具有很大的吸引力，而哪些没有。因此，我们可以通过计算客户在每个柜台停留的次数和停留的时间，来预测客户对哪些柜台的商品更加感兴趣。也就是说，我们只需要弄清一段时间内客户所停留的柜台。

可以通过室内区域本地化的方式来解决这类问题。与传统的定位问题相反，室内区域定位的目的是预测对象在给定时间间隔内所停留的区域位置。对于此类问题，本书介绍了基于贝叶斯概率模型异步传感数据的室内区域定位方法。该方法的核心思想是为每个时间戳创建一个时间窗口，引入用于用户建模的时间衰减聚合方法，即将异步感应数据转换为一系列 RSSI 测量向量，然后估计每个指纹的条件概率，并将所有概率放在一起以获得对应于不同区域的预测概率。最后，在给定的时间间隔内，预测概率最大的区域被视为对象的停留区域。由于预测的是对象的停留区域，因此仅需要记录每个测量点的相对位置，而不是精确的坐标，这极大地减轻了数据采集过程的工作量。

8.6.2　异步传感方法

Wi-Fi 定位系统是众多无线技术中基于设备的无源定位技术。Wi-Fi 定位系统不需要进行额外的基础设施改造，只需要将多个 Wi-Fi 传感器放置在室内空间内。每个 Wi-Fi 传感器通常都会配备 4G 通信模块，然后通过通信模块将传感数据发送回云服务器。

目前绝大多数 Wi-Fi 定位系统，都是通过多个传感器采用异步方式来进行工作，即一个用户不能被附近的传感器同时检测出来。为了实现准同步监控，只能减小扫描间隔，但是由于 4G 通信相对昂贵，因此整体费用过高。许多商业系统并没有将扫描间隔设置得很短。例如，路由器 Meshlium 每 20 秒扫描一次 Wi-Fi 帧。预测用户在特定时间间隔内停留的室内区域，意味着并不需要预测用户的每个停留点。因此，允许每个传感器以相对较长的时间间隔（如 20 秒）检测 Wi-Fi 信号，用异步传感的方式获取数据信息。

图 8.9 展示了异步传感方案的典型示例。在路径附近部署三个 Wi-Fi 传感器，其检测间隔设置为 3 的倍数。然后，用户携带着连接 Wi-Fi 的手机，沿着小路行走。在这个过程中，他会被一个或多个传感器检测到。其中传感器 #1 会在 t_1 和 t_4 时间点检测到用户，传感器 #2 会在 t_2 和 t_5 时间点检测到用户，传感器 #3 则在时间 t_3 检测到用户。我们可以清楚地观察到这些传感器的检测事件发生在不同的时间，或者换句话说，这些传感器以异步方式检测到用户。

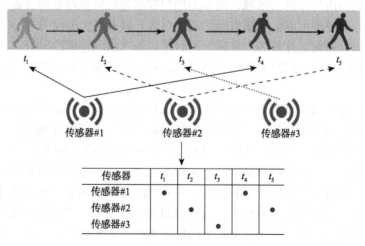

图 8.9　异步场景说明图

8.6.3　异步传感数据的室内区域定位方法

本节将介绍一种基于异步传感数据的室内区域定位方法，其核心思想是将给定用户 u 对应的异步传感数据按探测时间先后排成一个序列 X；根据给定的时间点 t 和时间间隔 Δt，将探测时间在区间 $(t-\Delta t,t)$ 内的记录构成子序列 X'；计算子序列中每条记录的权重，并将该子序列转换为一个用户 RSSI 向量；对每个指纹 RSSI 向量，计算用户 RSSI 向量与该指纹 RSSI 向量的相似度；对每个小区域，计算用户 RSSI 向量与该区域的相似度，相似度最大的区域即为 X' 对应的用户 u 的停留区域。本方法能有效解决异步场景下的室内定位问题。下面将详细介绍该方法实现方式。

步骤 1：首先给定已划分好的目标区域和若干个指纹 RSSI 向量，其中已划分好的目标区域由若干个不重叠的小区域组成，每个小区域中有若干个参考点，每个参考点对应一个指纹 RSSI 向量 $\vec{f}_i=[s_{i1},s_{i2},\cdots,s_{id}]$，$s_{ij}$ 为第 j 个传感器探测到的无线通信设备的 RSSI，d 为传感器的个数。

步骤 2：给定用户 u，将该用户对应的异步传感数据按探测时间先后排成一个序列 X，该序列的基本形式为 $X=\{\langle x_1,t_1\rangle,\langle x_2,t_2\rangle,\cdots,\langle x_i,t_i\rangle,\cdots,\langle x_n,t_n\rangle\}$，$t_1\leqslant t_2\leqslant\cdots\leqslant t_i\leqslant\cdots\leqslant t_n$，其中 $\langle x_i,t_i\rangle$ 是第 i 条记录，$x_i=\langle x_{i1},x_{i2}\rangle$ 是一个二元组，x_{i1} 是传感器 ID，x_{i2} 是传感器 x_{i1} 探测到的用户 u 携带的无线通信设备的 RSSI，t_i 是传感器的探测时间。

步骤 3：给定时间点 t 和时间间隔 Δt，将探测时间在区间 $(t-\Delta t,t)$ 内的记录构成子序列 X'。

步骤 4：计算子序列中每条记录的权重，并将该子序列转换为一个用户 RSSI 向量 $\vec{O}_t=[s_1^t,s_2^t,\cdots,s_j^t,\cdots,s_d^t]$，其中 s_j^t 为对应于第 j 个传感器的 RSSI，具体如下。

给定探测时间为 t_i 的记录，利用公式 $w(t_i,t)=\dfrac{1}{1+\alpha(t-t_i)}$ 计算该条记录对应的权重，其中，α 为调节因子。

利用公式 $s_j^t=\dfrac{\sum_{\langle x_i,t_i\rangle\in X',x_{i1}=j} x_{i2}\cdot w(t_i,t)}{\sum_{\langle x_i,t_i\rangle\in X',x_{i1}=j} w(t_i,t)}$ 计算用户 RSSI 向量的第 j 维分量，形成用户 RSSI 向量 $\vec{O}_t=[s_1^t,s_2^t,\cdots,s_j^t,\cdots,s_d^t]$。

步骤 5：对每个指纹 RSSI 向量，计算用户 RSSI 向量与该指纹 RSSI 向量的相似度，具体如下。

利用公式 $\mathrm{Sim}\left(\vec{f}_i\,|\,\vec{O}_t\right)=\exp\left(-\dfrac{\left|\vec{f}_i-\vec{O}_t\right|^2}{2\sigma^2}\right)$ 计算用户 RSSI 向量与指纹 RSSI 向量的相似度，其中，$\vec{f}_i$ 为第 i 个指纹 RSSI 向量，σ 为带宽参数。

步骤6：对每个小区域，计算用户 RSSI 向量与该区域的相似度，相似度最大的区域即为 X' 对应的用户 u 的停留区域，具体如下。

利用公式 $\mathrm{Sim}\left(\hat{r}=k\,|\,\vec{O}_t\right)=\left(\mathrm{Sim}\left(\vec{f}_i\,|\,\vec{O}_t\right)\right)^{\frac{1}{m_k}}$ 计算用户 RSSI 向量与区域 r_k 的相似度，其中，$\vec{f}_i\in r_k$ 为指纹 RSSI 向量 $\vec{f}_i$ 对应的参考点在区域 r_k 中，m_k 为区域 r_k 包含的指纹 RSSI 向量的个数。

在一个具体的实例中，对基于异步传感数据的室内区域定位方法进行详细叙述。

图 8.10 是已划分好的目标区域，图中圆圈表示参考点所处的位置，实心圆点表示传感器所处的位置。各参考点对应的指纹向量如表 8.6 所示。特别地，以 $\vec{f}_1$ 为例，$\vec{f}_1$ 是与参考点 1 对应的指纹 RSSI 向量。

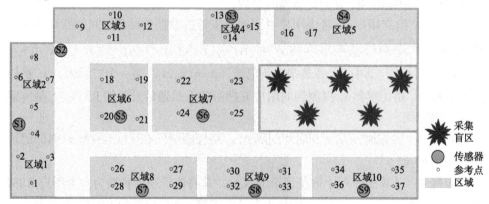

图 8.10　目标区域示意图

表8.6　各参考点对应的指纹向量

区域	指纹	S1	S2	S3	S4	S5	S6	S7	S8	S9
区域1	$\vec{f}_1$	62	78	83	89	66	77	62	73	82
	$\vec{f}_2$	53	72	81	88	67	76	65	77	85
	$\vec{f}_3$	63	68	85	90	59	74	66	74	83
	$\vec{f}_4$	40	65	77	85	60	72	66	79	86
区域2	$\vec{f}_5$	42	61	73	81	62	74	72	77	83
	$\vec{f}_6$	55	50	76	85	66	72	78	84	90
	$\vec{f}_7$	61	44	70	79	61	70	73	81	88
	$\vec{f}_8$	66	41	75	83	67	75	77	83	89

续表

区域	指纹	S1	S2	S3	S4	S5	S6	S7	S8	S9
区域 3	$\vec{f}_9$	72	48	68	75	67	70	77	82	88
	$\vec{f}_{10}$	76	55	64	70	68	73	78	85	90
	$\vec{f}_{11}$	70	50	67	74	62	69	75	80	85
	$\vec{f}_{12}$	73	65	64	72	66	67	75	78	82
区域 4	$\vec{f}_{13}$	79	72	39	67	70	68	73	74	79
	$\vec{f}_{14}$	77	70	48	66	70	65	70	71	77
	$\vec{f}_{15}$	81	76	45	63	75	67	75	72	77
区域 5	$\vec{f}_{16}$	81	78	55	59	76	70	77	75	78
	$\vec{f}_{17}$	82	78	60	53	77	72	80	73	79
区域 6	$\vec{f}_{18}$	64	53	69	75	53	66	69	73	80
	$\vec{f}_{19}$	67	54	66	74	55	65	68	71	78
	$\vec{f}_{20}$	61	65	71	77	38	67	61	73	81
	$\vec{f}_{21}$	66	70	68	75	45	53	58	69	77
区域 7	$\vec{f}_{22}$	70	68	66	74	62	59	71	75	80
	$\vec{f}_{23}$	74	70	63	68	66	58	73	70	75
	$\vec{f}_{24}$	68	71	69	73	63	42	68	66	71
	$\vec{f}_{25}$	73	74	68	71	69	45	68	64	70
区域 8	$\vec{f}_{26}$	63	69	74	79	57	66	50	65	72
	$\vec{f}_{27}$	68	72	73	77	60	58	52	61	69
	$\vec{f}_{28}$	66	71	77	81	65	68	47	64	75
	$\vec{f}_{29}$	71	74	73	78	66	65	45	60	68
区域 9	$\vec{f}_{30}$	70	75	71	74	67	63	64	52	63
	$\vec{f}_{31}$	75	77	74	79	70	65	66	54	60
	$\vec{f}_{32}$	73	75	72	77	69	68	62	49	66
	$\vec{f}_{33}$	78	77	71	80	70	67	68	47	58
区域 10	$\vec{f}_{34}$	77	79	72	83	72	65	69	58	48
	$\vec{f}_{35}$	80	82	76	85	75	71	70	62	47
	$\vec{f}_{36}$	78	81	75	85	74	68	69	57	47
	$\vec{f}_{37}$	81	85	80	88	77	70	72	65	46

　　当用户携带无线通信设备进入该区域并打开 Wi-Fi 时, 部署在该区域内的传感器能探测到该无线通信设备的 RSSI, 并将探测到的信息存储下来, 形成异步传感数据。用户 u 对应的异步传感数据如表 8.7 所示。

表8.7　用户u对应的异步传感数据

传感器 ID	RSSI	探测时间
S1	65	2018/10/01 08：52：03
S1	69	2018/10/01 08：52：25
S2	72	2018/10/01 08：52：09
S2	73	2018/10/01 08：52：30
S3	75	2018/10/01 08：52：05
S3	78	2018/10/01 08：52：26
S4	80	2018/10/01 08：52：00
S4	75	2018/10/01 08：52：18
S5	62	2018/10/01 08：52：03
S5	63	2018/10/01 08：52：23
S6	67	2018/10/01 08：52：01
S6	60	2018/10/01 08：52：21
S7	48	2018/10/01 08：52：07
S7	55	2018/10/01 08：52：26
S8	62	2018/10/01 08：52：06
S8	66	2018/10/01 08：52：24
S9	73	2018/10/01 08：52：00
S9	69	2018/10/01 08：52：23

将异步传感数据按探测时间先后排成一个序列 X，结果如下：

$$X = \{ \langle \langle S4, 80 \rangle, 2018/10/01\,08\text{：}52\text{：}00 \rangle$$

$$\langle \langle S9, 73 \rangle, 2018/10/01\,08\text{：}52\text{：}00 \rangle$$

$$\langle \langle S6, 67 \rangle, 2018/10/01\,08\text{：}52\text{：}01 \rangle$$

$$\langle \langle S1, 65 \rangle, 2018/10/01\,08\text{：}52\text{：}03 \rangle$$

$$\langle \langle S5, 62 \rangle, 2018/10/01\,08\text{：}52\text{：}03 \rangle$$

$$\langle \langle S3, 75 \rangle, 2018/10/01\,08\text{：}52\text{：}05 \rangle$$

$$\langle \langle S8, 62 \rangle, 2018/10/01\,08\text{：}52\text{：}06 \rangle$$

$$\langle \langle S7, 48 \rangle, 2018/10/01\,08\text{：}52\text{：}07 \rangle$$

$$\langle \langle S2, 72 \rangle, 2018/10/01\,08\text{：}52\text{：}09 \rangle$$

$$\langle \langle S4, 75 \rangle, 2018/10/01\,08\text{：}52\text{：}18 \rangle$$

$$\langle \langle S6, 60 \rangle, 2018/10/01\,08\text{：}52\text{：}21 \rangle$$

$$\langle \langle S5, 63 \rangle, 2018/10/01\,08\text{：}52\text{：}23 \rangle$$

$$\langle\langle S9,69\rangle, 2018/10/01\,08：52：23\rangle$$

$$\langle\langle S8,66\rangle, 2018/10/01\,08：52：24\rangle$$

$$\langle\langle S1,69\rangle, 2018/10/01\,08：52：25\rangle$$

$$\langle\langle S3,78\rangle, 2018/10/01\,08：52：26\rangle$$

$$\langle\langle S7,55\rangle, 2018/10/01\,08：52：26\rangle$$

$$\langle\langle S2,73\rangle, 2018/10/01\,08：52：30\rangle\}$$

给定时间点 $t=2018/10/01$ 08：52：30 和时间间隔 $\Delta t=25\mathrm{s}$，将探测时间在区间 $(t-\Delta t,t)$ 内的记录构成子序列 X^t，结果如下：

$$X^t=\{\langle\langle S8,62\rangle, 2018/10/01\,08：52：06\rangle$$

$$\langle\langle S7,48\rangle, 2018/10/01\,08：52：07\rangle$$

$$\langle\langle S2,72\rangle, 2018/10/01\,08：52：09\rangle$$

$$\langle\langle S4,75\rangle, 2018/10/01\,08：52：18\rangle$$

$$\langle\langle S6,60\rangle, 2018/10/01\,08：52：21\rangle$$

$$\langle\langle S5,63\rangle, 2018/10/01\,08：52：23\rangle$$

$$\langle\langle S9,69\rangle, 2018/10/01\,08：52：23\rangle$$

$$\langle\langle S8,66\rangle, 2018/10/01\,08：52：24\rangle$$

$$\langle\langle S1,69\rangle, 2018/10/01\,08：52：25\rangle$$

$$\langle\langle S3,78\rangle, 2018/10/01\,08：52：26\rangle$$

$$\langle\langle S7,55\rangle, 2018/10/01\,08：52：26\rangle$$

$$\langle\langle S2,73\rangle, 2018/10/01\,08：52：30\rangle\}$$

根据步骤 4 下的公式计算子序列中每条记录的权重，其中 α 取 $\dfrac{1}{25}$，结果如表 8.8 所示。

表8.8　每条记录的权重值

t_i	$w(t_i,t)$
2018/10/01 08：52：06	0.51
2018/10/01 08：52：07	0.52
2018/10/01 08：52：09	0.54
2018/10/01 08：52：18	0.68
2018/10/01 08：52：21	0.74
2018/10/01 08：52：23	0.78

续表

t_i	$w(t_i,t)$
2018/10/01 08：52：24	0.81
2018/10/01 08：52：25	0.83
2018/10/01 08：52：26	0.86
2018/10/01 08：52：30	1

根据步骤 4 下的公式计算用户 RSSI 向量的各个分量，结果为 $\vec{O}_t = [69, 72.65,$
$80, 75, 63, 60, 52.36, 64, 45, 69]$。

根据步骤 5 下的公式，对每个指纹 RSSI 向量，计算用户 RSSI 向量与该指纹
RSSI 向量的相似度，其中 σ 取 20，结果如表 8.9 所示。

表8.9　指纹RSSI向量相似度值

指纹 RSSI 向量	$\text{Sim}(\vec{f}_i \mid \vec{O}_t)$	指纹 RSSI 向量	$\text{Sim}(\vec{f}_i \mid \vec{O}_t)$	指纹 RSSI 向量	$\text{Sim}(\vec{f}_i \mid \vec{O}_t)$	指纹 RSSI 向量	$\text{Sim}(\vec{f}_i \mid \vec{O}_t)$
$\vec{f}_1$	0.097	$\vec{f}_{11}$	0.013	$\vec{f}_{21}$	0.220	$\vec{f}_{31}$	0.261
$\vec{f}_2$	0.041	$\vec{f}_{12}$	0.049	$\vec{f}_{22}$	0.154	$\vec{f}_{32}$	0.285
$\vec{f}_3$	0.079	$\vec{f}_{13}$	0.002	$\vec{f}_{23}$	0.131	$\vec{f}_{33}$	0.095
$\vec{f}_4$	0.010	$\vec{f}_{14}$	0.021	$\vec{f}_{24}$	0.190	$\vec{f}_{34}$	0.069
$\vec{f}_5$	0.010	$\vec{f}_{15}$	0.004	$\vec{f}_{25}$	0.202	$\vec{f}_{35}$	0.032
$\vec{f}_6$	0.002	$\vec{f}_{16}$	0.006	$\vec{f}_{26}$	0.657	$\vec{f}_{36}$	0.043
$\vec{f}_7$	0.005	$\vec{f}_{17}$	0.003	$\vec{f}_{27}$	0.871	$\vec{f}_{37}$	0.015
$\vec{f}_8$	0.001	$\vec{f}_{18}$	0.064	$\vec{f}_{28}$	0.635		
$\vec{f}_9$	0.005	$\vec{f}_{19}$	0.092	$\vec{f}_{29}$	0.689		
$\vec{f}_{10}$	0.003	$\vec{f}_{20}$	0.058	$\vec{f}_{30}$	0.361		

根据步骤 6 下的公式，对每个小区域，计算用户 RSSI 向量与该区域的相似
度，结果如表 8.10 所示。

表8.10　每个用户RSSI向量与该区域的相似度

k	$\text{Sim}(\hat{r}=k \mid \vec{O}_t)$	k	$\text{Sim}(\hat{r}=k \mid \vec{O}_t)$	k	$\text{Sim}(\hat{r}=k \mid \vec{O}_t)$
1	0.042	5	0.005	9	0.225
2	0.003	6	0.093	10	0.034
3	0.010	7	0.167		
4	0.006	8	0.707		

相似度最大的区域为区域 8，因此 X^t 对应的用户 u 的停留区域为区域 8。

图 8.11 是基于异步传感数据的室内区域定位系统结构示意图，该系统包括：

数据采集单元 110、数据处理单元 120、用户建模单元 130、指纹建模单元 140、区域预测单元 150。

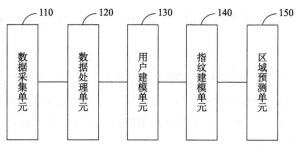

图 8.11　室内区域定位系统结构示意图

数据采集单元 110，包括若干异步运行的 Wi-Fi 传感器，用于探测目标用户 u 携带的无线通信设备的 RSSI，并将探测到的信息存储下来，形成记录。

数据处理单元 120，用于将给定用户 u 对应的异步传感数据按探测时间先后排成一个序列 X，该序列的基本形式为 $X = \left\{ \langle x_1, t_1 \rangle, \langle x_2, t_2 \rangle, \cdots, \langle x_i, t_i \rangle, \cdots, \langle x_n, t_n \rangle \right\}$ $(t_1 \leqslant t_2 \leqslant \cdots \leqslant t_i \leqslant \cdots \leqslant t_n)$，其中 $\langle x_i, t_i \rangle$ 是第 i 条记录，$x_i = \langle x_{i1}, x_{i2} \rangle$ 是一个二元组，x_{i1} 是传感器 ID，x_{i2} 是传感器 x_{i1} 探测到的用户 u 携带的无线通信设备的 RSSI，t_i 是传感器的探测时间。

所述数据处理单元 120 还可根据给定的时间点 t 和时间间隔 Δt，将探测时间在区间 $(t - \Delta t, t)$ 内的记录构成子序列 X^t。

用户建模单元 130，用于计算子序列中每条记录的权重，并将该子序列转换为一个用户 RSSI 向量 $\vec{O}_t = \left[s_1^t, s_2^t, \cdots, s_j^t, \cdots, s_d^t \right]$，其中 s_j^t 为对应于第 j 个传感器的 RSSI。

指纹建模单元 140，用于对每个指纹 RSSI 向量，计算用户 RSSI 向量与该指纹 RSSI 向量的相似度。

区域预测单元 150，用于对每个小区域，计算用户 RSSI 向量与该区域的相似度，相似度最大的区域即为 X^t 对应的用户 u 的停留区域。

用户建模单元 130 具体用于，对给定探测时间为 t_i 的记录，利用公式 $w(t_i, t) = \dfrac{1}{1 + \alpha(t - t_i)}$ 计算该条记录对应的权重，其中，α 为调节因子；利用公式 $s_j^t = \dfrac{\sum_{x_i, t_i \in X^t, x_{i1} = j} x_{i2} \cdot w(t_i, t)}{\sum_{x_i, t_i \in X^t, x_{i1} = j} w(t_i, t)}$ 计算用户 RSSI 向量的第 j 维分量，形成用户 RSSI 向量 $\vec{O}_t = \left[s_1^t, s_2^t, \cdots, s_j^t, \cdots, s_d^t \right]$。

指纹建模单元 140 具体用于, 利用公式 $\mathrm{Sim}\left(\vec{f}_i \mid \vec{O}_t\right) = \exp\left(-\dfrac{\vec{f}_i - \vec{O}_t^{\,2}}{2\sigma^2}\right)$ 计算用户 RSSI 向量与指纹 RSSI 向量的相似度, 其中, $\vec{f}_i$ 为第 i 个指纹 RSSI 向量, σ 为带宽参数。

区域预测单元 150 具体用于, 利用公式 $\mathrm{Sim}\left(\hat{r} = k \mid \vec{O}_t\right) = \left(\mathrm{Sim}\left(\vec{f}_i \mid \vec{O}_t\right)\right)^{\frac{1}{m_k}}$ 计算用户 RSSI 向量与区域 r_k 的相似度, 其中, $\vec{f}_i \in r_k$ 表示指纹 RSSI 向量 $\vec{f}_i$ 对应的参考点在区域 r_k 中, m_k 为区域 r_k 包含的指纹 RSSI 向量的个数。从而有效解决了异步场景下的室内定位问题。

8.7　基于领袖识别、动态博弈和意见演化的图 k 均值聚类算法

本节介绍一种基于领袖识别、动态博弈和意见演化的图 k 均值聚类（graph k-means, GK-means）算法。图聚类任务是图数据挖掘领域中的基础性任务, 然而当前对于图数据中隐藏的具有不同意见人群（也可将其看成一种社区结构）的形成与演化机理研究尚浅, 因此通过完成此任务可以对其进行更为深入的研究。

8.7.1　研究场景、动机及意义

随着在线社交媒体的普及, 人们的行为受到在线用户的互动以及将他们联系在一起的结构性网络的深刻影响。大多数网民对从公共政治到日常生活的各种话题都有自己的看法。这些不同的观点是认真思考的结果, 是通过与对特定问题持有看法的其他人互动而形成的。

社交媒体网络（social media network, SMN）中的舆情动态和社区检测的研究具有广泛的应用前景, 包括政治选举中的舆情预测、广告和社交媒体中的民意预测等。电子商务平台营销、社交网站好友推荐等在过去的 20 年里, 虽然在这两个领域已经做出了很多的努力, 但仍有一些有待解决的问题, 总结如下。

绝大多数的社区检测方法主要集中在图的拓扑结构上, 而现实世界的实体可以与多个属性相关联（在这里它们被称为意见向量）。如何有效地整合真实网络中

的拓扑信息和属性信息并进行社区检测仍是一个有待解决的问题。虽然目前已有一些多源信息融合方法被提出，但在图聚类过程中很难预先确定结构和属性的权重；同时，统计模型中先验分布的选择需要很多的专业知识。

大多数社区检测方案的实现机制往往依赖于贪婪策略，即预先设计一个目标函数，并对其进行优化。然而，现实世界的意见共同体往往是自然而系统地自下而上形成的，因此仍然缺少对具有巨大个体多样性的真实意见社区的形成和动态的深入了解。

现有的观点动态模型只关注观点的二元选择，这与实际观察结果不一致，它们往往忽视了个人内在属性的影响，如社会影响、互动可信度、自身免疫等。此外，全局社区结构也会对意见动态产生影响，因为每个个体可能更信任同一意见社区中的互动用户，而不是其他意见社区中的人。

为解决上述挑战，本节介绍一种新的、强大的 GK-means 框架，将 SMN 中的意见社区检测定义为离散时间动态系统中的多目标优化问题。GK-means 的每个离散时间段由三个耦合阶段组成。在第一阶段，提出了一种快速启发式方法来识别具有较高本地声誉的意见领袖；第二阶段将第一阶段的输出看作第 t 阶段的初始社区结构，并采用一种新的动态博弈模型求解多目标优化问题的局部帕累托最优解；第三阶段将第二阶段的输出作为第 t 阶段的局部帕累托最优群体结构，采用意见动态模型得到下一阶段的意见矩阵。综上所述，本节所提出的 GK-means 不仅能够识别出一系列局部帕累托最优社区结构，而且可以为真实 SMN 中意见向量和意见领袖的演化过程提供见解。本节的三个理论贡献总结如下。

我们将 SMN 建模为一个物理系统，所有参与者都将相互影响。给出了个体声誉的广义定义，可用于检测潜在的意见领袖。该模型还具有良好的灵活性，可通过指定不同形式的拓扑相似度和意见接近度函数进行调整。

SMN 中的社区检测形成了一种动态游戏，所有用户和社区都参与其中。通过仔细定义与每个用户相关的策略映射函数和效用函数，我们证明了局部帕累托最优社区结构可以通过经典的 k-means 在某些连续优化路径的末端找到。

研究了经典有界置信模型的信念函数泛化问题，使新模型能够处理多维连续的意见空间。进一步证明了任何适合意见动态的信念函数（即保证每个用户的意见向量在有限次迭代中收敛到一个相对稳定的状态）都可以由连续可微的非负凸函数导出。

8.7.2　基础知识及问题定义

定义 4：SMN 可以被定义为一个四元组：$G = \langle t, A, O^t, x^t \rangle$。其中，$t = 0, 1, 2, \cdots$

为一个离散时序动力学系统的周期索引；$A = \left[A_{ij} \right] \in \mathbb{R}^{n \times n}$ 为一个 $n \times n$ 的邻接矩阵；$O^t = \left[o_{ei}^t \right] \in \mathbb{R}^{d \times n}$ 为一个在周期 t 的 $d \times n$ 的意见矩阵；$x^t = \left\{ x_1^t, x_2^t, \cdots, x_n^t \right\} \in X = X^n$。

问题 1：基于多目标优化的意见社区检测（opinion community detection，OCD）。

$$\min_{x^t \in X} Q\left(x^t \right) = \left(Q^1\left(x^t \right), Q^2\left(x^t \right) \right)^{\mathrm{T}}$$

$$Q^1\left(x^t \right) = \sum_{p=1}^{K} \sum_{i \in C_p^t\left(x^t \right)} \varpi\left(o_i^t, c_p^t\left(x^t \right) \right)$$

$$Q^2\left(x^t \right) = -\frac{1}{2m} \sum_{i=1}^{n} \sum_{j \neq i}^{n} \left(A_{ij} - \frac{k_i k_j}{2m} \right) \delta\left(x_i^t, x_j^t \right)$$

$$\varpi\left(y, z \right) = \varphi\left(y \right) - \varphi\left(z \right) - \left(y - z \right) \otimes \nabla \varphi\left(z \right), \quad \forall y, z \in \mathbb{R}^d$$

$Q^1\left(\cdot \right)$：$X \to \mathbb{R}$ 为经典的 k 均值目标函数[8]，其中 $c_p^t\left(x^t \right)$ 为社区意见向量的质心 $C_p^t\left(x^t \right)$，$\varpi\left(o_i^t, c_p^t\left(x^t \right) \right)$ 为用户 i 到社区 $C_p^t\left(x^t \right)$ 的意见距离，可以用布雷格曼（Bregman）散度函数来测量。

$Q^2\left(\cdot \right)$：$X \to \mathbb{R}$ 为模块化的对立面[9]，它是经典的社区检测目标函数。

8.7.3　具体框架

在 SMN 中，有以下四个假设。①A1：邻接矩阵 A 保持稳定，而意见矩阵 O^t 会随时间变化；②A2：SMN 中的每个周期 t 在非稳态时可以进一步持续该状态，根据 $\tau = 0, 1, 2, \cdots$；③A3：每个用户只能加入一个社区；④A4：意见矩阵 O^t 与社区结构 x^t 将相互影响。

这里介绍一个新的、强大的 GK-means 框架，其由三部分组成，如图 8.12 所示。第一阶段使用一种快速启发式方法来识别这些在当地有较高声誉的意见领袖。第二阶段是阶段一的输出，可以看作初始社区结构在时期 t，其中每个意见领袖属于自己主导的社区，而非意见领袖则暂时不属于任何社区。在阶段二中，用新颖的动态博弈模型来寻找局部帕累托最优社区结构，即我们所关注的多目标优化问题。最后，阶段三取阶段二的输出，即局部帕累托最优社区结构在时期 t 可以采用稳健的意见动态结构模型来维持，得到下一阶段的意见矩阵，即 O^{t+1}。GK-means 重复上述迭代过程，直到产生的意见矩阵收敛到一个相对稳定的状态。

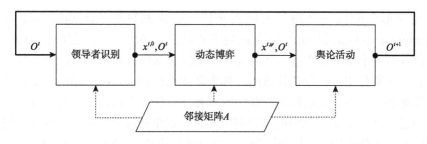

图 8.12　GK-means 算法框架

与现有方法不同，本节提出的 GK-means 框架将 SMN 中的社区检测定义为多目标优化问题，并尝试使用动态博弈模型来寻找每个离散时间段内的局部帕累托最优社区结构。GK-means 算法是一种非参数图聚类方法（用到的参数非常少），且该算法为不需要预先设定结构和属性权重过程的图聚类方法。它也不需要估计任何属性图生成模型的先验概率分布。在提出的意见动态模型的帮助下，GK-means 可以处理普通图和属性图。此外，后续在实验中表明，与基于子空间的方法相比，GK-means 具有更好的可伸缩性。综上所述，本节所提出的 GK-means 框架不仅可以深入了解社区结构的演化机制，而且可以模拟现实短信网络中意见矩阵和意见领袖的动态。

在现实世界中，SMN 在不同尺度上具有不同层次的结构。社区通常围绕着一些在当地有较高声誉的意见领袖形成。当观察一个特定的社区时，人们还可以观察到一个清晰的等级制度，其中意见领袖位于顶层。相应地，意见领袖在当地有较高声誉的区域可以被视为意见领袖的主导社区。由于等级制度是声誉传播的自然结果，也是社区形成的自然结果，我们认为，识别意见领袖对揭示稳定社区的底层结构起着重要作用。对这些意见领袖进行定位的一个简单方法是计算用户中心性。统计物理领域中心性的测量方法有很多，包括度中心性、中介中心性、接近中心性等。这些措施的主要缺点是只关注连接，而忽略了用户的意见向量。

这里，我们将每个周期的 SMN 看作一个物理系统，所有用户可以在其中相互参与相互影响。与此同时，我们有以下三个假设：①意见领袖被期望有更高的地方中心性；②相邻的两组用户越相似，他们之间的吸引力越大；③任意两个实体之间的吸引力会随着用户数量的增加而迅速减少。基于以上三个假设，在 t 期间的每个用户的声誉可以定义为

$$R_i^t = \sum_{j \in N_i} g_{ij}^t = \sum_{j \in N_i} \lambda_{ij} \exp^{-\varpi\left(o_i^t, o_j^t\right)}$$

其中，$g_{ij}^t = \lambda_{ij} \exp^{-\varpi\left(o_i^t, o_j^t\right)}$ 为在 t 时刻，j 和 i 之间的吸引力；$\varpi(\cdot, \cdot): \mathbb{R}^d \times \mathbb{R}^d \to \mathbb{R}_0^+$ 为 Bregman 散度。因此，如果一个用户在当地拥有较高的声誉，那么他更有可能成

为意见领袖。阶段一采用与大规模并行社区检测算法（scalable and parallel community detection, SCD）[10]相似的启发式过程来寻找一组意见领袖。具体来说，先并行计算每个用户的声誉，然后按声誉值递减对所有用户进行排序；接着对排序列表中的所有用户进行迭代访问：如果之前没有访问过某个用户，则将其视为新的意见领袖；然后我们将用户和它的所有邻居标记为已访问。当所有的用户都被访问过，或者 k 个意见领袖被识别出来时，这个过程就结束了。因此，与非零社区标签相关联的用户，将被视为 t 时期的意见领袖。我们注意到，在第一阶段 k 的值是可以自调的。例如，在实际应用中，如果社区的实数是未知的，第一阶段甚至可以自主决定最好的 k 值，设置输入 $k=n$。

在现实生活中，舆论社区的形成是一个自下而上、自然而系统的过程。它启发我们将 SMN 中个体间的互动建模为动态游戏，其中一个用户的决策可以影响其他用户的决策。在本节中，为求解问题 1，将运用动态博弈论的思想，在每个离散时间段内寻找局部帕累托最优社区结构。假设在周期 t 的 SMN 中，有 n 个用户，每个人都与一个意见向量相关联。我们假设每个社区都可以与一组依赖的内聚指示器相关联，在每个阶段（如一周）的开始，允许所有团体设置某些访问阈值防止那些"不良"用户的进入，以便维护他们良好的凝聚力指标。之后，每个用户都可以在整个范围内自由加入其可访问的社区（如从那一周的星期一到星期天），我们进一步假设每个用户都更愿意加入一个最接近的组。那么，一个难以捉摸的问题是：在什么条件下上述迭代过程可以收敛到稳定状态？因此设计约束函数为

$$F_i^{t,\tau} = \{p \mid p \in X \wedge g_i\left(p, x_i^{t,\tau}, x_{-i}^{t,\tau}\right) \leqslant 0\}$$

效用函数为

$$u_i^{t,\tau}\left(s^{t,\tau}\right) = u_i^{t,\tau}\left(s_i^{t,\tau}, s_{-i}^{t,\tau}\right)_{s_i^{t,\tau}=p} = \varpi\left(o_i^t, c_p^{t,\tau}\left(p, s_{-i}^{t,\tau}\right)\right)$$

其中，$\forall s_i^{t,\tau} \in F_i^{t,\tau}, \forall s_{-i}^{t,\tau} \in F_{-i}^{t,\tau}$，$c_p^{t,\tau}\left(p, s_{-i}^{t,\tau}\right)$ 为社区 $C_p^{t,\tau}\left(p, s_{-i}^{t,\tau}\right)$ 意见向量的质心。

另外我们发现在现实生活中，一个人的意见会受到邻居意见的影响；此外，如果一对用户的 LHN[①]指数相对较高，则更有可能影响对方的意见。换句话说，一个意见向量会随着时间的推移而动态发展。意见动力学研究表明，社会网络中的意见共存往往表现出局部性效应。这意味着社区结构也会对意见动态产生影响，因为每个人可能更信任同一社区的互动用户，而不是其他社区的人。在本节中，我们将提出一种鲁棒的意见动态模型，利用该模型可以模拟真实短信网络中意见矩阵的演化。在提出的 GK-means 框架中，每个用户 i 在 t 时段的意见动态由如下函数确定：

---

① LHN 指数由 Leicht（莱希特）、Holme（霍姆）、Newman（纽曼）提出。

$$o_i^{t+1} = \hat{\alpha}_i^t o_i^t + \left(1 - \hat{\alpha}_i^t\right) \sum_{j \in N_i^t} w_{ij}^t o_j^t$$

其中,

$$N_i^t = \left\{ j \middle| j \in N_i \wedge \varpi\left(o_i^t, o_j^t\right) \leqslant \beta\rho^t \right\}, \quad \beta > 0, \rho \in (0,1) ,$$

$$\hat{\alpha}_i^t = \begin{cases} rand(1) & \sum_{j \in N_i^t} \lambda_{ij} > 0 \\ 1 & \sum_{j \in N_i^t} \lambda_{ij} = 0 \end{cases}$$

$$\forall j \in N_i^t, w_{ij}^t = \frac{\lambda_{ij} \exp^{\delta\left(x_i^{t,\psi}, x_j^{t,\psi}\right)}}{\sum_{l \in N_i^t} \lambda_{il} \exp^{\delta\left(x_i^{t,\psi}, x_j^{t,\psi}\right)}}$$

首先,每个用户更新其可信邻接集;其次,每个用户计算其在邻接集中用户之间的标准化信息值;最后,每个用户更新其意见向量。

8.7.4　实验

实验采用九个真实基准网络数据集(datasets),其中包括 Karate、PolBK、FaceBK、Twttr、Gplus、Dblp、Amazon、YTube 和 LiveJ,其中 PolBK、FaceBK、Twttr 和 Gplus 是属性图,每个节点所描述的是一个值为 0/1 的 d 维向量。实验数据集的一些基本统计数据如表 8.11 所示,其中 n、m、K^*、O^*、C^* 和 acc 分别表示点的个数、边的个数、社区数量、重叠率、手工标记的真实社区覆盖率和平均聚类系数。在除 Karate 和 PolBK 之外的所有数据集中,每个节点可以属于多个社区,且重叠率不均匀,即在某些数据集中,一个节点可能比其他节点属于更多的社区;大多数基准网络只进行了部分标记,造成不同的覆盖率。

表8.11　九个数据集

数据集	n	m	d	K^*	O^*	C^*	acc
Karate	34	78		2	1.00	1.00	0.59
PolBK	105	441	3	3	1.00	1.00	0.49
FaceBK	4k	84k	89	193	1.46	1.00	0.61
Twttr	76k	1.2m	23k	3k	2.22	0.29	0.57
Gplus	102k	12.1m	610	438	2.69	0.23	0.49
Dblp	317k	1.0m		13k	3.21	0.63	0.63
Amazon	335k	926k		75k	7.13	0.57	0.40

数据集	n	m	d	K^*	O^*	C^*	acc
YTube	1.1m	3.0m		8k	2.40	0.04	0.08
LiveJ	4.0m	34.7m		287k	5.87	0.27	0.28

注：表中 k 表示"千"，m 表示"百万"

对比算法选取十种图聚类算法作为比较基准：Louvain 是一种基于模块化优化的多级聚类算法；Infomap 结合了随机游走和加权模块化优化；Walktrap 是基于随机游走的层次聚类方法；Metis 是基于谱图切割模型的经典聚类方法；Cluto 首先将图划分为子集群，然后反复组合这些子集群，得到最终的集群；SCD 通过最大化加权社区聚类对图进行分区；SA-Cluster[1]是可以自适应调整结构相似性和属性相似性贡献程度的图聚类算法；CESNA[2]是一种高性能的重叠社区检测方法，它基于具有节点属性的网络生成模型；EDCAR[3]利用建立的贪婪随机自适应搜索原理逼近最优聚类解；k-means++根据 D2 度量选择初始聚类质心来扩充经典的 k-means 算法。

现在，我们使用不同的 Bregman 散度，通过观察阶段二中每次迭代过程中目标向量的趋势来说明 GK-means 的收敛性。在实验中选择了两个属性图——FaceBK 和 Twttr。对于每个 Bregman 散度，重复执行 GK-means 算法 100 次，每次随机生成初始社区结构。图 8.13 显示了这一趋势的 k-means 目标函数值的相对收敛速度。如图 8.13 所示，所有的 RCR-k-means[4]曲线都有一个非常相似的下降趋势，即无论数据集、初始群落结构还是使用 Bregman 散度，数值都在不断下降。从图 8.13 中可以发现，所有的模块度曲线都沿着相应的 COP[5]不断攀升。这表明，利用所提出的动态模型，两个目标函数值都可以同时连续优化。此外，可以观察到这样的优化过程大约 20 次迭代后会产生相对稳定的社区结构。由此得到的解是局部帕累托最优问题 1，因为没有邻域解 ψ，可以使其中的两个目标函数最优。从图 8.13 中还可以发现对于 KL 散度（KL-divergence），GK-means 的收敛速度是相当令人满意的。例如，GK-KL 通常可以做到 10 次迭代内的目标函数值的最大降幅以内 10 次迭代。

在这个实验中，我们进一步比较了聚类质量。对九个数据集使用不同方法，图 8.14 为总结对比结果。随着数据集的大小的增加，一些算法内存受限，或者计算

---

① SA-Cluster, clustering large attributed graphs，大规模属性图聚类算法。

② CESNA, communities from edge structure and node attributes，点边属性图社区检测算法。

③ EDCAR, efficient determination of clusters regarding attributes and relationships，基于有效测定的属性和关系结合的图聚类算法。

④ RCR-k-means, the relative convergence rate of the k-means objective value，k 均值目标函数值的相对收敛速度。

⑤ COP, continuous optimization path，连续优化路径。

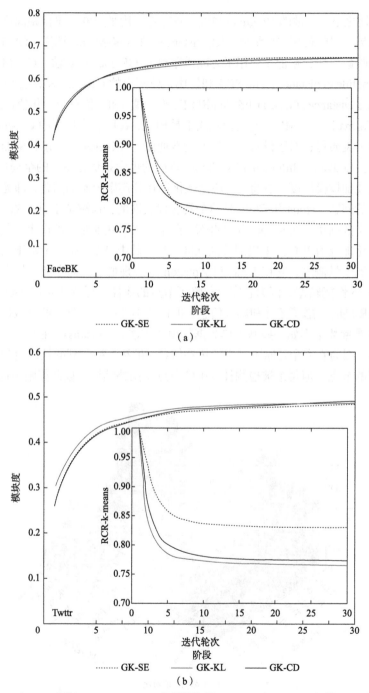

图 8.13　在 $t = 0$ 期间，RCR-k-means 和模块度沿 FaceBK 和 Twttr 上相关 COP 的运动

时间超过 24 小时，这导致对应子图中有缺失的值。GK-means 可以处理所有测试数

据集。相比之下，其他的 Bregman 散度，意味着使用平方欧几里得距离产生更精确的聚类结果。尽管使用 KL 距离（KL-distance）的 GK-Means 算法（GK-KL）在第二阶段上收敛更快，略低于使用平方欧氏距离的 GK-means 算法（GK-Means with squared Euclidean distance，GK-SE）和使用余弦距离的 GK-means 算法（GK-Means with Cosine Distance，GK-CD）的 AvgF1（F1 平均值）和互信息归一化值（normalized mutual information，NMI）。与其他基线工具相比，在所有属性图中 GK-means 做到了更好的聚类质量；对于没有节点属性的普通图，GK-means 略低于 SCD，但表现优于其他。Louvain、Infomap 和 Walktrap 背后的理念是优化单一的全局目标函数，即模块化或加权模块度。然而，模块化优化存在分辨率限制的问题，即无法解决小规模社区的问题。Metis 和 Cluto 是两个具有代表性的分层聚类工具，这两种方法都适用于小型数据集，如 Karate 和 PolBK，但是失去了在非常大的图上的优势。SCD 通过最大化加权值 WCC[①] 来检测社区社区集群，其中 WCC 是一个基于三角形分析的社区检测度量概念。它在 Dblp 和 Amazon 上表现最好；而在那些带有属性的图上，SCD 的性能较差，因为它完全忽略了节点的属性。尽管 SA-Cluster、CESNA 和 EDCAR 同时考虑了拓扑和属性信息，但仍然不能有效地整合两个数据模式，它们的聚类质量甚至不如一些基于单数据的模式方法。k-means++在大多数数据集上表现不佳，因为它完全忽略了其中的拓扑信息。虽然其检测到的社区包含属性向量非常相似的节点，但每个被检测社区中的节点在拓扑结构上彼此相距很远。

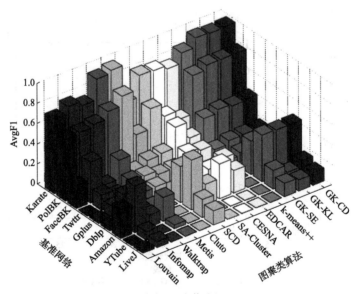

（a）AvgF1 值对比

---

① WCC，weighted community clustering，加权社区聚类。

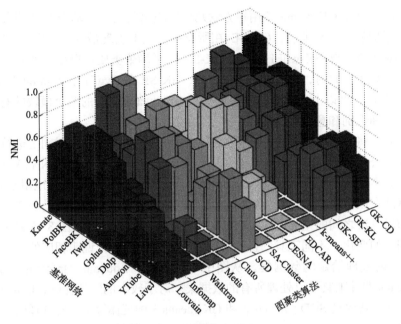

（b）NMI 值对比

图 8.14　GK-means 的收敛速度

接下来，对算法进行消融测试。表 8.12 总结了上述两种变体算法与使用平方欧氏距离的 GK-means 算法（GK-means with squared Euclidean distance，GK-SE）的性能比较，其中 Bregman 散度函数基于经典的平方欧几里得距离函数。

表8.12　GK-SE及其两种变体算法在三个属性图上聚类质量的比较

指标	数据集	GK-woLI	GK-woOD	GK-SE
AvgF1	FaceBK	0.362	0.225	0.408
	Twttr	0.188	0.134	0.228
	Gplus	0.137	0.104	0.215
	Average	0.229	0.154	0.284
NMI	FaceBK	0.600	0.516	0.697
	Twttr	0.724	0.627	0.776
	Gplus	0.556	0.480	0.644
	Average	0.627	0.541	0.706

具体地，不使用意见领袖的 GK-Means 算法 GK-woLI（GK-means without leader identification）：用随机初始化替换算法阶段一社区检测的 k 个意见领袖。不使用意见动态的 GK-Means 算法 GK-woOD（GK-means without opinion dynamics）：直接使用检测到的社区结构。

GK-woLI 和 GK-means 使用平方欧几里得距离的结果是基于 30 次重复实验的结果的平均值。一般来说，GK-SE 在所有属性图上表现最好，其次是 GK-woLI 和 GK-woOD。与 GK-woLI 相比，GK-SE 的平均聚类质量提高 24%以上，NMI 提高 13%以上。同时，与 GK-woOD 相比，GK-SE 在 AvgF1 上提高 84%以上，在 NMI 上提高 30%以上。这些结果也证明了 GK-means 内部的两个模块的有效性，即意见领袖识别和意见动力学。

最后，将 GK-means 3 种变体算法与 10 个对比算法在运行时间上进行比较。为了进行公平比较，在这个实验中，考虑了 Infomap、SCD 和 CESNA、k-means++ 的并行版本。值得注意的是，GK-means 的 3 种变体算法也可以很好地用于并行化。每个算法在四个线程上运行，这可以保持处理器的四个核处于活动状态。由于快算法和慢算法之间的差异是数量级的，多线程不会改变结论。图 8.15 显示了随着图比例尺的变化，不同工具的执行时间，其中缺失的标记说明相应的工具无法在 24 小时内处理给定的数据集。从图中可以看出，Louvain、Infomap、SCD 和 GK-means 四种工具可以处理所有的数据集。对于较大的纯拓扑图，Louvain 是最快的方法，其次是 SCD、Infomap 和 GK-means 3 种变体算法。所选择的三种属性图聚类工具，即 SA-Cluster、CESNA 和 EDCAR，伸缩性较差，GK-means 3 种变体算法比它们快 3 个数量级。由于 k-means++是基于经典的 k-means 算法，其时间复杂度取决于聚类的数量，因此不能处理 k 很大的数据集。广义地说，在可伸缩性方面，GK-means 不如 Louvain 和 SCD，但与其他 8 个对比算法相比则更好。

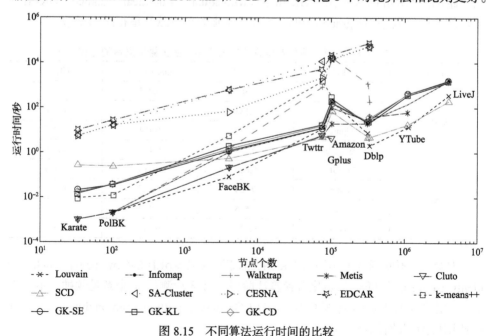

图 8.15   不同算法运行时间的比较

8.7.5　总结

本节介绍了一种新的且功能强大的 GK-means 框架，该框架可以有效地整合社会网络中的拓扑信息和属性信息，用于社区检测。首先，给出了个人声誉的广义定义，并将其用于检测稳定网络中潜在的意见领袖。其次，仔细研究了一个新的动态博弈模型，并证明了在某个连续优化路径的末端，通过经典的 k-means 两阶段迭代可以找到局部帕累托最优的社区结构。最后，证明了可以由连续可微的非负凸函数导出任何适合意见动态的信念函数，并提出了一个鲁棒的意见动态模型来模拟意见矩阵的演化。大量的实验结果验证了所提出的 GK-means 框架的性能。

参 考 文 献

[1] Nagaraja S. The impact of unlinkability on adversarial community detection：effects and countermeasures[C]//Atallah M J, Hopper N J. Privacy Enhancing Technologies. Berlin：Springer, 2010：253-272.

[2] Waniek M, Michalak T P, Wooldridge M J, et al. Hiding individuals and communities in a social network[J]. Nature Human Behaviour, 2018, 2（2）：139-147.

[3] Fionda V, Pirro G. Community deception or：how to stop fearing community detection algorithms[J]. IEEE Transactions on Knowledge and Data Engineering, 2017, 30（4）：660-673.

[4] Chen J, Chen L, Chen Y, et al. GA-based Q-attack on community detection[J]. IEEE Transactions on Computational Social Systems, 2019, 6（3）：491-503.

[5] Liu Y, Liu J, Zhang Z, et al. REM：from structural entropy to community structure deception[R]. Montreal：NIPS, 2019.

[6] Zhu G, Wu Z, Wang Y, et al. Online purchase decisions for tourism e-commerce[J]. Electronic Commerce Research and Applications, 2019, 38：100887.

[7] Ge Y, Xiong H, Tuzhilin A, et al. Cost-aware collaborative filtering for travel tour recommendations[J]. ACM Transactions on Information Systems（TOIS）, 2014, 32（1）：1-31.

[8] MacQueen J. Classification and analysis of multivariate observations[C]//le Cam L M, Neyman J. Proceedings of the Fifth Berkeley Symposium on Mathematical Statistics and Probability. Los Angeles：University of California, 1967：281-297.

[9] Newman M E J, Girvan M. Finding and evaluating community structure in networks[J]. Physical Review E, 2004, 69（2）：026113.

[10] Prat-Pérez A, Dominguez-Sal D, Larriba-Pey J L. High quality, scalable and parallel community detection for large real graphs[C]//Chung C W, Chairs P, Broder A, et al. Proceedings of the 23rd International Conference on World Wide Web. New York: Association for Computing Machinery, 2014: 225-236.

第9章 商务大数据管理与决策相关应用

9.1 恶意用户欺诈检测

新兴电子商务的高度社会化和泛在化汇聚了巨大的用户群和潜在商机，大量恶意用户通过生成和传播虚假意见和垃圾信息牟取经济利益，恶意用户行为分析及其检测已成为电子商务这一交叉学科的热点领域。随着移动互联网迅猛发展，Web2.0理念逐渐深入人心、电子商务物流极速扩张以及社会网络欣欣向荣，电子商务正逐步迈向一种新的形态，表现出显著的移动性、虚拟性、社会性，以及个性化、数据极端丰富化等特征[1]。在这一新兴电子商务环境下，信息的种类、形式和数量得到了极大的丰富，有力地促进了各种电子商务模式和业务的发展，但也给其他的恶意用户带来了更多的可乘之机[2]。受利益驱使，以广告和营销为目标的虚假用户行为日益猖獗。

近年来，国内外均出现组织网络水军撰写评论提高商品销量或排名的雇主方网站，雇主定期发布任务，用户随机参与，发布和传播虚假意见和评论获取相应的报酬。在对某购物平台的一次整治行动中，公布了数千家刷信誉的商家，其背后则是有组织的刷信誉公司和平台，通过明码标价为购买其服务的商家大量伪造购买记录及好评，来提升商家的信誉和级别。媒体记者爆料，某APP有非法网络公关机构通过在网站上为合作商户撰写虚假好评牟取暴利，雇佣近十名"网络水军"开设数百个马甲账号，每人每天负责"灌水"和炒作点评，此外，其所调查的商家中半数遭遇过职业差评师的敲诈勒索，多达六成的商户最终选择破财消灾，费用从几十元到上万元不等。2002年，美国某家网络电子商务公司接到投诉后，发现有恶意用户利用恶意攻击使得网站在推荐一本基督教名著时还会推荐一本性方面的书籍[3]。哈佛商学院报道，2013年美国某点评网站的虚假评论占比达20%。

此类行为严重干扰了正常用户的交易活动，降低了商务平台的公信度，对电子商务的运营秩序造成了严重的危害。因此，电子商务恶意用户检测（spammer detection）的研究成为当前学术界和工业界的热门议题，具有重大的理论和应用价值。

9.1.1　恶意用户评论检测

电子商务的发展使得互联网中信息的形式和数量都得到了极大的丰富和发展。然而，电子商务的开放性和互动性特征也使得其日益成为网络水军等恶意用户的主要攻击对象和传播恶意评论和虚假信息的途径[4]，这些用户通过商品评论和评分等展开攻击。当前，针对电子商务中恶意评论的检测，科研人员基于不同策略已经提出了多种模型和方法[5-7]，多种类型的电子商务平台和应用也得到了针对性的研究。总体上，已有的单个恶意用户检测方法分为基于内容的恶意用户检测方法、基于图的恶意用户检测方法、基于时间的恶意用户检测方法以及基于用户行为模式的恶意用户检测方法四类检测方法。

基于内容的恶意用户检测方法：不同于推荐系统中的用户–项目评分模型，由于恶意用户往往通过发布虚假评论或微博等文字内容来实现恶意攻击，因此需要借助语义分析完成恶意评论的内容分析，鉴于此，很多研究工作基于内容进行检测[8]。主流的检测手段同样是基于特征属性的分类方法，但在特征属性的构造方面，除发布者本身的行为特征外[9, 10]，更多的是利用内容文本的自然语言信息构造特征属性，如 n-gram 特征、词频和词性特征[11, 12]以及词句标签特征[13]等。在检测方面，McCord 和 Chuah[14]将文本内容的特征和用户的特征相结合训练分类器，并比较了决策树、朴素贝叶斯等多种分类模型在检测恶意用户时的性能差异。

基于图的恶意用户检测方法：目前的多数基于图的异常检测完全基于图来检测，即图中无任何点和边的标签。在图虚假点或异常点定义方面，Akoglu 等[15]认为近团（near-clique）结构和星状结构为虚假点；Müller 等[16]认为与虚假点连接密切的点大多为虚假点；Li 等[17]认为与大多数点的属性分布不同的点为异常点；Gao 等[18]则从社区挖掘角度分析虚假点，认为不属于任何社区的点为社区孤立点。在检测过程中主要基于谱方法（即使用特征分解或 SVD）来将图中相似的点聚在一起[19-21]。

基于时间的恶意用户检测方法：目前已有大量的工作基于多变量时间序列实现异常检测。Cheng 等[22]将核矩阵一致性（kernel matrix alignment）方法应用到多变量时间序列中来捕捉时间序列中的独立关系。Li 和 Han[23]将多维时间序列数据映射到时间序列数据立方体上来捕捉多维空间，并提出迭代选择原始高维空间的子空间来检测异常点的方法。Izakian 和 Pedrycz[24]利用时间窗将时间序列分成一系列的子序列，并基于模糊 C 均值（fuzzy C-means）算法发现每个时间窗的时空结构，通过异常值来表征每个聚类。而在社会网络异常检测中，Beutel 等[25]从用户-网页-时间关系构建图，并通过图结构和边约束表征异常行为，并提出优化算法和并行化优化算法来构建社会网络中的异常同步行为；Costa 等[26]通过分析社会网络中发布微博的时间窗的分布有正相关、长尾、攻击周期性和双峰分布四种模式，并提出休息-睡觉-评论（rest-sleep-comment）算法检测孤立点和机器人行为（non-human behavior）。

基于用户行为模式的恶意用户检测方法：由于多数的恶意用户检测方法基于恶意用户的行为模式与正常用户存在的显著的差异性，因此很多研究成果都集中在基于用户行为模式的恶意用户检测方法。针对恶意评论者检测问题，Lim 等[27]提出了一种基于用户不同的评论模式对用户欺诈行为建模的方法，通过定义异常模式并度量用户在不同异常模式上的程度，最终为用户预测一个表示用户为恶意用户的实数值。Mukherjee 等[28]假设恶意用户具有与正常用户不同的行为模式分布，并提出权威恶意用户检测模型，在贝叶斯理论框架下对用户潜在的行为模式分布进行建模。Lin 等[29]对某平台数据进行分析，确定了恶意评论用户的典型行为模式，并建立恶意用户检测模型。Xie 等[30]也发现和正常用户相比，恶意评论用户的行为模式经常变化，并提出了一种与检测相联系的恶意时序行为模式。通过建立多维的时序模式序列，将异常用户的检测问题转化为异常关联模式的检测问题。

9.1.2　推荐系统托攻击检测

自 2004 年恶意用户攻击，又称托攻击（shilling attack）概念被提出以来[31]，国内外学者提出了很多检测算法来加强推荐系统的健壮性和安全性。最主流的恶意用户检测方法主要依据恶意用户在行为特征上存在异于大多数正常用户的行为这一假设，定义恶意用户和正常用户存在显著差异的行为特征，并将这些特征用特征空间向量表示，进而构建分类器来评判无标记用户的类别[32-34]。绝大部分的推荐系统恶意用户检测研究围绕三个基本问题来展开：①行为特征定义；②特征建模、评估及选择；③分类器学习。首先行为特征主要依赖于用户评分行为上的差别，并以此来定义评分统计量特征[35]。目前已有大量的成果关注于推荐系统的评分行为，并通过频率学派（frequentist）[36]和贝叶斯（Bayesian）统计学派[37]证明其成果的可靠性。另外，目前有些模型已将时间特征[38]和双峰模式[39]应用到推荐评分中。在推荐系统恶意用户检测指标方面，Chirita 等[40]通过观察标记用户的各项特征指标分布规律，提出了平均相似度 DegSim 和用户模型评分项目与其平均值之间的平均偏差，即评级偏离平均一致性（rating deviation from mean agreement，RDMA）。随后，Williams 等[41, 42]系统定义了诸如评分熵（entropy）、平均长度变化（LengthVar）、目标模型焦点（用户模型对目标项目的关注度）等指标。

推荐系统恶意用户检测本质上是如何训练一个分类器（即区分正常用户类和恶意用户类）或排序的问题（即设置一个阈值作为正常用户和恶意用户的分界线），根据对先验知识的使用程度，检测算法可分为基于监督学习、无监督学习和统计学习三种类型。以已知类别用户作为参照来训练分类器是人们应对恶意攻击检测时的直观想法，其本质是基于监督学习构造分类器，该类检测算法大多将特征指标作为分类器属性。Chirita 等[40]提出的第一个恶意攻击检测算法根据标记用户的各项特征指标分布规律，首次提出结合 DegSim 和 RDMA 的恶意攻击检测经验算法使用平均相似度和 RDMA 两个指标来检测平均攻击和随机攻击。随后，Williams 等[41]和Burke 等[42]系统定义了检测指标，在基于决策树检测恶意攻击方面作了大量工作，Williams 等的技术报告总结了他们所作的工作。

9.1.3　信用卡欺诈检测

伴随着现代信息技术和全球化的发展，信用卡交易变得越来越多。同时，信用卡诈骗问题也在急剧地增加。中国银行业协会的报告显示，信用卡诈骗的违法案例数量在逐年增加，并且每年由信用卡犯罪导致的经济损失已达百亿元[43]。信用卡诈骗检测已经成为一个亟待解决的问题。据统计，全球每年因信用卡欺诈损失数十亿欧元，有鉴于此，金融机构迫切地需要一个设计良好的欺诈检测系统去阻止欺诈交易。近年来，机器学习技术被广泛地应用于信用卡欺诈检测，并取得了较好的效果。然而，由于信用卡数据集的高不平衡性和概念漂移问题，信用卡欺诈检测系统需要不断地被完善。图 9.1 展示了一个经典的信用卡欺诈交易检测系统。

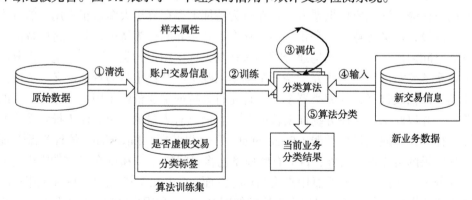

图 9.1　信用卡欺诈交易检测系统

实际上，信用卡欺诈交易检测本质上是二分类问题，已有研究大多在构造特征工程的基础之上，设计不同的分类器实现信用卡欺诈交易检测。特征工程主要从持卡人用户信息和交易记录历史数据这两个维度进行特征的构建。其中，持卡人用户信息主要包括持卡人卡号、身份证号、婚姻状况、学历、职业、年收入等；交易记录历史数据主要包括交易日期、交易金额、交易类型、历史还款情况等。目前用于信用卡欺诈交易检测的主流分类方法可以分为两类，传统的机器学习算法和神经网络方法。传统的机器学习算法包括随机森林[44-46]、支持向量机[47]和boosting[48]算法等。虽然以上这些机器学习算法针对小样本数据集可以达到很好的预测或分类效果，但当遇到大批量高维数据时无法达到理想的效果，然而深度学习算法可以更好地解决高维度复杂的数据，基于深度学习的算法可以更加准确地从大数据中提取有效的特征，从而构建更完美的模型。深度学习算法针对分类的常用算法有：CNN[49, 50]、DNN 等。其中，CNN 在面对高维数据时特征选取能力突出，所以被广泛地应用在各个领域的检测方面。例如，刘铭等[51]在传统模糊神经网络的基础上，借助灰狼算法提出了改进型模糊神经网络算法，并将其应用于信用卡违约预测研究。Hsu 等[52]使用 RNN 作为特征提取器并利用提取的动态特征以及静态特征来训练增强的 RNN 模型，以预测信用卡的违约情况。此外，考虑到信用卡欺诈交易检测数据中存在极度类不均衡问题，主要有欠采样和过采样两种应对方案。欠采样是从大样本中随机选择与小样本同样数量的样本，对于极不均衡分类问题会出现欠拟合问题，因为样本量太小。过采样是利用小样本生成与大样本相同数量的样本，有两种方法：随机过采样和合成少数过采样（synthetic minority over-sampling technique，SMOTE）法。在不均衡数据的信用卡欺诈检测中，SMOTE 算法被广泛用于对原始数据中小样本进行处理以达到平衡数据的效果。

9.2　在线购买决策模型

电子商务模式中购买决策模型的核心是客户行为的洞察，即根据客户的购买意图以及不同兴趣与偏好提供智能营销方案服务和个性化产品推荐。电子商务模式"浏览-购买"转化率低的特点决定了洞察和预测客户购买意向成为影响收益的重要因素。换言之，对具有购买意向的客户进一步推送个性化服务（如推荐具体产品）更容易达到营销目标。如图 9.2 所示，已有定制促销的相关研究将超市购买决策模型[53, 54]细化为三个预测阶段：①是否买；②买什么；③买多少。

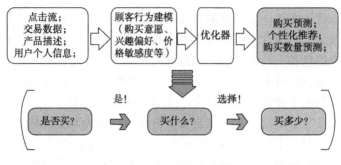

图 9.2　三阶段购买决策模型

9.2.1　购买预测模型

随着信息技术的高速发展和互联网大规模的普及，电子商务在旅游行业得到了广泛的应用，成为电子商务时代旅游交易的新模式。同时，由于互联网上的信息逐渐增多，网上涌现的各种类型的在线旅游资源也带来了数据灾难，在线用户想精准及时找到自己所需要的产品变得尤其困难[55-57]。更重要的是，面对海量的在线用户，如何精准地找到潜在下单用户也成为电子商务平台进行精准营销的难题[58, 59]。同样地，旅游电子商务平台在运行过程中也产生了海量丰富的数据，如网站的服务器中的日志数据、后台数据库中的用户和产品信息以及大量的订单交易数据。这些数据蕴含着大量有价值的信息，针对这些海量数据，如何利用大数据分析技术来构建购买预测模型已经成为一个热点议题。

9.2.2　个性化推荐模型

目前，针对传统商品的推荐已有许多成熟的推荐算法得到广泛应用，如协同过滤（collaborative filtering, CF）[60]、基于内容的（content-based）推荐[61]、SVD[62]和隐语义（latent factor, LF）与矩阵分解（matrix factorization, MF）模型[63]等。其中，协同过滤算法是迄今为止最著名、应用广泛的推荐算法，该算法典型的应用包括全球最大的企业对用户（business to consumer, B2C）电子商务网站亚马逊、以研究为目的的实验性电影推荐站点 MovieLens、社交化网页推荐算法 StumbleUpon、热门新闻推荐的移动 APP 平台今日头条以及社会化音乐平台 Last.fm 等。最基本的协同过滤算法将"用户–项目"评分矩阵作为输入，依据用户对项目的评分值，然后采用相似性原理，以相似用户或相似项目为依据预测用户对未知项目的评分。具体而言，协同过滤算法[60]又分为基于用户的协同过滤算

法（user-based collaborative filtering，UCF）[63]和基于项目的协同过滤算法
（item-based collaborative filtering，ICF）[64]。其中，UCF 的思想是找到和当前用
户相似的用户，然后给当前用户推荐这些相似的用户喜欢的项目，而 ICF 的基本
思想是直接给用户推荐与它当前物品相似的物品（只不过物品之间的相似性也由
"用户–项目"关系决定）；隐语义与矩阵分解模型[65, 66]是一类重要的协同过滤方
式，该模型给出了隐因子的概念，隐因子是用户和物品联系的桥梁，通过迭代调
整模型中的参数，学习低维的近似矩阵，最终建立最优的推荐模型；文献[61]基
于内容的推荐模型是指根据用户选择的项目，推荐其他类似属性的项目，该推荐
模型源于信息检索方法，通过分析项目内容特征以及用户感兴趣项目的特征，计
算用户与目标项目的匹配度，将匹配度高的项目推荐给用户。例如，推荐一个旅
游包依赖于目的地、价格和行程天数等信息。因此，基于内容的推荐需要获取丰
富的领域知识，这往往需要由领域专家来指定，而协同过滤模型仅依赖于用户对
项目的评分产生推荐，与具体项目属性无关。以上单一类型的推荐算法（如 UCF、
ICF 和 SVD）经常受到数据稀疏[67]、项目冷启动[68]、用户冷启动[69]等问题的困扰。
为了应对以上不足，越来越多的学者关注于混合型推荐（hybrid recommendation）
算法[70]的研究，混合型推荐算法的一个最重要原则就是通过模型的组合避免或弥
补各自推荐算法的弱点。例如，结合基于内容和协同过滤算法的混合推荐算法[70]
在实际应用中最为广泛。基于矩阵分解的协同过滤算法通过加入一些用户或项目
的内容信息性能可以得到大幅度提升。不同的应用场景、购买时间[71]、社交关系[72]，
甚至是项目的净利润[73]等内容信息都可以用来设计混合型推荐算法。

　　深度学习可通过学习一种深层次非线性网络结构，获取用户和项目的深层次
统一表征，具有强大的从样本中学习数据集本质特征的能力。近几年，深度学习已
经将人工智能的研究和应用推向了一个新的热潮，同时也为推荐系统的研究带来
了新的机遇。大量的研究工作在协同过滤和矩阵分解算法的基础上融合了深度学
习理论，展开了基于深度学习的推荐研究。起初，Salakhutdinov 等[74]在 2007 年的
国际机器学习大会（International Conference on Machine Learning，ICML）上提出
了一种基于深度层次模型的协同过滤算法用于电影推荐，这项研究开创了将深度
学习应用到推荐系统的先河。此后，越来越多的学者尝试将深度学习模型应用到
推荐系统中。通过利用深度学习的有效性进行隐藏的特征和关系的提取，一些学
者提出了一系列的替代方案来解决推荐系统的挑战难题（如准确性、稀疏性和冷
启动问题[75-79]）。例如，Devooght 和 Bersini[75]利用 RNN 模型进行改进，通过将协
同过滤和矩阵分解的预测问题转换为序列预测问题实现短期和长期兴趣预测精度
的提升。Sedhain 等[80]在自动编码器的帮助下，通过预测缺失严重的"用户–项目"
评分矩阵实现了精准度的提升。He 等[77]提出了一种神经网络结构来模拟用户和项

目的潜在特征，并设计了基于神经网络的协同过滤通用框架 NCF[①]。Xue 等[81]提出利用多层神经网络来学习矩阵分解中用户和项目的潜在因素。然而，以上的方法不能充分利用用户和项目的相应内容信息，实际上这些被忽视的信息对于推荐系统而言至关重要。为此，不同于在传统矩阵分解框架中使用神经网络的方式，许多研究使用神经网络来学习用户的原始特征表达[76, 77, 82-84]。例如，针对协同过滤算法中只采用了 ID 特征或评分特征，对其本身的一些信息特征很少被利用，以及很难在稀疏矩阵上奏效等难题，Wang 等[76]提出了一个层次贝叶斯模型即，协同深度学习（collaborative deep learning，CDL），同时利用了内容信息的深度表示学习和评分（反馈）矩阵的协同过滤。Guo 等[83]提出了一种 DeepFM 算法，DeepFM 有效地结合了因子分解机（factorization machines，FM）与 DNN 在特征学习中的优点，能够同时提取到低阶组合特征与高阶组合特征，并且共享相同的输入和嵌入的向量，得到更好的训练效果。Elkahky 等[84]使用深度学习的方法将用户和项目映射到一个潜在的空间，并通过引入多视图深度学习模型进行扩展，从不同领域的项目和用户特征中共同学习，这种特征的表征可以让模型高效地学习到相关的用户行为模式，有效地解决了用户冷启动问题。

9.2.3　销售预测模型

近年来我国电子商务发展迅猛，电商之间的竞争也日益激烈，与此同时，电子商务相对于传统的线下零售商业环境，更具有动态性和复杂性，在为各个电商提供全新的发展机会的同时也提出了全新的挑战。面对国内外电商市场的动态性和复杂性，销售额预测则成为大多数电商企业亟须解决的一个应用性问题。对电子商品销量的预测可以很大程度上压缩相关产品生产企业的存货周转周期，降低货物对企业流动资金的挤压，进而提升自身的经济效益[85]。

当下商品销售预测主要分为基于统计学的方法、基于机器学习的方法、基于数据挖掘的方法和基于深度学习的方法[86]。销售预测算法已经被国内外许多学者研究了相当长的一段时间，近几年随着线上经营模式的发展，电商销售预测的重要性也逐渐被人们发现。罗艳辉等针对卷烟销售的时间序列二重趋势变化的特点以及影响卷烟销售的多重影响因子采用了全新的计算模型，这一模型主要是通过应用自回归滑动平均模型（auto-regression and moving average model，ARMA）对相关产品未来一段时间销量的走势进行预测的计算模型[87]。该方法在对非线性关系进行预测时模型精确性较差。

---

① 神经协同过滤，neural collaborative filtering，NCF。

常炳国等针对时序模型中无法捕捉商品销量中的非平稳性和非线性特征，提出了一种将时间序列线性回归模型与智能非线性回归方法组合的预测模型，改善了 ARMA 模型在平稳及非平稳时序下的预测效果[88]。冯晨和陈志德[89]采用了一种差分整合移动平均自回归模型–极致梯度提升–长短期记忆网络（autoregressive integrated moving average model-XGBoost-long short term memory，ARIMA-XGBoost-LSTM）加权组合的方法，结合相关算法对原有的数据序列结果进行更加精准的预测。通过采用 XGBoost 模型来进行预测可以获得更高的精确性，不过 XGBoost 的预排序空间复杂度过高，会消耗过多内存，导致训练过程缓慢。马超群和王晓峰利用 LSTM 模型能够学习数据中的非线性依赖关系，并且能够解决长期依赖性问题，对菜品销量进行了预测，最终所取得的预测结果在很大程度上要高于传统的 ARIMA 模型[90]。李珍珍和吴群[91]在 Pytorch 框架下搭建 LSTM 模型对上证、深证指数和国内特定四只股票的最高价进行预测，发现对股票结果进行预测的过程当中，时间越短，最终预测的结果越精准，时间越长则越容易出现相差较大的问题。传统的 LSTM 模型，对于时间序列问题进行预测会有梯度消失的问题。李钊慧和张康林[92]在研究预测汽车销量相关的问题中采用了 BP 算法与 LSTM 算法相结合的方式。王渊明[93]针对传统特征提取时手动调参的复杂性问题，提出了一种自适应的 LSTM 预测模型，通过自动特征提取提升了预测准确性。蒋文武[94]针对 LSTM 作为特征提取时隐藏层的不稳定性提出了一种 WaveNet-LSTM 模型，利用 WaveNet 进行时间序列的特征提取，然后用 LSTM 模型作为预测模块进行输出，提高了对零售商销量预测的准确性。上述研究针对的都是实体商户线下商品销售预测。本章在已有的对普通商品销售预测的基础上，基于 LSTM 神经网络设计出多层 LSTM 叠加的改进型预测模型，具有针对电商商品销售数据采集迅速、数据处理便捷、数据量庞大的特点，能够对电商商品销售进行更精准的商品销售预测。

9.3　旅游电子商务的相关应用

随着我国国民收入水平提高和消费理念提升，旅游消费已经成为居民日常生活内容之一。根据第 44 次《中国互联网络发展状况统计报告》，截止到 2019 年 6 月，我国旅游业在线预订的用户规模已超过 4 亿。旅游业以低污染、高联动、促消费和调结构成为当前整个经济转型的重要内容，已上升到国家战略层面。习近平总书记曾提出"绿水青山就是金山银山"①和"冰天雪地也是金山银山"②的重要指示，体现了旅游业的发展重点和其在国民经济中的重要作用。《中华人民共和国国民经济和社会发展第十三个五年规划纲要》中有 19 处提到了"旅游"，由此可见发展旅游业实施供给侧结构性改革的经济意义。目前我国正在着力于推动从小众市场到大众市场、从门票经济到全域旅游的结构性转变，而旅游市场也日益呈现出需求个性化、消费移动化、目的地 IP 化、产品细分化等显著特征。在数字化背景下，伴随着互联网、大数据、云计算、人工智能、虚拟现实技术和实体经济深度融合，以途牛旅游、携程网、去哪儿网等为主的各大在线旅行社（online travel agency，OTA）以及马蜂窝、猫途鹰、穷游网等主打自由行的在线旅游平台（online travel platform，OTP）发展迅猛，实现了对旅游用户和旅游地信息的连接与分享，促进了旅游服务资源整合及与相关产业的全要素协同服务。

9.3.1　POI 和旅游包推荐

个性化推荐在旅游领域的应用类型主要分为两种：POI 推荐和旅游包推荐。大多数的研究者们通过把 POI 看作普通商品，将传统的协同过滤方法运用到 POI 推荐中，同时广泛探讨了大量的情景信息，如地理信息[95, 96]、社交关系[97]、时间信息[96]和用户偏好顺序等[97]。其中，地理信息最为重要，用户的出行大多是集中在生活区域的周围呈辐射状，偏远的位置访问概率降低。Young 和 Kim[98]假设用户在几个中心签到，用多元高斯分布建模两地之间的签到轨迹，然后把这些信息融入矩阵分解中，进而给出 POI 推荐算法。Zhang 和 Pennacchiotti[97]认为地理信息在移动轨迹上的影响是个性化的，而不是对所有用户假定一个分布，用核密度估计（kernel density estimation，KDE）方法去建模地理位置影响。相比于 POI 推荐，旅游包推荐相关的研究较少，同时传统的推荐方法很难直接应用到旅游包推荐上，现有研究[61-66]针对旅游数据稀疏性强等特点，大多先从异构数据中提取描述旅游产品的多维度特征，如由文本中提取的隐含主题、景点与地域的关系、时间与价格的关系等，以期加强用户和旅游包之间的关联，从而设计出一些新颖的协同过滤或基于内容的推荐方法，最终有效地缓解旅游数据面临的一些问题。例如，Liu 等[99]的系列研究尝试从 STA Travel 旅游包的描述文本中挖掘潜在主题，并结合季节和价格等因素提出了混合协同过滤推荐方法，该类方法有效地解决了

---

① http://www.qstheory.cn/zhuanqu/2020-08/14/c_1126370170.htm。
② https://pinglun.youth.cn/ll/201603/t20160320_7756916_1.htm。

协同过滤推荐在极其稀疏的旅游数据中应用的问题。此外，考虑到旅游成本（即金钱和时间），Ge 等[67]针对成本感知潜在因素模型中的矩阵分解展开了专门的研究。

9.3.2　旅游行程规划

旅游产品包含的元素复杂多样，微小的参数变化会导致完全不同的旅游产品，如景点参观线路和日程、酒店和交通工具选择等因素的变化[100-104]。大多数的消费者在 OTA 平台容易搜索到大致满足需求的多种旅游产品，但是这种固定的定制模式很难满足用户个性化需求，往往需要微调或综合这些产品中的组成元素（如景点增删、次序、酒店星级等）才能获得完美的新产品，因此，旅游产品的个性化定制需求迫切。事实上，很多在线旅游平台正在以电话客服的人工方式提供个性化产品定制。个性化产品定制长期得到经济管理领域学者的研究[105-108]，这些研究大多站在企业视角，即从最大化收益出发研究产品定制及其定价策略。本书则拟从技术视角出发，在用户行为和偏好建模的基础上，对旅游产品的个性化定制和组合展开创新性探索。Lim[109]和 Lim 等[110]的工作涉及了旅游路径的定制问题，如综合用户查询、偏好及路径时空约束等因素形成优化目标，利用蒙特卡罗树搜索算法动态生成新的旅游路径。此外，服务组合领域的研究工作[111-113]亦为产品定制的研究提供了很多启发，包括：产品的组合定制目标需满足硬需求并尽量优化软需求、反馈输出的组合方案往往不止一种[而常以 skyline（天际线）查询的形式反馈]。最后，不同于人工定制，技术驱动的自动化产品定制主要通过人机交互方式完成沟通，需要更加先进和完善的服务模式，以精准获取用户需求和偏好，并通过安全、友好、易用的操作体验提升用户的参与热情。

目前针对定制服务模式的研究主要集中在大规模产品定制方面[114, 115]，如 Gilmore 和 Pine[116]研究了企业提供大规模定制服务的方式，给出了实现大规模定制的多种路径；Park 等[117]比较了定制服务中"加法"与"减法"两种选项呈现方式对用户决策难度的影响，并指出减法定制方式下顾客会感知更多价值，对定制结果的满意程度更高；王艳芝和韩德昌[118]进一步考虑了顾客自我效能在产品定制中的作用，通过实证研究分析了顾客自我效能、选项呈现方式与定制满意度间的关系。尽管如此，面向在线旅游产品定制的服务模式研究仍停留在简单的服务系统设计层面，缺乏对服务模式全面、系统的研究以及对其内部机理的深入洞察。综上，产品的个性化定制是个性化推荐的进一步延伸，无论是理论研究、应用系统还是细分领域的服务模式设计均处于起步阶段，呈现出开放性，为研究者们提供了很好的研究机遇与挑战。

9.4　基于位置服务的商务应用

9.4.1　APP 外卖点餐

快节奏的城市生活带来送餐行业的繁荣,很多靠近城市中心的餐馆通宵营业,在接到外卖订单后,将美味的食物交给送餐员——"外卖小哥",由送餐员将食物送到顾客手中。由于顾客耐心有限,所以"外卖小哥"需要尽可能快速地到达餐馆取餐并送到顾客所在的地址,否则会面临被顾客投诉导致被扣工资甚至被解雇的危险,所以如何缩短顾客等待时间成为外卖配送的中心问题。在消费升级趋势下,人们对外卖配送服务的要求也日益增高,这也促使网络外卖平台不断加码以提供更高效的服务体系。要发展现代化、系统化的外卖配送系统,不容忽视的问题就是配送节点和配送线路。然而,配送中心选址和配送人员数目的安排又是配送中建设规划中的重要问题,不仅直接影响外卖配送的时间,而且还会影响外卖行业的运营绩效以及未来的发展[119]。因此通过合理选取配送中心的地址,增加配送人员数,缩短顾客平均等待时间,有利于餐馆快速响应顾客需求,对提高外卖行业的服务水平以及增强顾客对配送环节的满意度具有重要的现实意义。

由于配送问题在实际生活中广泛存在,目前各国学者对该问题进行了部分研究,但还有许多问题值得商榷。杨粟涵和于蕾[120]以合肥市某知名快递企业配送路径优化问题为研究对象,分析该企业配送问题,建立以配送网络成本最小为优化目标的数学模型。范立南和吕鹏[121]利用遗传算法和旅行商问题(traveling salesman problem, TSP)的相关理论,采用改进的自适应遗传蚁群混合算法,对沈阳大学校园内外卖配送路线进行了合理的规划,有效缩短了校园外卖配送路径长度,提升了外卖员的配送效率。黄驰等[122]应用旅行商问题的理论,对外卖配送路径问题进行建模,建立了客户房间之间的距离矩阵,运用遗传算法、MATLAB 编程得出每两个客户房间之间的最短距离以及送完外卖后回到餐馆的最短路径。翟劲松和台玉红[123]在满足顾客需求量和时间窗约束条件下,以配送时间最短为目标,建立了外卖配送路径优化模型,运用遗传算法得出了最优的配送路径。这样的研究不胜枚举,但是以配送中心选址和配送人员数目为优化对象的研究还是寥寥无几。

9.4.2　网约车线路规划

截至 2018 年第二季度末，全国的移动电话用户总数达到 15.1 亿户。如此庞大的移动手机用户团体以及移动通信技术的发展带来了点对点共享出行交通行业的蓬勃发展。作为一个典型的例子，时至今日，网约车的便捷性已使其成为公众出行的重要交通工具。滴滴平台的《2018 年第二季度城市交通运行报告》显示，该平台用户规模已超过 5.5 亿人，每日为全国 400 多个城市的用户提供 3000 万次的出行服务[124]。在为用户出行带来便利的同时，网约车的出现有可能会加剧交通拥堵问题。具体地，由于网约车市场在空间的供求关系并不均衡，网约车司机通常无法在下客的区域成功载客，因此他们需要空车驾驶到别的区域寻找客源，而该部分空载的行程增加了交通拥堵和环境污染。Cramer 和 Krueger[125]在对 5 个美国大城市（波士顿、洛杉矶、纽约、旧金山和西雅图）的 2000 个网约车司机的调查中，发现其空载率高达 45%至 57%。而在 2017 年的一份旧金山的网约车数据分析中，旧金山的空载率为 20%，而该空载行为导致车辆里程数增加了 6.5%至 10%[126]。

有鉴于此，考虑网约车行为对交通路网流量分布的影响非常重要。Ban 等[127]建立变分不等式来描述网约车的运营路径选择行为。在他们的模型中，所有的网约车的运营行为均被假设统一服从平台的调度，以最优化平台的总收益。该假设与实际的网约车运营模式有较大的出入，后者的运营通常以最优化网约车司机个人收入为原则。Xu 等[128]通过一系列的不等式方程组建立了能够捕捉网约车空载和寻客行为的用户均衡模型，以反映网约车的真实运营行为，并且通过该模型刻画了网约车空载行为对路网交通流的影响。国内学者也针对网约车作了许多研究，但主要聚焦于网约车使用特征与选择偏好[129, 130]、定价[131, 132]、停车行为[133]等。

9.4.3　基于位置服务的餐厅、酒店、加油站推荐

随着智能移动设备的迅速普及，基于位置的社交网络（location-based social network，LBSN）数据大量累积，如何利用这些数据成为学术界和工业界共同关注的热点问题。在 LBSN 中，用户可以通过在 POI 签到来分享他们访问过的地点，如餐馆、网红景点和商店等。一般的 POI 推荐任务是向用户推荐新颖有趣且用户感兴趣的 POI[134]，但是在校园环境下学生用户的行为具有明显的规律性，所以我们给用户推荐 POI 时不能只推荐学生未访问的新颖有趣的 POI，而是从数据集整体中挑选学生可能感兴趣的 POI 进行推荐。其主要目标是通过挖掘学

生群体的签到记录和其他可用信息来获得学生在特定时间可能访问的最感兴趣的 N 个 POI（top-N POI）。

与传统的无上下文推荐系统不同，POI 与用户之间的交互要求用户访问现实世界中真实存在的地点。因此，时空信息（包括地点的经纬度坐标和时间因素等）是影响用户实际签到行为的关键因素。例如，学生通常是在下午或晚上时段去操场散步和体育锻炼，周末通常是在宿舍、图书馆和自习室区域。总之，时空信息对于分析用户行为以获得 POI 推荐有至关重要的作用。POI 推荐在城市规划、商业广告和服务行业中有着重要价值，研究者提出了很多方法来提高 POI 推荐质量[135, 136]，然而如何根据复杂时空信息准确预测用户在给定时间的 POI 仍是一个具有挑战性的问题[137]。许多研究通过采用传统方法（如矩阵分解等）来解决 POI 推荐问题。矩阵分解根据用户 POI 频率矩阵获得用户和 POI 潜在因子，该矩阵显示用户的签到次数[138]。由于一般签到娱乐数据集（如 Foursquare、Yelp 等）用户 POI 签到数据密度较低，基于矩阵分解的 POI 推荐存在数据稀疏性问题[139-141]。为了解决此问题并提高 POI 推荐的准确性，需要在推荐过程中结合其他上下文信息，如地理、时间和类别信息等[142-144]。对用户行为的分析表明，地理信息对于用户偏好的影响要大于其他上下文[145, 146]，因此，有研究者提出几种基于地理信息的 POI 推荐算法[147-149]，然而这些算法仅仅是从用户角度考虑地理信息，如地理距离是用户位置和 POI 之间的距离。

参 考 文 献

[1] 陈国青，王刊良，郭迅华. 新兴电子商务：参与者行为[M]. 北京：清华大学出版社，2013.

[2] 莫倩，杨珂. 网络水军识别研究[J]. 软件学报，2014，25（7）：1505-1526.

[3] 张富国，徐升华. 推荐系统安全问题及技术研究综述[J]. 计算机应用研究，2008，25（3）：656-659.

[4] Lee K, Caverlee J, Webb S. The social honeypot project: protecting online communities from spammers[R]. New York: Association for Computing Machinery,2010.

[5] Hu X, Tang J, Liu H. Online social spammer detection[R]. Canada: The Association for the Advancement of Artificial Intelligence，2014.

[6] Xia H, Tang J, Zhang Y, et al. Social spammer detection in microblogging[C]//Rossi F. Proceedings of the Twenty-Third International Joint Conference on Artificial Intelligence. Beijing: The Association for the Advancement of Artificial Intelligence，2013：2633-2639.

[7] Benevenuto F, Magno G, Rodrigues T, et al. Detecting spammers on twitter[R]. Barcelona:

Institute of Electrical and Electronics Engineers，2010.

[8] 任亚峰，姬东鸿，张红斌，等. 基于 PU 学习算法的虚假评论识别研究[J]. 计算机研究与发展，2015，52（3）：639-648.

[9] Mukherjee A，Venkataraman V，Liu B，et al. What yelp fake review filter might be doing?[J]. Proceedings of the International AAAI Conference on Web and Social Media，2021，7（1）：409-418.

[10] Xie S H，Wang G，Lin S Y，et al. Review spam detection via temporal pattern discovery[R]. New York：Association for Computing Machinery，2012.

[11] Jindal N，Liu B. Opinion spam and analysis[R]. New York：Association for Computing Machinery，2008.

[12] Jindal N，Liu B，Lim E P. Finding unusual review patterns using unexpected rules[R]. New York：Association for Computing Machinery，2010.

[13] Shojaee S，Murad M A A，Bin Azman A，et al. Detecting deceptive reviews using lexical and syntactic features[R]. Salangor：Institute of Electrical and Electronics Engineers，2014.

[14] McCord M，Chuah M. Spam detection on twitter using traditional classifiers[C]//Calero J M A，Yang L T，Mármol F G，et al. International Conference on Autonomic and Trusted Computing. Berlin：Springer，2011：175-186.

[15] Akoglu L，McGlohon M，Faloutsos C. Oddball：spotting anomalies in weighted graphs[C]//Zaki M J，Yu J X，Ravindran B，et al. Pacific-Asia Conference on Knowledge Discovery and Data Mining. Berlin：Springer，2010：410-421.

[16] Müller E，Sánchez P I，Mülle Y，et al. Ranking outlier nodes in subspaces of attributed graphs[C]//Zaslavsky A，Maier D，Chi Y，et al. 2013 IEEE 29th International Conference on Data Engineering Workshops（ICDEW）. Brisbane：Institute of Electrical and Electronics Engineers，2013：216-222.

[17] Li N，Sun H，Chipman K，et al. A probabilistic approach to uncovering attributed graph anomalies[C]//Zaki M，Obradovic Z，Ning T P，et al. Proceedings of the 2014 SIAM International Conference on Data Mining. Society for Industrial and Applied Mathematics，2014：82-90.

[18] Gao J，Liang F，Fan W，et al. On community outliers and their efficient detection in information networks[R]. New York：Association for Computing Machinery，2010.

[19] Jiang M，Cui P，Beutel A，et al. Inferring strange behavior from connectivity pattern in social networks[M]//Tseng V S，Ho T B，Zhou Z H，et al. Advances in Knowledge Discovery and Data Mining. Cham：Springer International Publishing，2014：126-138.

[20] Prakash B A，Sridharan A，Seshadri M，et al. EigenSpokes：surprising patterns and scalable community chipping in large graphs[C]//Zaki M J，Yu J X，Ravindran B，et al. Pacific-Asia Conference on Knowledge Discovery and Data Mining. Berlin：Springer，2010：435-448.

[21] Shah N，Beutel A，Gallagher B，et al. Spotting suspicious link behavior with fBox：an adversarial perspective[R]. Shenzhen：Institute of Electrical and Electronics Engineers，2015.

[22] Cheng H B，Tan P N，Potter C，et al. Detection and characterization of anomalies in multivariate

time series[R]. Philadelphia: Society for Industrial and Applied Mathematics, 2009.

[23] Li X, Han J. Mining approximate top-k subspace anomalies in multi-dimensional time-series data[R]. Vienna: VLDB Endowment, 2007.

[24] Izakian H, Pedrycz W. Anomaly detection and characterization in spatial time series data: a cluster-centric approach[J]. IEEE Transactions on Fuzzy Systems, 2014, 22 (6): 1612-1624.

[25] Beutel A, Xu W H, Guruswami V, et al. CopyCatch: stopping group attacks by spotting lockstep behavior in social networks[R]. New York: Association for Computing Machinery, 2013.

[26] Costa A F, Yamaguchi Y, Traina A J M, et al. RSC: mining and modeling temporal activity in social media[C]//Cao L B, Zhang C Q. Proceedings of the 21th ACM SIGKDD International Conference on Knowledge Discovery and Data Mining. New York: Association for Computing Machinery, 2015: 269-278.

[27] Lim E P, Nguyen V A, Jindal N, et al. Detecting product review spammers using rating behaviors[C]//Huang J. Proceedings of the 19th ACM International Conference on Information and Knowledge Management. New York: Association for Computing Machinery, 2010: 939-948.

[28] Mukherjee A, Kumar A, Liu B, et al. Spotting opinion spammers using behavioral footprints[C]//Ghani R, Senator T E, Bradley P. Proceedings of the 19th ACM SIGKDD International Conference on Knowledge Discovery and Data Mining. New York: Association for Computing Machinery, 2013: 632-640.

[29] Lin C, He J, Zhou Y, et al. Analysis and identification of spamming behaviors in sina weibo microblog[C]//Brosens K. Proceedings of the 7th Workshop on Social Network Mining and Analysis. New York: Association for Computing Machinery, 2013: 1-9.

[30] Xie S, Guan W, Lin S, et al. Review spam detection via temporal pattern discovery[C]//Qiang Y, Agarwal D, Jian P. Proceedings of the 18th ACM SIGKDD International Conference on Knowledge Discovery and Data Mining. New York: Association for Computing Machinery, 2012: 823-831.

[31] Lam S K, Riedl J. Shilling recommender systems for fun and profit[C]//Feldman S, Uretsky M, Najork M, et al. Proceedings of the 13th International Conference on World Wide Web. New York: Association for Computing Machinery, 2004: 393-402.

[32] Günnemann S, Günnemann N, Faloutsos C. Detecting anomalies in dynamic rating data: a robust probabilistic model for rating evolution[C]//Ying L, Bing L, Sarawagi S. Proceedings of the 20th ACM SIGKDD International Conference on Knowledge Discovery and Data Mining. New York: Association for Computing Machinery, 2014: 841-850.

[33] Zhou W, Koh Y S, Wen J, et al. Detection of abnormal profiles on group attacks in recommender systems[C]//Geva S, Trotman A, Clarke C L A, et al. Proceedings of the 37th international ACM SIGIR Conference on Research & Development in Information Retrieval. New York: Association for Computing Machinery, 2014: 955-958.

[34] Zhang Y, Tan Y, Min Z, et al. Catch the black sheep: unified framework for shilling attack detection based on fraudulent action propagation[C]//Yang Q, Wooldridge M. Proceedings of the 24th International Conference on Artificial Intelligence. Buenos Aires Argentina: The

Association for the Advancement of Artificial Intelligence，2015：2408-2414.

[35] Gunes I，Kaleli C，Bilge A，et al. Shilling attacks against recommender systems：a comprehensive survey[J]. Artificial Intelligence Review，2014，42（4）：767-799.

[36] Neyman J. Outline of a theory of statistical estimation based on the classical theory of probability[J]. Philosophical Transactions of the Royal Society of London，1937，236（767）：333-380.

[37] Salakhutdinov R，Mnih A. Bayesian probabilistic matrix factorization using markov chain monte carlo[C]//Salakhutdinov R，Mnih A. Proceedings of the 25th International Conference on Machine Learning. New York：Association for Computing Machinery，2008：880-887.

[38] Koren Y. Collaborative filtering with temporal dynamics[J]. Communications of the ACM，2010，53（4）：89-97.

[39] Beutel A，Murray K，Faloutsos C，et al. CoBaFi：collaborative bayesian filtering[C]//Chung C，Broder A，Shim K，et al. Proceedings of the 23rd International Conference on World Wide Web. New York：Association for Computing Machinery，2014：97-108.

[40] Chirita PA，Nejdl W，Zamfir C. Preventing shilling attacks in online recommender systems[C]//Bonifati A，Lee D. Proceedings of the 7th annual ACM International Workshop on Web Information and Data Management. New York：Association for Computing Machinery，2005：67-74.

[41] Williams C A，Advisor R，Mobasher B. Profile injection attack detection for securing collaborative recommender systems[R]. Chicago：DePaul University CTI Technical Report，2006.

[42] Burke R，Mobasher B，Williams C，et al. Classification features for attack detection in collaborative recommender systems[C]//Burke R，Mobasher B，Williams C，et al. Proceedings of the 12th ACM SIGKDD International Conference on Knowledge Discovery and Data Mining. New York：Association for Computing Machinery，2006：542-547.

[43] 中国银行业协会银行卡专业委员会. 中国银行卡产业发展蓝皮书 2018[M]. 北京：中国金融出版社，2018.

[44] Breiman L. Random forests[J]. Machine Learning，2001，45（5）：5-32.

[45] 董师师，黄哲学. 随机森林理论浅析[J]. 集成技术，2013，2（1）：1-7.

[46] 王奕森，夏树涛. 集成学习之随机森林算法综述[J]. 信息通信技术，2018，12（1）：49-55.

[47] Cortes C，Vapnik V. Support-vector networks[J]. Machine Learning，1995，20（3）：273-297.

[48] Freund Y，Schapire R E. A decision-theoretic generalization of on-line learning and an application to boosting[J]. Journal of Computer and System Sciences，1997，55（1）：119-139.

[49] LeCun Y，Bottou L，Bengio Y，et al. Gradient-based learning applied to document recognition[J]. Proceedings of the IEEE，1998，86（11）：2278-2324.

[50] LeCun Y，Boser B，Denker J S，et al. Backpropagation applied to handwritten zip code recognition[J]. Neural Computation，1989，1（4）：541-551.

[51] 刘铭，张双全，何禹德. 基于改进型模糊神经网络的信用卡客户违约预测[J]. 模糊系统与数学，2017，31（1）：143-148.

[52] Hsu T C, Liou S T, Wang Y P, et al. Enhanced recurrent neural network for combining static and dynamic features for credit card default prediction[R]. Brighton: The Institute of Electrical and Electronics Engineers, 2019.

[53] Wan M T, Wang D, Goldman M, et al. Modeling consumer preferences and price sensitivities from large-scale grocery shopping transaction logs[C]//Barrett R, Cummings R, Agichtein E, et al. Proceedings of the 26th International Conference on World Wide Web. Switzerland: International World Wide Web Conferences Steering Committee, 2017: 1103-1112.

[54] Zhang J E, Wedel M. The effectiveness of customized promotions in online and offline stores[J]. Journal of Marketing Research, 2009, 46 (2): 190-206.

[55] Cheng A J, Chen Y Y, Huang Y T, et al. Personalized travel recommendation by mining people attributes from community-contributed photos[C]//Candan K S. Proceedings of the 19th ACM International Conference on Multimedia. New York: Association for Computing Machinery, 2011: 83-92.

[56] Khan M U S, Khalid O, Huang Y, et al. MacroServ: a route recommendation service for large-scale evacuations[J]. IEEE Transactions on Services Computing, 2017, 10 (4): 589-602.

[57] Wen Y T, Yeo J, Peng W C, et al. Efficient keyword-aware representative travel route recommendation[J]. IEEE Transactions on Knowledge and Data Engineering, 2017, 29 (8): 1639-1652.

[58] Liu Q, Chen E H, Xiong H, et al. A cocktail approach for travel package recommendation[J]. IEEE Transactions on Knowledge and Data Engineering, 2014, 26 (2): 278-293.

[59] Ge Y, Liu Q, Xiong H, et al. Cost-aware travel tour recommendation[C]//Apte C, Ghosh J. Proceedings of the 17th ACM SIGKDD International Conference on Knowledge Discovery and Data Mining. New York: Association for Computing Machinery, 2011: 983-991.

[60] Ge Y, Xiong H, Tuzhilin A, et al. Collaborative filtering with collective train-ing[C]//Mobasher B, Burke R, Jannach D, et al. Proceedings of the 5th ACM Conference on Recommender Systems. New York: Association for Computing Machinery, 2011: 281-284.

[61] Pazzani M J, Billsus D. Content-based recommendation systems[M]//Brusilovsky P, Kobsa A, Nejdl W. The Adaptive Web. Berlin: Springer, 2007: 325-341.

[62] Koren Y. Factorization meets the neighborhood: a multifaceted collaborative filtering model[C]//Li Y, Liu B, Sarawagi S. Proceedings of the 14th ACM SIGKDD International Conference on Knowledge Discovery and Data Mining. New York: Association for Computing Machinery, 2008: 426-434.

[63] Zhao Z D, Shang M S. User-based collaborative-filtering recommendation algorithms on Hadoop[C]//Huang J, Koudas N, Jones G, et al. Proceedings of the 2010 Third International Conference on Knowledge Discovery and Data Mining. Washington: IEEE Computer Society, 2010: 478-481.

[64] Koohi H, Kiani K. User based collaborative filtering using fuzzy C-means[J]. Measurement, 2016, 91: 134-139.

[65] Linden G, Smith B, York J. Amazon.com recommendations: item-to-item collaborative

filtering[J]. IEEE Internet Computing, 2003, 7（1）: 76-80.

[66] Agarwal D, Chen B C. Regression-based latent factor models[C]//Elder J. Proceedings of the 15th ACM SIGKDD International Conference on Knowledge Discovery and Data Mining. New York: Association for Computing Machinery, 2009: 19-28.

[67] Ge Y, Xiong H, Tuzhilin A, et al. Cost-aware collaborative filtering for travel tour recommendations[J]. ACM Transactions on Information Systems, 32（1）: 1-31.

[68] Gantner Z, Drumond L, Freudenthaler C, et al. Learning attribute-to-feature mappings for cold-start recommendations[R]. Sydney: The Institute of Electrical and Electronics Engineers, 2011.

[69] Ahn H J. A new similarity measure for collaborative filtering to alleviate the new user cold-starting problem[J]. Information Sciences, 2008, 178（1）: 37-51.

[70] Burke R. Hybrid Web Recommender Systems[M]. Berlin: Springer, 2007: 377-408.

[71] Koren Y. Collaborative filtering with temporal dynamics[C]//Larus J. Proceedings of the 15th ACM SIGKDD International Conference on Knowledge Discovery and Data Mining. New York: Association for Computing Machinery, 2009: 447-456.

[72] Ma H, King I, Lyu M R. Learning to recommend with explicit and implicit social relations[J]. ACM Transactions on Intelligent Systems and Technology, 2（3）: 1-19.

[73] Wang J, Zhang Y. Utilizing marginal net utility for recommendation in e-commerce[C]//Wang J, Zhang Y. Proceedings of the 34th international ACM SIGIR Conference on Research and Development in Information Retrieval. New York: Association for Computing Machinery, 2011: 1003-1012.

[74] Salakhutdinov R, Mnih A, Hinton G. Restricted Boltzmann machines for collaborative filtering[C]//Ghahramani Z. Proceedings of the 24th International Conference on Machine Learning. New York: Association for Computing Machinery, 2007: 791-798.

[75] Devooght R, Bersini H. Long and short-term recommendations with recurrent neural networks[C]//Bielikova M, Herder E. Proceedings of the 25th Conference on User Modeling, Adaptation and Personalization. New York: Association for Computing Machinery, 2017: 13-21.

[76] Wang H, Wang N, Yeung D Y. Collaborative deep learning for recommender systems[C]// Cao L, Zhang C. Proceedings of the 21th ACM SIGKDD International Conference on Knowledge Discovery and Data Mining. New York: Association for Computing Machinery, 2015: 1235-1244.

[77] He X, Liao L, Zhang H, et al. Neural collaborative filtering[C]//Barrett R, Cummings R. Proceedings of the 26th International Conference on World Wide Web. Switzerland: International World Wide Web Conferences Steering Committee, 2017: 173-182.

[78] He X, He Z, Song J, et al. Nais: neural attentive item similarity model for recommendation[J]. IEEE Transactions on Knowledge and Data Engineering, 2018, 30（12）: 2354-2366.

[79] Chen J, Zhang H, He X, et al. Attentive collaborative filtering: multimedia recom-mendation with item-and component-level attention[C]//Kando N, Sakai T, Joho H, et al. Proceedings of the 40th International ACM SIGIR Conference on Research and Development in Information

Retrieval. New York：Association for Computing Machinery，2017：335-344.

[80] Sedhain S，Menon A K，Sanner S，et al. Autorec：autoencoders meet collaborative filtering[C]// Gangemi A，Leonardi S. Proceedings of the 24th International Conference on World Wide Web. New York：Association for Computing Machinery，2015：111-112.

[81] Xue H J，Dai X，Zhang J，et al. Deep matrix factorization models for recommender systems[C]//Sierra C. Proceedings of the 26th International Joint Conference on Artificial Intelligence. Melbourne：AAAI PRESS，2017：3203-3209.

[82] Covington P，Adams J，Sargin E. Deep neural networks for youtube recommendations[C]//Sen S，Geyer W. Proceedings of the 10th ACM Conference on Recommender Systems. New York：Association for Computing Machinery，2016：191-198.

[83] Guo H，Tang R，Ye Y，et al. DeepFM：a factorization-machine based neural network for CTR prediction[C]//Sierra C. Proceedings of the 26th International Joint Conference on Artificial Intelligence. Melbourne：AAAI PRESS，2017：1725-1731.

[84] Elkahky A M，Yang S，He X. A multi-view deep learning approach for cross domain user modeling in recommendation systems[C]//Ali M E，Song Y，He H. Proceedings of the 24th International Conference on World Wide Web. New York：Association for Computing Machinery，2015：278-288.

[85] 何伟，徐福缘. 需求依赖库存且短缺量部分拖后的促销商品库存模型[J]. 计算机应用，2013，33（10）：2950-2953，2959.

[86] 黄莺，张筠汐. 基于 GM（1，N）-Prophet 组合模型的电商行业销售预测研究[J]. 西南民族大学学报（自然科学版），2021，47（3）：317-325.

[87] 罗艳辉，吕永贵，李彬. 基于 ARMA 的混合卷烟销售预测模型[J]. 计算机应用研究，2009，26（7）：2664-2668.

[88] 常炳国，臧虹颖，廖春雷，等. 基于选择性集成 ARMA 组合模型的零售业销量预测[J]. 计算机测量与控制，2018，26（5）：132-135.

[89] 冯晨，陈志德. 基于 XGBoost 和 LSTM 加权组合模型在销售预测的应用[J]. 计算机系统应用，2019，28（10）：226-232.

[90] 马超群，王晓峰. 基于 LSTM 网络模型的菜品销量预测[J]. 现代计算机（专业版），2018（23）：26-30.

[91] 李珍珍，吴群. 基于 LSTM 神经网络的股票预测算法研究[J]. 福建电脑，2019，35（7）：41-43.

[92] 李钊慧，张康林. 基于 BP 算法和 LSTM 算法的汽车销售预测模型比较研究[J]. 经济研究导刊，2020（20）：84-88，93.

[93] 王渊明. 基于 LSTM 神经网络的电商需求预测的研究[D]. 济南：山东大学，2018.

[94] 蒋文武. 基于 WaveNet-LSTM 网络的商品销量预测研究[D]. 广州：广东工业大学，2019.

[95] Law M，Kwok R，Ng M. An extended online purchase intention model for middle-aged online users[J]. Electronic Commerce Research and Applications，2016，20：132-146.

[96] Li D，Zhao G，Zhi W，et al. A method of purchase prediction based on user behavior log[R]. Washington：The Institute of Electrical and Electronics Engineers，2015.

[97] Zhang Y, Pennacchiotti M. Predicting purchase behaviors from social media[C]//Schwabe D, Almeida V. Proceedings of the 22nd International Conference on World Wide Web. New York: Association for Computing Machinery, 2013: 1521-1532.

[98] Young K E, Kim Y K. Predicting online purchase intentions for clothing products[J]. European Journal of Marketing, 2004, 38 (7): 883-897.

[99] Liu G, Nguyen T T, Gang Z, et al. Repeat buyer prediction for ecommerce[C]//Krishnapuram B, Shah M. Proceedings of the 22nd ACM SIGKDD International Conference on Knowledge Discovery and Data Mining. New York: Association for Computing Machinery, 2016: 155-164.

[100] Bhatt R, Chaoji V, Parekh R. Predicting product adoption in large-scale social networks[C]//Huang J. Proceedings of the 19th ACM International Conference on Information and Knowledge Management. New York: Association for Computing Machinery, 2010: 1039-1048.

[101] Guo S, Wang M, Leskovec J. The role of social networks in online shopping: information passing, price of trust, and consumer choice[C]//Shoham Y. Proceedings of the 12th ACM Conference on Electronic Commerce.New York: Association for Computing Machinery, 2011: 157-166.

[102] Yin H, Cui B, Zhou X, et al. Joint modeling of user check-in behaviors for real-time point-of-interest recommendation[J]. ACM Transactions on Information Systems, 2016, 35(2): 1-14.

[103] Pálovics R, Szalai P, Kocsis L, et al. Solving RecSys challenge 2015 by linear models, gradient boosted trees and metric optimization[C]//Ben-Shimon D, Friedmann M. Proceedings of the 9th ACM Conference on Recommender Systems Challenge. New York: Association for Computing Machinery, 2015: 1-4.

[104] Lee J, Kim E, Lee S, et al. Frame-to-frame aggregation of active regions in web videos for weakly supervised semantic segmentation[C]//Hu J. Proceedings of the IEEE International Conference on Computer Vision (ICCV). Seoul: Institute of Electrical and Electronics Engineers, 2019: 6808-6818.

[105] Dewan R M, Bing J, Seidmann A. Product customization and price competition on the Internet [J]. Management Science, 2003, 49 (8): 983-1119.

[106] Bernhardt D, Liu Q H, Serfes K. Product customization[J]. European Economic Review, 2007, 51 (6): 1396-1422.

[107] Basu A, Bhaskaran S. An economic analysis of customer co-design[J]. Information Systems Research, 2018, 29 (4): 787-786.

[108] Guo S, Choi T M, Shen B, et al. Inventory management in mass customization operations: a review[J]. IEEE Transactions on Engineering Management, 2019, 66 (3): 412-428.

[109] Lim K H. Recommending and planning trip itineraries for individual travellers and groups of tourists[R]. London: Doctoral Consortium, 2016.

[110] Lim K H, Chan J, Karunasekera S, et al. Personalized itinerary recommendation with queuing time awareness[C]//Kando N, Sakai T, Joho H. Proceedings of the 40th International ACM

SIGIR Conference on Research and Development in Information Retrieval. New York：Association for Computing Machinery，2017：325-334.

[111] Yu Q，Bouguettaya A. Efficient service skyline computation for composite service selection[J]. IEEE Transactions on Knowledge and Data Engineering，2013，25（4）：776-789.

[112] Wagner F，Ishikawa F，Honiden S. Robust service compositions with functional and location diversity[J]. IEEE Transactions on Services Computing，2016，9（2）：277-290.

[113] Zhang F，Hwang K，Khan S U，et al. Skyline discovery and composition of multi-cloud mashup services[J]. IEEE Transactions on Services Computing，2016，9（1）：72-83.

[114] Ii P，Victor B，Boynton A C. Making mass customization work[J]. Harvard Business Review，1993，71（5）：108-111.

[115] Novemsky N，Dhar R，Schwarz N，et al. Preference fluency in choice[J]. Journal of Marketing Research，2007，44（3）：347-356.

[116] Gilmore J H，Pine B J. The four faces of mass customization[J]. Harvard Business Review，1997，75（1）：91-101.

[117] Park C W，Jun S Y，MacInnis D J. Choosing what I want versus rejecting what I do not want：an application of decision framing to product option choice decisions[J]. Journal of Marketing Research，2000，37（2）：187-202.

[118] 王艳芝，韩德昌. 顾客如何感知大规模定制：基于顾客自我效能、选项呈现方式与定制满意的实证研究[J]. 软科学，2012，26（4）：140-144.

[119] 吴丽敏. 基于顾客满意度的多目标配送中心选址方法研究[J]. 物流科技，2014，37（6）：95-97.

[120] 杨粟涵，于蕾. 基于遗传算法的快递配送路径优化问题研究[J]. 现代信息科技，2020，4（9）：99-100，103.

[121] 范立南，吕鹏. 基于改进遗传算法的校园外卖配送路径规划[J]. 物流科技，2021，44（1）：14-19.

[122] 黄驰，黄耿石，朱小玲. 基于遗传算法的送外卖最短路径研究[J]. 科技传播，2016，8（6）：94-95.

[123] 翟劲松，台玉红. 基于时间窗约束下的外卖配送路径优化[J]. 物流科技，2018，41（3）：15-18.

[124] 滴滴. 滴滴出行城市交通运行报告：2018 年第二季度[EB/OL]. https://max.book118.com/html/2018/1209/8001075117001136.shtm.

[125] Cramer J，Krueger A B. Disruptive change in the taxi business：the case of uber[J]. American Economic Review，2016，106（5）：177-182.

[126] San Francisco Country Transportation Authoritytncs. Today：a profile of San Francisco transportation network company activity[EB/OL]. https://www.sfmta.com/sites/default/files/agendaitems/2017/6-20-17%20Item%2014%20Transportation%20Network%20Company%20Actvity%20-%20slide%20presentation.pdf[2023-05-11].

[127] Ban X，Dessouky M，Pang J S，et al. A general equilibrium model for transportation systems with e-hailing services and flow congestion[J]. Transportation Research Part B：Methodological，

2019, 129: 273-304.

[128] Xu Z T, Chen Z B, Yin Y F. Equilibrium analysis of urban traffic networks with ride-sourcing services[J]. SSRN Electronic Journal, 2019: 1227-1458.

[129] 唐立, 邹彤, 罗霞, 等. 基于混合 Logit 模型的网约车选择行为研究[J]. 交通运输系统工程与信息, 2018, 18（1）: 108-114.

[130] 袁亮, 吴佩勋. 城市居民对网约车与出租车的选择意愿及影响因素研究: 基于江苏省调查数据的 Logistic 分析[J]. 软科学, 2018, 32（4）: 120-123.

[131] 卢珂, 周晶, 林小围. 考虑交叉网络外部性的网约车平台市场定价研究[J]. 运筹与管理, 2019, 28（7）: 169-178.

[132] 李亚. 基于双边市场理论的网约车平台定价策略研究[D]. 西安: 长安大学, 2018.

[133] 徐志勋, 严海. 枢纽网约车停车选择行为与管理策略研究[J]. 交通技术, 2019, 8（3）: 155-165.

[134] Zhao S, King I, Lyu M R. A survey on point-of-interest recommendation in location-based social networks [C]// de Salles Soares Neto C. Proceedings of the Brazilian Symposium on Multimedia and the Web. New York: Association for Computing Machinery, 2020: 185-192.

[135] Cheng C, Yang H, Lyu M R, et al. Where you like to go next: successive point-of-interest recommendation [C]//Rossi F. Proceedings of 23rd International Joint Conferences on Artificial Intelligence. Beijing: Association for the Advancement of Artificial Intelligence, 2013: 2605-2611.

[136] Zhao S L, Zhao T, Yang H Q, et al. STELLAR: spatial-temporal latent ranking for successive point-of-interest recommendation[J]. Proceedings of the AAAI Conference on Artificial Intelligence, 2016, 30（1）: 315-322.

[137] Liu Q A, Wu S, Wang L A, et al. Predicting the next location: a recurrent model with spatial and temporal contexts[J]. Proceedings of the AAAI Conference on Artificial Intelligence, 2016, 30（1）: 194-200.

[138] Johnson C C. Logistic matrix factorization for implicit feedback data[EB/OL]. https://web.stanford.edu/~rezab/nips2014workshop/submits/logmat.pdf[2023-05-11].

[139] Ahmadian S, Afsharchi M, Meghdadi M. A novel approach based on multi-view reliability measures to alleviate data sparsity in recommender systems[J]. Multimedia Tools and Applications, 2019, 78（13）: 17763-17798.

[140] Ahmadian S, Meghdadi M, Afsharchi M. A social recommendation method based on an adaptive neighbor selection mechanism[J]. Information Processing & Management, 2018, 54（4）: 707-725.

[141] Ye M, Yin P F, Lee W C, et al. Exploiting geo-graphical influence for collaborative point-of-interest recommendation [C]//Ma W Y, Nie J Y. Proceedings of the 34th International ACM SIGIR Conference on Research and Development in Information Retrieval. New York: Association for Computing Machinery, 2009: 325-334.

[142] Hang M Y, Pytlarz I, Neville J. Exploring student check-In behavior for improved point-of-interest prediction[C]//Guo Y, Farooq F. Proceedings of the 24th ACM SIGKDD

International Conference on Knowledge Discovery & Data Mining. New York: Association for Computing Machinery, 2018: 321-330.

[143] Xie M, Yin H Z, Wang H, et al. Learning graph-based POI embedding for location-based recommendation [C]//Mukhopadhyay S, Zhai C. Proceedings of the 25th ACM International on Conference on Information and Knowledge Management. New York: Association for Computing Machinery, 2016: 15-24.

[144] Liu Y D, Pham T A N, Cong G, et al. An experimental evaluation of point-of-interest recommendation in location-based social networks[J]. Proceedings of the VLDB Endowment, 2017, 10 (10): 1010-1021.

[145] Stepan T, Morawski J M, Dick S, et al. Incorporating spatial, temporal, and social context in recommendations for location-based social networks[J]. IEEE Transactions on Computational Social Systems, 2016, 3 (4): 164-175.

[146] Aliannejadi M, Rafailidis D, Crestani F. A collaborative ranking model with multiple location-based similarities for venue suggestion[C]//Song D, Liu T Y, Sun L. Proceedings of the 2018 ACM SIGIR International Conference on Theory of Information Retrieval. New York: Association for Computing Machinery, 2018: 19-26.

[147] Cheng C, Yang H Q, King I, et al. Fused matrix factorization with geographical and social influence in location-based social networks[J]. Proceedings of the AAAI Conference on Artificial Intelligence, 2021, 26 (1): 17-23.

[148] Guo L, Wen Y F, Liu F G. Location perspective-based neighborhood-aware POI recommendation in location-based social networks[J]. Soft Computing, 2019, 23 (22): 11935-11945.

[149] Guo L, Jiang H R, Wang X H. Location regularization-based POI recommendation in location-based social networks[J]. Information, 2018, 9 (4): 85.